WAS MAN
FRÜHER NOCH WUSSTE

400 REZEPTE UND RATSCHLÄG
FÜR HAUS UND GARTEN

WAS MAN FRÜHER NOCH WUSSTE

ROSAMOND RICHARDSON

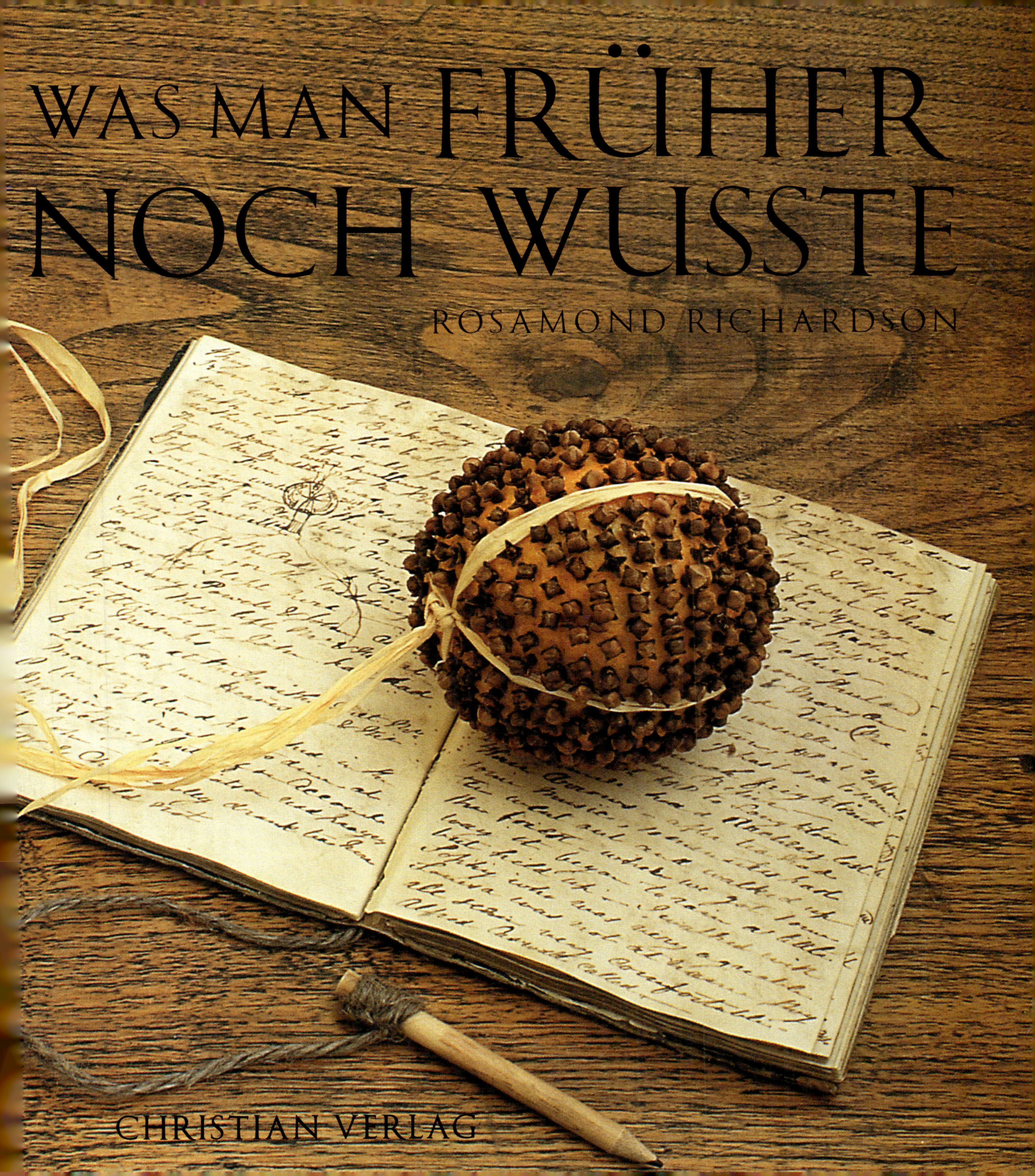

CHRISTIAN VERLAG

Dieses Buch ist allen Natur- und Kräuterkundigen – meist Frauen mit viel Intuition – gewidmet, die ihr Wissen und ihre Kunst von Generation zu Generation weitergegeben haben.

Danksagung

Vielen Dank dem verstorbenen Harry Westbury, der die Idee für dieses Buch Kyle Cathie vorgeschlagen hat. Ich bedaure sehr, dass er die Veröffentlichung des Buches nicht mehr erlebte. Danken möchte ich auch Rafi Fernandez, Chantek McNeilage, Barbara Lumsden, Annie Holland und Marlise Riding. Ein Dankeschön auch an E. Barry Kavasch, Yvane, Françoise, Joan, Emanuele, Lionel und Hilda, Jenny, Diana, Angela, Oona, Inge, Robyn, June, Mineke und Olga. Besonders möchte ich den vielen Freunden und Bekannten danken, die während meiner Recherche für dieses Buch die endlosen Fragen ertrugen und keine Mühe scheuten, das erforderliche Material zu finden. Ich danke auch dem Team von Kyle Cathie, das mit seiner Energie und seinem Know-how zum Gelingen dieses Buches beitrug.

Produktion: Print Company Verlagsges. m.b.H., Wien
Übersetzung aus dem Englischen: Alexandra Zemann
Lektorat: Christiane Keller
Satz: Helga Hofbauer

Umschlaggestaltung: Caroline Georgiadis

Die Originalausgabe mit dem Titel *Country Wisdom* wurde erstmals 1997 im Verlag Kyle Cathie Limited, London, veröffentlicht

Design: Robert Updegraff
Hauswirtschaftliche Beratung: Jaques Clarke und Susie Theodorou

Druck und Bindung: Tien Wah Press
Printed in Singapore

ISBN 3-88472-352-9

Wichtiger Hinweis

Dieses Buch ist kein medizinisches Handbuch und auch keine Anleitung zur Selbstbehandlung, sondern eine Informationsquelle. Kräuter sind sehr wirksame Pflanzen. Eine Behandlung mit Kräutern bei ernsten oder chronischen gesundheitlichen Beschwerden kann ohne Beratung durch einen Fachmann gefährlich sein. Heilkräuter und ihre Wirkstoffe können bei manchen Personen allergische Reaktionen hervorrufen, deshalb sollte zunächst nur eine geringe Dosis verwendet werden. Bedenken Sie, dass manche Heilmittel, die in kleinen Mengen eine positive Wirkung zeigen, in größerer Dosierung oder über längere Zeit hinweg genommen schädlich sein können. Weder die Autorin noch der Verlag haftet für unerwünschte Wirkungen der Rezepte, Empfehlungen und Informationen; die Anwendung durch den Leser erfolgt auf dessen eigenes Risiko.

Alle Informationen und Hinweise, die in diesem Buch enthalten sind, wurden von der Autorin nach bestem Wissen erarbeitet und von ihr und dem Verlag mit größtmöglicher Sorgfalt überprüft. Unter Berücksichtigung des Produkthaftungsrechts müssen wir allerdings darauf hinweisen, dass inhaltliche Fehler oder Auslassungen nicht völlig auszuschließen sind. Für etwaige fehlerhafte Angaben können Autorin, Verlag und Verlagsmitarbeiter keinerlei Verpflichtung und Haftung übernehmen.

Inhalt

Einleitung

In diesem Buch finden Sie eine Vielzahl an Hausmitteln, Rezepten und Ratschlägen, die von Generation zu Generation weitergegeben wurden. Diese praktischen, aus verschiedenen Ländern zusammengetragenen Hinweise bieten Hilfestellung bei vielen Aspekten des täglichen Lebens. Sie beruhen auf gesundem Menschenverstand und entsprechen oft auch wissenschaftlichen Tatsachen. Viele dieser Ratschläge stammen von unseren Großeltern. Ihre Kenntnisse basierten auf Beobachtungen und Erfahrungen und wurden von den nachfolgenden Generationen übernommen, nicht unbedingt, weil sie auf wissenschaftlichen Kriterien beruhten, sondern weil sie funktionierten. In vielen Fällen stecken diese Kenntnisse und Ratschläge voller Rätsel, doch ihre Wirkungen können nicht einmal von Experten geleugnet werden – dies und ein Schuss Aberglaube machen ihren besonderen Reiz aus.

Bei meinen Recherchen für dieses Buch erhielt ich viele Informationen von Menschen, deren Eltern oder Großeltern praktische Ratschläge für Haus und Garten vermischt mit Sprüchen und Geschichten an sie weitergegeben hatten. Dabei wurde mir klar, wie stark diese Ratschläge das tägliche Leben jener Menschen auch heute beeinflussen. Einige Tipps bezog ich aus dem Internet, andere erhielt ich von Freunden und Bekannten verschiedenster Nationalitäten. Das Wissen in diesem Buch basiert auf mündlichen Quellen, unveröffentlichten Kräuterbüchern und lokalen Publikationen. Bei der Suche nach Informationen wurde deutlich, dass in den ländlichen Gebieten die traditionellen Bauernweisheiten noch sehr verbreitet sind, doch im Zuge städtischen Lebens rasch verloren gehen.

Traditionelle Weisheiten und Aberglaube sind auf der ganzen Welt verbreitet und nehmen einen wichtigen Platz in der Gesellschaft ein. Besonders überraschend ist, dass ähnliche Ideen und Bräuche oft in verschiedenen Kulturkreisen zu finden sind, selbst wenn diese Kulturen keine Verbindung zueinander aufweisen. „Es gibt nur eine Wahrheit, die meist verschiedene Namen trägt", heisst es im Weda, einer altindischen, hinduistischen Schrift. Oft scheinen ähnliche Vorstellungen, die teilweise sogar auf das Altertum zurückgehen, aus einer gemeinsamen Quelle zu stammen. Auch praktische Methoden ähneln sich oft: Ein mexikanischer Heiler verwendete Spinnweben zum Verschließen der Nabelschnur eines Neugeborenen; ein englischer Bauer behandelte die Wunde eines Kollegen, der sich mit einer Maschine schwere Verletzungen zugezogen hatte, mit Spinnweben, die die Wunde verschlossen. Das sind nur zwei Geschichten von vielen, die auf traditionellem Wissen beruhen, das zu einem

großen Wissensschatz gehört, der in diesem Buch niemals Platz hätte. Wir möchten Ihnen aber einen Teil dieses Wissens hier vorstellen.

Dieses Buch verkörpert eine zum großen Teil weibliche Kultur und deren Vermächtnis, das von Frauen überliefert wurde, die mit der Natur und ihrem Rhythmus stärker verwurzelt waren, als es heute im Allgemeinen der Fall ist. Diese Frauen lebten, geleitet von Intuition, gesundem Menschenverstand und traditionellem Wissen im Einklang mit der Natur. Viele bezeichneten diese Frauen als Hexen, ihr Wissen als Zauberei. Doch wie der italienische Kräuterkundige Giambattista della Porta im 17. Jahrhundert bemerkte: „Man muss ein Zauberer sein, der sein Handwerk mit viel Würde ausführt, um ein guter Philosoph zu sein." Die Künste, die diese Frauen praktizierten, bereichern unsere heute oft sehr einseitige Weltsicht. Ihre Ratschläge kommen dem vielfach verspürten Wunsch entgegen, weniger Chemikalien einzusetzen, viele Materialien wieder zu verwerten und natürliche Nahrungsmittel zu verwenden.

Alle hier vorgestellten Ratschläge sind zwar reich an Symbolik, bleiben jedoch eng mit der Praxis verbunden und vermitteln ein Bewusstsein für die Natur und ihre Beziehung zur Folklore. Traditionelles Wissen kann uns helfen, unerklärlichen Ereignissen Bedeutung zu verleihen und unser Leben selbst zu bestimmen. Die meist sehr pragmatischen Ratschläge unserer Großeltern sind auch in unserer heutigen Zeit anwendbar. Dieses Buch enthält keine fantastischen Geschichten, sondern bietet praktische Anleitungen, die, wenn nötig, so abgewandelt sind, dass sie sich für unsere moderne Welt eignen. Zu Ihrer Unterhaltung wurden auch einige Anekdoten und Geschichten hinzugefügt, die auf purem Aberglauben beruhen.

Die Kapitel dieses Buches befassen sich mit Gartentipps und Wetterkunde, mit der Verwendung von Kräutern als Naturheilmittel und mit Naturkosmetik. Sie werden Ihnen zeigen, wie Sie aus Früchten und Gemüse Getränke herstellen können und wie Sie Pflanzen und natürliche Stoffe als Reinigunsmittel, Duftspender oder zur Dekoration verwenden können. Ein Kapitel ist der Konservierung wild wachsender Kräuter, Beeren und Früchte gewidmet. Dabei wird Ihnen auch eine Fülle von Rezepten für Kuchen, Gelees, Chutneys und andere delikate Gerichte vorgestellt.

Dieses Buch dient ebenso der praktischen Verwendung wie der Unterhaltung. Es soll Sie verzaubern und Ihnen praktische Rezepte und Ratschläge, die man früher noch wusste, in Erinnerung rufen.

Heim und Herd

HOME MAD
JAM

„Willst du immer weiter schweifen?
Sieh, das Gute liegt so nah."
Johann Wolfgang von Goethe, *Erinnerung* (1775–1786)

Wie auch immer Sie wohnen, ob Sie in einem kleinen Häuschen oder in einem Palast leben, es ist und bleibt Ihr Zuhause. Wenn Sie in der Stadt leben, träumen Sie vielleicht von einem Haus auf dem Land, wo Sie von frischer Luft umgeben sind und einen klaren Sternenhimmel über sich haben, wo Sie den Wechsel der Jahreszeiten und die Stimmungen der Natur deutlich spüren können. Ob Ihr Haus nun von Feldern umgeben ist oder ob Sie sich in Ihre Wohnung zurückziehen, um vor dem Lärm der Stadt zu fliehen, die Gestaltung und Pflege Ihres Zuhauses nimmt einige Zeit und Energie in Anspruch. Einen Teil des dafür erforderlichen Wissens lernen wir von unseren Müttern und Großmüttern, den Rest erwerben wir im Lauf des Lebens. Viele Ratschläge stammen aus der Zeit, als zum Waschen und Putzen noch keine starken Chemikalien verwendet wurden. Einige davon sind auch heute noch von Nutzen und können an unsere modernen Bedürfnisse angepasst werden.

Ich habe Tipps aus aller Welt gesammelt – aus Singapur, Simbabwe, Brasilien, Sankt Helena, China, Holland, Großbritannien, den USA und aus Deutschland. Es ist überraschend, wie sich die Ratschläge oft gleichen, obwohl sie aus unterschiedlichen Kulturkreisen stammen. Salz und Zitronensaft etwa werden in fast allen Ländern als Hausmittel verwendet. Die nordamerikanischen Indianer glaubten überdies, dass Salz böse Mächte abwehrt. Sie streuten es in alle Ecken eines Raumes; so entstand ein magischer Kreis, der den Geist des Windes anlocken sollte. Es ist ein jüdischer Brauch, den neuen Hausbesitzern zum Einzug Salz und Brot mitzubringen.

Die Gestaltung des eigenen Heims ist von großer Bedeutung. Die Verwendung von Farben oder die Art und Weise, wie Sie Ihre Möbel anordnen, geben Aufschluss über Ihre Persönlichkeit. Rudolf Steiner (der Begründer der Anthroposophie) behauptete, dass sich die geschwungenen Linien, die in der Natur vorkommen, bei den Einrichtungsgegenständen wiederholen sollten. Pflanzen produzieren eine gesunde Atmosphäre, Kerzenlicht schafft beim Essen eine besondere Stimmung und ein offenes Kaminfeuer in kalten Winternächten ist gemütlich und schön zu betrachten. Feste und Feiertage unterstreichen die zentrale Bedeutung des Zuhauses für ein glückliches Familienleben.

Schon immer wollten die Menschen ihr Heim sauber und rein halten. Natürliche Produkte riechen angenehm und vergiften das Haus nicht mit Dämpfen, wie sie von manchen synthetischen Reinigungsmitteln abgegeben werden. Sie sind sowohl billig als auch einfach in der Handhabung und zum Reinigen moderner Computertasten ebenso geeignet wie früher zum Schrubben alter Pfannen, bevor diese aus rostfreiem Stahl hergestellt wurden. Gleichgültig, ob man Schädlinge bekämpfen, das Badezimmer auf Hochglanz bringen, unangenehme Gerüche beseitigen oder Flecken entfernen möchte, es geht auch ohne Chemie. Probieren Sie es einfach aus!

KÜCHE

„In meiner Küche herrscht Anarchie", schrieb einst der englische Schriftsteller Dr. Samuel Johnson. Heute würde er sich vielleicht an den Prinzipien des Feng Shui orientieren, denen zufolge eine Küche luftig, geräumig und hell sein sollte. Da sich in diesem Raum letztlich alles um die Gesundheit der Familie dreht, sollte hier eine beruhigende Atmosphäre herrschen und eine möglichst große Zahl an natürlichen Materialien eingesetzt werden – z. B. Bambus, Raphiabast, Holz und Ton. Grünpflanzen wenden schlechte Energie ab und reichern die Atmosphäre mit Ionen an. Verwendet man Naturprodukte statt Chemikalien zum Reinigen, verbreitet sich in der Küche ein angenehmer Duft. Freunde aus den USA, Kenia, Deutschland und Holland haben mir Ratschläge gegeben, um den Mittelpunkt des Hauses, die Küche, mit einfachen Mitteln sauber, hell und wohlriechend zu halten.

Strenge Gerüche

Holzbretter nach dem Schneiden von Zwiebeln, Knoblauch oder Fisch mit einer halbierten Zitrone einreiben. Riechen die Hände stark nach Knoblauch, reiben Sie sie vor dem Waschen mit Senfpulver ein. Pfannen, in denen Fisch gegart wurde, behandelt man nach dem Spülen gründlich mit Zitrone und spült sie anschließend mit klarem Wasser ab.

Einen streng riechenden Mülleimer wischt man mit einem feuchten Tuch, auf das ein wenig Essig gegeben wird, aus und lässt ihn anschließend offen trocknen. So lässt sich auch Schimmel bekämpfen. In den Kühlschrank stellen Sie am besten eine Schüssel mit Katzenstreu, Natron oder Holzkohle. Alle diese Materialien absorbieren Gerüche. Hat der Mikrowellenherd Geruch angenommen, füllt man eine kleine Schüssel mit etwas Wasser, gibt 3–4 Esslöffel Zitronensaft hinein und erhitzt den Herd 1 Minute auf höchster Stufe. Anschließend wird die Schüssel entfernt und der Herd ausgewischt.

Abgestandener Zigarettenrauch verflüchtigt sich, wenn man eine Kerze brennen lässt. Sie können auch eine mit Wasser und Essig gefüllte Schüssel in der Nähe des Rauchers aufstellen.

Zimtstangen oder Gewürznelken, die mit ein wenig braunem Zucker und Wasser kurz aufgekocht werden, verbreiten einen angenehmen Duft in der Küche und überdecken Gerüche, die durchs Kochen oder Braten entstehen.

Feuchte Schränke

Sie können z. B. in eine Kaffeedose ein paar Löcher bohren, die Dose mit Holzkohlen füllen und zum Absorbieren der Feuchtigkeit in den Schrank stellen. Eine andere Möglichkeit ist, Kreidestücke zusammenzubinden und in den Schrank zu hängen. An feuchten Außenmauern pflanzt man Sonnenblumen an. Diesen Tipp erhielt ich von einer holländischen Freundin, die im Marschland lebt. Ich probierte es an meinem kleinen Häuschen aus und es funktionierte. Die Sonnenblumen boten zudem einen hübschen Anblick.

Gusseisenpfannen

Pfannen aus Gusseisen rosten leicht. Um dies zu vermeiden, sollte man sie nach dem Spülen mit Speiseöl ein- und dann mit Küchenpapier sorgfältig trockenreiben. Sollten die Pfannen dennoch rosten, schrubben Sie die rostigen Stellen mit einer Lösung aus 1 Esslöffel Zitronensäure und 500 ml Wasser. Eine Norwegerin erzählte mir, dass ihre Großmutter Pfannen gemeinsam mit Pferdeäpfeln auskochte, damit sie nicht rosteten!

Töpfe aus Aluminium und rostfreiem Stahl

Eine Frau aus dem Dorf gab mir den Rat, in verfärbten Töpfen Rhabarber- oder Zitronensaft aufzukochen. Angebrannte Töpfe weicht man mit kaltem Wasser ein und lässt sie etwa 1 Stunde stehen. Danach etwas Borax oder Weinstein hinzufügen und aufkochen. So lösen sich Rückstände, ohne den Topfboden zu beschädigen.

Sie können auch den Topf mit Wasser füllen, eine aufgeschnittene Zwiebel und 1 Esslöffel Salz hinzufügen, das Wasser 10 Minuten kochen und den Topf über Nacht einweichen lassen. Am nächsten Tag lässt er sich leicht auswaschen.

Töpfe aus rostfreiem Stahl scheuert man mit einer Hand voll Mehl und poliert sie anschließend mit einem weichen Lappen. Hartnäckige Flecken lassen sich mit einem Topfkratzer und Zitronensaft beseitigen.

Kupfer

Stark verfärbtes Kupfer mit zerriebenen Rhabarberblättern oder mit einer aufgeschnittenen Zitrone, die in Salz getaucht wird, zu behandeln, ist ein altes englisches Hausmittel. Aus Belgien erhielt ich den Tipp, Essig in eine Sprühflasche zu füllen, den Topf damit zu besprühen, einige Stunden stehen zu lassen und ihn anschließend zu polieren.

Grünspan kann man mit einer Salmiaklösung beseitigen. Gummihandschuhe tragen!

Backofenreinigung

Diese Arbeit können Sie sich erleichtern, wenn Sie ein feuchtes Tuch, das in Natron getaucht wird, zum Putzen verwenden. Starke Verschmutzungen lösen sich durch Abreiben mit einer Mischung aus 1 Esslöffel Paraffin und 2 Esslöffeln Salz. Dann den Backofen mit heißem Wasser und Bleichsoda auswaschen. Gummihandschuhe tragen!

Übergekochte Speisen gleich mit Salz bestreuen, so brennt die Stelle nicht ein. Diese nützliche und recht einfache Methode funktioniert auch im Backofen.

Abwaschen

Zigaretten- oder Teeflecken auf Porzellan und Keramik entfernt man mit einem feuchten Spültuch und Natron. Hat die Kanne starke Teeflecken, gibt man eine Hand voll Bleichsoda hinein, füllt sie mit kochendem Wasser und lässt es abkühlen.

Beim Abwaschen von fettigem Geschirr empfiehlt es sich, etwas Essig oder Zitronensaft ins Spülwasser zu geben. So wird das Geschirr strahlend sauber.

Falls Sie eine Porzellanspüle haben, bedecken Sie den Boden mit mehreren Schichten Küchenpapier, das mit verdünntem Bleichmittel getränkt wird. 5–10 Minuten einwirken lassen, das Papier entfernen und die Spüle sauber reiben. Von einer Spüle aus Edelstahl entfernt man Wasserflecken mit einem feuchten Tuch und ein wenig klarem Essig.

Um Verstopfungen zu vermeiden, kippt man 1 Tasse Bleichsoda in den Ausguss und spült mit kochendem Wasser nach. Kalkablagerungen rund um den Ausguss lösen sich mit Zitrone. Eine in den Wasserkessel gelegte Murmel verhindert Kesselstein. Vorhandene Ablagerungen mit Essig und Wasser zu gleichen Teilen bedecken, aufkochen und über Nacht einwirken lassen.

Meine Mutter reinigte ihre Kupferpfannen mit einem in Essig getränkten Lappen.

Nach den Prinzipien des Feng Shui sollte das Schlafzimmer nicht zu voll stehen und besonders die Türe frei bleiben, damit Energie in den Raum strömen kann.

SCHLAFZIMMER UND BADEZIMMER

Ich eil ins Bett, ermüdet von Beschwer,
Zur holden Ruhstatt weitgereister Glieder.
William Shakespeare (1564–1616), *Sonett xxvii*

Im Schlafzimmer verbringen wir mehr Zeit als in jedem anderen Raum. Nach der Lehre Feng Shui wird die Ausrichtung des Bettes nach dem Geburtsjahr des Schläfers berechnet. Moslems schlafen immer mit dem Kopf Richtung Mekka. Eine alte Engländerin meinte, man solle das Kopfende des Bettes nach Norden und das Fußende nach Süden ausrichten.

Nach den Prinzipien des Feng Shui haben Form und Material des Kopfteils eines Bettes deutliche Auswirkungen auf die Energie: Abgerundetes Metall ist ideal für Menschen, die Büroarbeit verrichten, rechteckige Kopfteile aus Holz eigenen sich für Manager und ovale oder gewellte Formen sind gut für Künstler. Man sollte nicht zu viele Spiegel im Schlafzimmer aufhängen, da diese Energie anziehen und Schlafstörungen auslösen können.

Bei Krankheit rückt das Schlafzimmer noch mehr in den Vordergrund. Während des Tages sollten Sie Pflanzen oder Schnittblumen neben das Krankenbett stellen, da sie Sauerstoff produzieren, in der Nacht, wo sie Kohlendioxid abgeben, sollten Sie sie jedoch wieder entfernen. Bei trockenem Husten stellt man in der Nacht eine Schüssel mit Wasser auf den Heizkörper. Man kann auch etwas Eukalyptusöl hinzufügen. Es gibt einige hervorragende Getränke für Kranke (siehe S. 178–179) und für einen ausgezeichneten Schlaf empfehlen wir einen Schlummertrunk (siehe S. 181).

Flecken auf der Matraze

1 Esslöffel Stärke in Pulverform mit ein wenig Geschirrspülmittel anfeuchten und auf den Fleck geben. Trocknen lassen und an-

schließend mit einer Bürste abbürsten. Sie können den Fleck auch mit ein paar Tropfen Salmiak einreiben.

Schränke und Kommoden

Meine amerikanische Großmutter hinterließ mir eine Kommode aus Zedernholz. Diese Holzart hält von Natur aus Motten ab. Als zusätzlichen Mottenschutz lege ich die Schubladen mit Papier aus und gebe getrocknete Zitrusfruchtschalen oder Duftbeutel (siehe S. 104) hinein. Für angenehmen Duft sorgen Seife oder Duftkissen, z. B. ein Lavendelkissen, das Sie selbst herstellen können. Dazu legt man eine Hand voll Lavendelblüten in die Mitte eines quadratischen Stücks Musselinstoff. Man kann auch etwas getrockneten Wermut, ein ausgezeichnetes Mottenmittel, hinzufügen. Danach bindet man die Ecken fest mit einem Satinband zusammen.

Eine holländische Freundin schilderte mir, wie ihre Großmutter muffige Schränke und Kommoden auslüftete. An einem schönen Tag räumte sie den Inhalt aus und hängte die Sachen im Freien auf. Anschließend stopfte sie Schubladen und Schränke mit Zeitungspapier aus und ließ sie einige Tage offen stehen, bis das Papier die Feuchtigkeit und den Geruch absorbiert hatte. Schließlich wischte sie die Schubladen aus und ließ sie im Freien gut austrocknen.

Kleider aufbewahren

Die Sultanskleider im Topkapi-Museum in Istanbul, die aus der Zeit um 1450 stammen, sehen wie neu aus. Sie werden in Leinen eingeschlagen im Dunkeln aufbewahrt und einmal jährlich gelüftet. Diese mit Gold- und Silberfäden bestickten Seiden-, Brokat- und Damaststoffe sowie die Wandteppiche sind noch genauso schön wie vor 500 Jahren. Diese einfache Methode können Sie auch bei Ihren Kleidern anwenden.

Eine Freundin aus Malaysia verwendet Gewürznelken als Mottenschutz. Sie steckt sie in die Manteltaschen und in die Plastiktüten, in denen sie ihre Wollpullover im Sommer aufbewahrt.

Spiegel und Frisierkommode

Spiegel reinigt man mit einem feuchten Tuch, auf das man einige Tropfen Äthylalkohol gibt, und poliert sie anschließend mit einem sauberen, weichen Lappen. Wasser kann die Spiegelschicht beschädigen.

Haarbürsten reinigt man mit 1 Teelöffel Borax und 1 Esslöffel Bleichsoda, das in warmem Wasser aufgelöst wird.

Schmuckstücke sollten Sie einige Minuten in eine Spülmittellösung legen und dann mit einer feinen Zahnbürste und Zahnpasta reinigen. Anschließend wird der Schmuck mit klarem Wasser abgespült, mit dem Fön getrocknet und mit einem weichen Lappen auf Hochglanz poliert. Diamanten glänzen besonders schön, wenn man sie in Gin legt und danach mit einer Zahnbürste und warmem Wasser leicht schrubbt.

Perlen sollte man so oft wie möglich auf der Haut tragen.

Badezimmer

Damit Spiegel nicht beschlagen, putzt man sie mit flüssigem Reinigungsmittel. Schmierig gewordene Naturschwämme weicht man in einer Lösung aus 1 Esslöffel Essig und 500 ml Wasser ein. Kalkablagerungen an Fliesen oder Duschkabinen mit einem weichen Lappen und klarem Essig putzen.

Für hartnäckige Kalkflecken verwendet man Terpentin oder Terpentinersatz, das mit heißer Spülmittellösung abgespült wird. Kalkflecken in der Badewanne lassen sich mit Terpentin und Leinöl, die zu gleichen Teilen auf einen weichen Lappen gegeben werden, beseitigen. Anschließend mit heißem Seifenwasser abspülen. Durch tropfende Wasserhähne entstandene Kalkablagerungen mit Zitronensaft, der mit einer in Salz getauchten Zahnbürste aufgetragen wird, entfernen.

Verkalkte Wasserhähne mit der Schnittseite einer halben Zitrone behandeln, mit Wasser abspülen und mit einem weichen Lappen polieren. Um die Düse bindet man eine mit Essig gefüllte Plastiktüte. Schmutzablagerungen rund um den Wasserhahn lassen sich mit einer alten Zahnbürste und Essig oder Zitronensaft entfernen. Hähne aus Chrom schrubbt man mit einer Hand voll Mehl und poliert sie anschließend mit einem weichen Lappen. Verkalkte Duschköpfe in eine Schüssel mit warmem Essig legen und die Düsen mit einer Zahnbürste oder Nadel reinigen.

Beim Waschen von Spitzenvorhängen versetzt man das letzte Spülwasser mit 1 Esslöffel Zucker. Vorhänge nach dem Waschen sofort aufhängen und in Form ziehen.

Unangenehme Gerüche in der Toilette können Sie mit Orangenblüten- oder Lavendelwasser bekämpfen (siehe S. 94).

Nützliche Tipps

Aus dem Garten

Kräuter sollten Sie, sobald sie im Sommer zu wuchern beginnen, zurückschneiden und mit dem Kopf nach unten in der Küche aufhängen. Die Kräutersträußlein sehen hübsch aus, riechen gut und sind wertvolle Zutaten für Suppen und Saucen.

Im Herbst sollten Äpfel gut eingelagert werden. Ich lege sie zwischen Lagen von Zeitungspapier. Lagern Sie die Äpfel nicht zu dicht, damit sie nicht zu faulen beginnen. Man kann Äpfel auch zwischen Stroh aufbewahren. Als Lagerplatz eignet sich eine kühle Hütte oder Garage.

Wenn in Ihrem Garten Silberblatt wächst, sollten Sie es nicht entfernen, sondern im Herbst die Schalen um die herrlichen weißen Früchte abstreifen und diese für Blumengestecke verwenden.

Tapetenreste

Tapetenreste können zum Auslegen von Regalen und Kommoden verwendet werden. Für die Regale im Küchenschrank schneidet man 4–6 Schichten zurecht und entfernt die oberste, sobald sie schmutzig geworden ist.

Außerdem können Sie Tapetenreste zum Reparieren beschädigter Stellen verwenden. Schneiden Sie ein Stück Tapete aus, das etwas größer als die kaputte Fläche ist. Kleben Sie das Tapetenstück mit Kleister auf, fügen Sie dabei das Muster sorgfältig ein und streichen Sie die Ränder mit der Walze glatt.

Alte Zahnbürsten

Zahnbürsten sind vielseitig verwendbar, etwa zum Reinigen von Schmuck (siehe S. 15), zum Schrubben von Wasserhähnen (siehe S. 15), zum Reinigen von Fliesenfugen (mit Bleichmittel getränkt) und zum Polieren feiner Holz- oder Metallarbeiten. Man kommt damit in die feinsten Ritzen, deshalb eignen sie sich z. B. zum Reinigen von Küchengeräten.

Sparsame Haushaltsführung

Wenn Sie einen Wischmopp längere Zeit nicht verwenden, sollten Sie eine Plastiktüte um den Schwamm binden, das schützt ihn vor dem Austrocknen. Fügt man dem Waschwasser 1 Esslöffel Natron hinzu, wird es weicher und man benötigt weniger Waschmittel. Eingetrocknete Schuhcreme lässt sich mit Terpentin aufweichen.

Energiespartipps

Alufolie hilft Energie sparen und ist wieder verwendbar: Bereits gebrauchte Folie wird einfach mit einem feuchten Lappen glatt gestrichen.

Wenn Sie Fleisch, Fisch oder Gemüse im Ofen grillen, sollten Sie das unter den Grillrost geschobene Backblech mit Alufolie auslegen. So sparen Sie nicht nur Energie beim Kochen, sondern haben auch weniger Mühe beim Abwaschen, da nur die Folie entfernt werden muss.

Legen Sie Alufolie unter die Abdeckung des Bügelbretts, so wird die Wärme reflektiert.

Plastikbecher

Jogurt- oder Margarinebecher aus Plastik kann man zum Einfrieren von Speisen verwenden. In einem großen Jogurtbecher lässt sich eine Portion Suppe einfrieren. Sie können diese Art von Gefäße auch zum Reinigen von Pinseln oder zum Mischen von Farben verwenden.

Stoffe

Alte Tischtücher können zu Stoffservietten verarbeitet werden. Bettlaken, die in der Mitte durchgelegen, ansonsten aber noch in Ordnung sind, können zur Herstellung von Kissenbezügen verwendet werden. Aus den weniger abgenutzten Teilen alter Flanelllaken können Sie hübsche, warme Nachthemden für Kinder schneidern.

Die Lebensdauer alter Laken kann verlängert werden, indem man sie an der durchgelegenen Stelle in der Mitte der Länge nach durchschneidet und die Mitte nach außen dreht. Anschließend näht man die Kanten zusammen und bringt eine glatte Doppelnaht an. Die äußeren Kanten werden gesäumt.

Aus Laken für Doppelbetten kann man Betttücher für schmale Betten herstellen. Ausserdem können Sie abgenutzte Laken zu Putzlappen schneiden.

Nadel und Faden sind unersetzlich, wenn es darum geht, Stoffe auszubessern und Geld zu sparen.

PUTZEN

P-u-tz, putz, e-n, en, putzen, Zeitwort, reinmachen, reinigen. F-e-n, Fen, s-t-e-r, ster, Fenster, eine mit durchsichtigem Material verwahrte Öffnung, durch die das Licht in die Häuser fällt. – Wenn der Knabe etwas der Art aus dem Buche gelernt hat, so geht er hin und tut es.

Mr. Squeers in *Nicholas Nickleby* von Charles Dickens

„Dem Reinen ist alles rein", lautet ein Sprichwort und der Engländer John Wesley, Mitbegründer des Methodismus, predigte im 18. Jahrhundert, dass Schlampigkeit nicht Teil der Religion sei. Gemäß den Prinzipien des Feng Shui behindert Unordnung den freien Fluss von Energie und tatsächlich vermittelt ein frisch geputztes Haus Vitalität und Frische. Bevor es chemische Reinigungsmittel gab, verwendeten unsere Großmütter natürliche Materialien zum Putzen: Zitrone, Essig, Natron und Salz spielten zusammen mit stärkeren Substanzen wie Äthylalkohol, Salmiak und Terpentin eine wichtige Rolle im Haushalt. Borax, Glyzerin und Bleichsoda sind auch der modernen Hausfrau als äußerst wirksame Mittel bekannt. Bei der Verwendung dieser Substanzen sollten Sie stets Gummihandschuhe tragen, damit Sie keine rauen Hände bekommen.

Die Tipps, die wir Ihnen hier vorstellen möchten, stammen von Menschen aus der ganzen Welt, wie etwa aus Singapur, Simbabwe, Kanada und den USA, aus Neuseeland, Island und verschiedenen europäischen Ländern.

Selbstgemachte Bienenwachspolitur

Hausarbeit

Das Dienstmädchen einer Freundin in Singapur hielt in jeder Hand ein Staubtuch und meinte, dass sie so schneller fertig würde. Ein guter Tipp ist, ein neues Staubtuch in eine Lösung, die zu gleichen Teilen aus Paraffin und Essig besteht, zu tauchen und einige Zeit in einem geschlossenem Glas aufzubewahren.

Polierte Möbeloberflächen

Wasserflecken lassen sich mit einem Tuch und etwas Terpentin entfernen. Dabei sollten Sie entlang der Maserung arbeiten. Aus Neuseeland erhielt ich den Tipp, ein wenig Zigarettenasche mit Olivenöl vermischt auf die Wasserflecken zu streichen, 30 Minuten einwirken zu lassen und anschließend das Möbelstück mit einem weichen Lappen zu polieren. Man kann auch eine Mischung aus Salz und Pflanzenöl verwenden, 1 Stunde einwirken lassen und danach die Stelle mit einem weichen Lappen polieren.

Um stumpfe Polituren aufzufrischen, mischt man je 2 Esslöffel Terpentin, klaren Essig und Äthylalkohol – Stoffe, die klebrige Substanzen entfernen –, mit 1 Esslöffel Leinöl, das das Holz schützt und pflegt. Die Mischung gut schütteln und mit einem weichen Lappen auftragen. Schnitzereien reinigt man mit einer Mischung, die zu gleichen Teilen aus Terpentin sowie Essig und so viel pulverisierte Stärke, dass sich eine Paste herstellen lässt, besteht. Mit einem weichen Tuch auftragen und dann polieren.

Matter Eiche können Sie mit Leinöl neuen Glanz verleihen. Klebrige Flecken auf Holz entfernt man mit etwas Essig und Wasser; anschließend Bienenwachs auftragen.

Selbstgemachte Bienenwachspolitur

Diese Politur liefert besonders schöne Resultate:

75 g Bienenwachs
150 ml Terpentin
Lavendelöl (nach Belieben)

Bienenwachs in eine Schüssel geben und im Wasserbad erhitzen, bis das Wachs geschmolzen ist. Nun das Terpentin hinzufügen und gut verrühren. In ein Glas füllen, nach Belieben ein paar Tropfen Lavendelöl hinzufügen und abkühlen lassen.

Andere Flächen

Auf Marmor sollten Flecken umgehend entfernt werden. Für Wein-, Kaffee- oder Teeflecken verwendet man frischen Zitronensaft oder eine Lösung aus 1 Teil Essig und 4 Teilen Wasser, die sofort wieder abgewischt werden sollte.

Fettspuren auf einer Tapete entfernt man, indem man Löschpapier auflegt und mit einem warmen Bügeleisen darüberstreicht. Rostige Metallmöbel werden einfach mit einer harten Drahtbürste abgebürstet. Und so können Sie Ebenholz zu neuem Glanz verhelfen: Vaseline auftragen, 30 Minuten einwirken lassen und mit einem weichen Tuch abwischen.

Zum Reinigen von Telefonen, Radioapparaten, Zifferblättern und Computertastaturen eignen sich in Äthylalkohol getränkte Wattebäusche oder -stäbchen. Schmutzige Klaviertasten können Sie mit einem Wattebausch und einer Lösung aus 2 Esslöffeln Äthylalkohol sowie 2 Esslöffeln Wasser reinigen. Äthylalkohol ist zwar leicht entzündbar, eignet sich jedoch hervorragend zum Entfernen von Filzstiftflecken und Klebeetiketten.

Um lackierte Flächen zu reinigen, mischt man 1 Esslöffel Terpentin, 1 Esslöffel Milch und 1 Esslöffel Geschirrspülmittel mit 1 Liter heißem Wasser und trägt diese Lösung mit einem weichen Lappen auf. Abgenutzte Stellen auf Vinyl lassen sich mit einem Radiergummi, Terpentin oder Terpentinersatz beseitigen.

Natürliche Politur für Ledermöbel

300 ml Leinöl aufkochen, abkühlen lassen und 300 ml Essig hinzufügen. Mit einem Lappen auftragen und polieren.

Pflege von Bambusmöbeln

Dieser Tipp stammt aus Deutschland:

1 EL Salz
300 ml Wasser
Etwas Zitronensaft (oder eine Mischung aus warmem Wasser und Bleichsoda)

Salz, Wasser und Zitronensaft vermengen und die Mischung mit einer weichen Bürste auf die Möbel auftragen. Mit in Leinöl getränktem Samtstoff abtrocknen. Die Ölschicht 1–2 Stunden einwirken lassen und mit einem weichen Lappen polieren.

WASCHEN

Früher stellte man aus den Wurzeln der Sternhyazinthe und der Weißen Gartenlilie Wäschestärke her. Aus den Blättern des Echten Seifenkrauts (*Saponaria officinalis*) wurde eine hochwertige Seifenlauge gewonnen. Das in den Blättern vorhandene Saponin löst Schmutzpartikel und wird auch heute noch zur schonenden Reinigung alter Stoffe verwendet.

Auf Rostflecken in der Wäsche trägt man eine Paste auf, die aus Weinstein und Wasser hergestellt wird. Die Paste eintrocknen lassen und anschließend abbürsten. Sie können auch Zitronensaft auftupfen, den Fleck mit Salz bedecken, danach 1 Stunde trocknen lassen und auswaschen. Schweißflecken entfernt man am besten mit Aspirinlösung.

Flecken auf Tisch- und Leintüchern können Sie in Buttermilch tauchen, an der Sonne trocknen lassen und dann mit kaltem Wasser auswaschen. Eine indische Freundin entfernt Tintenkleckse und andere Flecken mit Zitronensaft. Rote Bete hinterlässt äußerst hartnäckige Flecken, die sofort unter kaltem Wasser ausgewaschen werden sollten. Anschließend weicht man den Stoff in Boraxlösung ein. Borax ist fettlösend und macht das Wasser weicher. Wollpullover sollte man beim Waschen umdrehen, damit sie nicht verfilzen. Beim letzten Spülgang können Sie 1 Esslöffel Essig zugeben, damit die Farben leuchtend bleiben.

Empfindliche Stoffe sollten mit natürlichen Produkten bearbeitet werden.

Beim Spülen der Handwäsche sollten Sie 1 Esslöffel klaren Essig – ein sehr vielseitiger Haushaltsreiniger – ins Wasser geben. 1 Teelöffel Bittersalz lässt die Farben besonders schön leuchten. Um Seifenreste aus Waschlappen zu entfernen, kann man diese in einer Lösung aus 1 Esslöffel Essig oder Zitronensaft und 500 ml Wasser einweichen, bevor sie in der Maschine gewaschen werden. Stark verschmutzte Kleidungsstücke weicht man vor dem Waschen in kaltem Wasser ein. Neue Kleidung können Sie vor der ersten Wäsche in kaltem Salzwasser einweichen. So bleibt die Leuchtkraft der Farben erhalten.

Schwarzer Stoff, Samt und Seide

Schwarze Stoffe, die ihre Farbe verlieren, weicht man in Wasser und etwas klarem Essig ein, um Seifenreste, die den Stoff entfärben, zu entfernen. Für die Behandlung von schwarzer Seide, deren Farbe man auffrischen will, erhielt ich einen Tipp von einer Frau, die in den 20er Jahren als Dienstmädchen arbeitete: Man färbt das Waschwasser für die Seide dunkel, indem man Efeublätter, die als Färbemittel dienen, zerquetscht und darin kocht.

Eine meiner Freundinnen, deren Haus immer nach frischer Wäsche duftet, gab mir folgende Tipps: Ein wenig Äthylalkohol im Spülwasser bewahrt den Glanz von Seide. Mit 2 Stückchen Zucker im Spülwasser kann man Seide stärken, etwas Lanolin schützt und pflegt den Stoff. Spitzen bestäubt man mit Magnesium, das einige Tage einwirken sollte und dann ausgeschüttelt wird. Das Magnesium absorbiert den Schmutz. Platt gedrückten Samt über Wasserdampf halten; zum Schluss wird der Stoff mit einer weichen Bürste gegen den Strich gebürstet.

Das Bügeleisen reinigen

Die Unterseite des ausgesteckten Bügeleisens können Sie mit einem weichen Lappen und Zahnpasta reinigen. Bügeleisen mit Antihaftbeschichtung sollten Sie mit Geschirrspülmittel oder Äthylalkohol säubern.

Haustiere

Ein noch nicht stubenreines Hündchen kann ein Chaos in Ihrem Haushalt verursachen. Riecht der Teppichboden unangenehm, kann man den Teppich mit einer Lösung aus 1 Teil Essig und 5 Teilen Wasser behandeln. Mit der Sprühflasche aufgetragen, vertreibt die Lösung den üblen Geruch und schreckt gleichzeitig den Übeltäter ab. Sie können die Stelle auch mit einer Salmiaklösung betupfen, ein Stoff, den Hunde ebenfalls meiden. Gummihandschuhe tragen!

Katzen mögen den Geruch von Zitronen- oder Orangenschalen nicht.

Bestreicht man Möbelfüße mit Nelkenöl, kauen junge Hunde nicht daran, denn sie hassen den Geruch.

Tierhaare lassen sich leicht von Polstermöbeln entfernen, indem man ein Klebeband mit der klebrigen Seite nach außen um einen Finger wickelt und damit über den Polsterstoff fährt.

Teppiche

Als Trockenshampoo eignet sich Natron, das großzügig auf den Teppich gestreut wird. 20–30 Minuten einwirken lassen und anschließen absaugen.

Flecken von Schuhcreme lassen sich mit Terpentinersatz entfernen, den man eintrocknen lässt. Anschließend beseitigt man die restlichen Flecken mit Äthylalkohol. Fettflecken lassen sich mit einem Lappen, der mit Terpentin angefeuchtet wird, entfernen. Zum Schluss reibt man die betroffene Stelle vorsichtig mit einem sauberen Tuch ab, um sie von Terpentinspuren zu reinigen. Auch verdünnte Essiglösung eignet sich zur Behandlung von Schmutz- und Fettflecken. Um Farbflecken zu beseitigen, mischt man etwas Äthylalkohol mit ein paar Tropfen Salmiak und trägt die Mischung mit einem Wattebausch auf.

Brandflecken von Zigarettenasche mit dem Rand einer Silbermünze einreiben. Bierflecken bedeckt man zunächst mit Sodawasser, dann mit Natron, das man trocknen lässt und absaugt. Eingetrocknete Bierflecken lassen sich mit Äthylalkohol entfernen. Auch Tee- und Kaffeeflecken können Sie mit Sodawasser einweichen und anschließend mit Boraxlösung behandeln.

Um kleine Gegenstände wie Schmuckstücke in einem Teppich aufzuspüren, zieht man einen Strumpf über die Staubsaugerdüse, damit der Gegenstand an-, aber nicht eingesaugt wird.

Mit einer aufgeschnittenen Zwiebel lässt sich Fliegenschmutz leicht entfernen.

Fenster und Glas

Schmutzige Fenster reibt man zuerst mit einer aufgeschnittenen Zwiebel ab. Danach eine Sprühflasche mit Wasser und etwas Essig füllen. Diese Mischung ist fettlösend und liefert einen herrlichen Glanz. Die Fenster mit Zeitungspapier trocken reiben.

Auch Fliegenschmutz entfernt man auf Glas am besten mit einer aufgeschnittenen Zwiebel. Die Großmutter meiner Putzfrau verwendete dazu das Kochwasser von 2–3 Zwiebeln.

Trinkgläser

Gläser glänzen besonders schön, wenn Sie Zitronensaft ins Spülwasser geben. Für trübe Vasen eine Hand voll Salz oder gehackte Eierschalen mit Essig vermischen, in die Vase geben und diese mit Geschirrspülmittel anfüllen. Gut schütteln, einige Stunden stehen lassen und gründlich spülen. Man kann trübe Gläser auch mit Wasser und je 1 Teelöffel Ammoniak füllen. Über Nacht stehen lassen und mit heißem Wasser auswaschen. Stumpfes Glas behandelt man mit einer Paste aus Backpulver und Wasser. Die Paste auftragen, abwaschen und anschließend das Glas mit einem weichen Lappen polieren.

Rotweinflecken sollte man sofort mit Salz bestreuen.

FLECKEN

Flecken sollten immer so rasch wie möglich behandelt werden. Als Fleckenmittel eignen sich Borax oder Glyzerin. Mit Glyzerin kann man auch eingetrocknete Flecken und mit Eiweiß gemischt sogar Grasflecken entfernen. Der vielseitigste und natürlichste Fleckenentferner ist eine aufgeschnittene Zitrone. Die Säure bleicht Flecken aus und neutralisiert Gerüche.

Flecken auf Kleidungsstücken und Polstermöbeln

Blut: Stoff in kaltem Wasser einweichen.

Schokolade: Mit Borax bestreuen und vor dem Waschen in kaltem Wasser einweichen.

Kaffee: Auf frische Flecken Glyzerin auftragen und mit warmem Wasser ausspülen.

Ei: Vor dem Waschen mit ein wenig Salz in kaltem Wasser einweichen. Ei hinterlässt dunkle Spuren auf Besteck. Die Flecken mit ein wenig Salz und einem feuchten Tuch abreiben.

Fruchtsaft: Vor dem Waschen 1 Stunde in Milch einweichen. (Das gilt auch für Cola-Flecken.)

Fett: Eine Freundin berichtete, sie habe die neue Seidenkrawatte ihres Mannes, die starke Fettflecken aufwies, mit Talkum bestreut. Am nächsten Tag ließen sich die Flecken ausbürsten. Wildleder reibt man mit Glyzerin ein, um Fettflecken zu entfernen. Mit einer Nagelfeile können Sie abgenutzte Stellen behutsam wieder aufrauen.

Tintenkleckse auf Teppichen: In Südafrika entfernten Diener und Hausmädchen die Tintenflecken mit Milch. Sie können die Tinte auch mit einer aufgeschnittenen Tomate einreiben und gut abspülen. Tintenflecken auf den Fingern schrubbt man mit einer Nagelbürste ab, die zuvor in Essig und Salz getaucht wurde oder in Zitronensaft. Tintenkleckse auf Holz tupft man mit einem Wattebausch, der in bleichendes Reinigungsmittel getaucht wird, ab und trocknet die Stelle mit Küchenpapier. Anschließend wird Wachspolitur aufgetragen.

Schimmel: Vor dem Waschen in verdünntem Bleichmittel einweichen und in der Sonne trocknen lassen.

Milch: In kaltem Wasser einweichen. Danach zwischen Küchenpapier legen und Fettspuren mit dem Bügeleisen entfernen.

Teer: So gut wie möglich abkratzen. Anschließend mit einem weißen Tuch behandeln, das mit Eukalyptusöl getränkt wurde.

Teeflecken auf Polstermöbeln: Mit dem Schwamm Boraxlösung auftragen.

Wein: Rotweinflecken auf dem Teppich sollten Sie mit Salz bestreuen, abbürsten und den Vorgang bei Bedarf wiederholen. Sie können auch sofort reichlich Weißwein darüber gießen und dann die Stelle mit klarem Wasser reinigen. Glyzerinlösung ist ebenfalls geeignet. Kleidungsstücke werden mit warmem Wasser abgespült und vor dem Waschen in Boraxlösung (1 Esslöffel Borax auf 500 ml Wasser) eingeweicht. Eingetrocknete Flecken mit einem Schwamm und etwas Äthylalkohol behandeln.

Silber und andere Metalle

Meine Familie lebte jahrelang in einem College in Cambridge, wo meine Mutter mit Hilfe eines sehr netten Paares von Sankt Helena den Haushalt des Rektors führte. Hier sind einige Tipps des Paares:

Silber: Eine Hand voll Bleichsoda in einer Aluminiumpfanne auflösen, das angelaufene Silberbesteck darin einweichen und herausnehmen, sobald der Beschlag entfernt ist. Spülen und polieren. Wenn Sie etwas Terpentinersatz auf einen weichen Lappen tropfen und Ihr Silber damit putzen, glänzt es wieder.

Messing: Starken Beschlag mit einer Essig-Salz-Lösung (1 Esslöffel Salz auf 500 ml Essig) oder Bleichsoda entfernen. Mit einer in Salz getauchten Zitrone gut abreiben und anschließend mit warmem Wasser und Salmiaklösung (1 Esslöffel Salmiak auf 500 ml Wasser) abwaschen. Trocknen und polieren.

Zinn: Holzasche und etwas Wasser zu einer Paste verrühren und das Zinn damit abreiben. Man kann Zinn auch mit Kohlblättern polieren. Fettspuren entfernt man mit ein wenig Äthylalkohol und einem weichen Lappen.

Kupfer: Grünspan lässt sich mit Salmiaklösung (siehe oben) entfernen. Dabei sollten Sie Gummihandschuhe tragen.

Blei: Mit Terpentin oder Terpentinersatz putzen. Bei starker Verschmutzung 5 Minuten in einer klaren Lösung aus 1 Teil Essig, 9 Teilen Wasser und etwas Natron einweichen.

Silber können Sie mit einem weichen Lappen und etwas Terpentinersatz wieder zum Glänzen bringen.

Ungeziefer und Schädlinge

Als ich eine Fernsehserie über ländliches Leben drehte, interviewte ich auch Lionel und Hilda, einen pensionierten Wildhüter und seine Frau, die in einem kleinen Häuschen in Hertfordshire, England, leben. Das Haus war innen makellos sauber – Hilda hatte ihr Leben lang als Raumpflegerin gearbeitet. Im Garten bauten die beiden großteils Gemüse an. Stolz stellten sie mir Methoden zur Schädlingsbekämpfung im Haus vor, die fast ausschließlich umweltfreundlich sind und die ich Ihnen hier gemeinsam mit Tipps von anderen Leuten weitergeben möchte.

Fliegen

Bier oder Sirup auf einer Untertasse oder einem Blatt Papier zieht Fliegen an und tötet sie. Wird man beim Essen im Freien von Fliegen und Wespen belästigt, sollte man in der Nähe des Tisches eine Untertasse mit Konfitüre aufstellen. Pyrethrum ist ein umweltfreundliches Insektizid, das Sie aufs Fensterbrett oder einen Teller streuen können.

Thymian ist ein ausgezeichnetes Mottenmittel.

Freunde, die in Pennsylvania in einem wunderschönen Haus mitten im Wald leben, verwenden die Blätter des Schwarznussbaums (*Juglans nigra*), um Fliegen und Ameisen abzuwehren. Die Gartenraute hält Hausfliegen ab: Hilda zieht diese Pflanze in einem Blumenkasten vor dem Küchenfenster. Falls jemand versehentlich eine Fliege verschluckte, empfahl Lionels Großmutter immer ein wenig Essig mit einem Schuss Cayennepfeffer zu trinken. Dadurch würde die Fliege sofort sterben.

Eine in Marokko lebende Französin zeigte mir ihren Basilikumtopf neben der Haustüre. Der Geruch von Basilikum hält Fliegen fern. In Marokko findet man ihn in Cafés, Geschäften und Privatwohnungen. Ich stellte sofort einen Topf Basilikum in der Küche auf und der Tipp funktionierte. Die Frau erzählte mir auch, dass Sträuße von frischer Pfefferminze ebenfalls Fliegen fern halten würden. Ich stellte fest, dass Wermut, Gartenraute oder Rainfarn eine ähnliche Wirkung haben.

Motten

Ein Musselinbeutelchen, das je eine Hand voll getrockneten Rosmarin, Salbei und Minze, etwas geriebene Zitronenschale und Zimtpulver enthält, ist ein ideales Mottenmittel, das Sie in den Schrank oder in eine Schublade legen können. Auch getrockneter Wermut und Stabwurz sowie Thymianzweige, die man im Kleiderschrank trocknen lässt, halten Motten ab.

Flöhe

Laut Hilda tauchen die Flöhe pünktlich am 1. März in England auf. Sie beginnt an diesem Tag zeitig am Morgen mit dem Frühjahrsputz, so bleibt das Haus für den Rest des Jahres von dieser Plage verschont. Wermut, Flohkraut und Fenchel halten Flöhe ab.

Waschen Sie ihre Haustiere mit einem starken Aufguss aus Walnussblättern. Oder gießen Sie Wermut auf, und lassen Sie ihn über Nacht ziehen. Am nächsten Morgen waschen Sie das Hundefell damit.

Eine Frau aus New York erzählte mir, dass sie Flohkrautsträuße ins Hundekörbchen legt, um Flöhe und Zecken abzuhalten. Lionel meinte, eine ungeschälte Knoblauchzehe im Hundefutter wäre ein wirksames Flohmittel. Bei meinem Hund funktionierte es! Laut Lionel ist Knoblauch auch ein gutes Wurmmittel für Haustiere.

Ameisen

Im Haus oder in Wirtschaftsgebäuden können Ameisen eine Plage sein. Von meiner Freundin Barbara erhielt ich den Tipp, kochendes Wasser über solche unerwünschten Ameisennester zu gießen oder sie zu öffnen, Ätzkalk darüber zu streuen und mit Wasser zu übergießen. Eine Freundin, die jahrelang auf den Bahamas lebte, tat es den Einheimischen gleich und bekämpfte die Ameisen mit Flohkraut. Pfefferminze und Rainfarn an der Eingangstüre halten ebenfalls Ameisen ab. Auch die Blätter des Zitronenthymians sind ein wirksames Mittel. Alle diese pflanzlichen Wirkstoffe sind weitaus angenehmer als die giftigen Substanzen, die im Handel erhältlich sind.

In der Speisekammer kann man Flohkraut, Gartenraute oder Rainfarn aufhängen und die Regale mit Chili bestreuen. Meine Freundin Mineke aus Holland erinnert sich, dass ihre Mutter eine Linie aus Kreide zog, um die Ameisen abzuhalten. Ich habe es ausprobiert, es funktionierte!

Küchenschaben

Eine Freundin aus New York stellte fest, dass das beste Mittel gegen Küchenschaben eine Mischung aus Borax und Puderzucker ist. Ein traditionelles Mittel ist Schwarze Nieswurz, die im Marschland wächst und auf dem Fußboden ausgestreut wird: Die Küchenschaben fressen die Pflanzen in der Nacht und sind am nächsten Morgen tot.

Mäuse

Die Blätter des Zwergholunders (*Sambucus ebulus*) halten Mäuse von eingelagertem Getreide fern. Die Staudenwicke (*Lathyrus latifolius*) vertreibt Feldmäuse und andere kleine Nagetiere, ebenso wie die Grüne Minze, die in der Nähe des Hauses angepflanzt werden sollte. Die Springwolfsmilch (*Euphorbia lathyris*) ist ebenfalls ein bekanntes und recht wirksames Mittel gegen Wühlmäuse und Maulwürfe.

Der beste und natürlichste Schädlingsvernichter.

Ein 90-jähriger Mann hatte von seinem Vater und Großvater, die beide als Buchhalter gearbeitet hatten, folgenden Tipp erhalten: Sie versetzten ihre Schreibtinte mit Wermutpulver (*Artemisia absinthium*), um Mäuse und Ratten davon abzuhalten, die Bücher anzufressen.

Halten Sie sich eine Katze, empfahl mir Lionel.

Ratten

Rühren Sie aus 1,5 kg Mehl und Wasser eine dicke Paste. Dann schmelzen Sie 40 g Butter, lösen 25 g Phosphor und 50 g Gelbwurz darin auf und mischen es unter die Paste. Auf Brot streichen oder zu Kugeln formen, die in Zucker gewälzt werden, und den Ratten hinstellen. Sie können auch Heu mit Cayennepfeffer bestreuen und in die Rattenlöcher stopfen. Streut man einfach nur Cayennepfeffer in die Löcher, ist das auch schon hilfreich und vertreibt die Ratten sicherlich in Windeseile.

Schaffen Sie sich einen Terrier an, empfahl mir Lionel.

Spinnen

Das letzte Wort hat sicherlich die alte Dame, die meinte, dass behaarte Spinnen das Eintreffen des Herbstes ankündigen würden und man diese nützlichen Tiere in Ruhe lassen sollte.

Kaminfeuer

Schön ist's, traulich am Kamin zu sitzen,
hinten frieren, vorne schwitzen,
in die alten Briefe schauen,
sich am Speck im Rauch erbauen.
Schön ist's, wenn die Flammen züngeln
und sich dann die Zweiglein kringeln.
P.-A. Mumm

Um den Kamin und das darin lodernde Kaminfeuer ranken sich viele Geschichten und Legenden. Am Dach meines 300 Jahre alten Landhauses steht neben dem Schornstein ein Ziegelstein hervor. Er wird, wie man mir sagte, „Hexensitz" genannt und soll die Hexe davon abhalten, in den Kamin zu steigen. In der Kaminecke befindet sich eine kleine Ausbuchtung, in der früher Salz aufbewahrt wurde, das ebenfalls Hexen fern halten sollte. Ein alter Maurer erzählte mir, dass man früher die Schornsteine aus mit Salz überzogenen Ziegelsteinen errichtete, um Hexen abzuhalten.

Wo es einen offenen Kamin gibt, ist er auch heute noch – oder wieder – der Mittelpunkt des Hauses, es ist ein Platz, an dem man zusammen sitzen, in die Flammen schauen, Geschichten erzählen und Maronen braten kann.

Brennholz

Meine deutsche Freundin Inge erhielt von ihrem Großvater den Rat, niemals Holunderholz im Kamin zu verbrennen. Da das Holz Funken versprüht, könnte es einen Brand auslösen. Außerdem würde es Unglück bringen und den Teufel durch den Schornstein locken, so behauptete er. Am besten ist Eschenholz, es brennt recht lange und versprüht keine Funken. Auch Kiefernholz produziert gefährlichen Funkenflug, daher sollte man niemals alte

Ein Kaminfeuer mit Holzscheiten kann der Mittelpunkt des Hauses sein.

Kiefernmöbel verbrennen. Schneiden Sie Brennholz im Sommer, und lagern Sie es einige Zeit, damit es schön trocken ist und keine Funken versprüht, wenn Sie es verfeuern. Schützen Sie Ihre Holzvorräte vor Regen und Schnee. Falls Sie keine Hütte haben, decken Sie das Holz mit einer Plastikplane ab, unter der seitlich die Luft zirkulieren kann.

Wenn Sie einen großen Kamin haben, für den Sie eine große Menge Späne zum Anzünden benötigen, können Sie diese mit biegsamen Zweigen (nicht mit einem Bindfaden, da er sofort verbrennt) zu einem Bündel verschnüren, damit das Feuer nicht in sich zusammenbricht. Man kann auch Zitronenschalen oder herrlich duftende Kiefernzapfen ins Feuer werfen. Auch Apfelholz erfüllt das ganze Haus mit seinem Duft. Die Asche können Sie in die Einfahrt streuen, um den Boden zu festigen, oder im Garten als Kompost (siehe S. 51) verwenden.

Rußflecken

Haben Sie Rußflecken auf dem Teppich, sollten Sie Salz darauf streuen, das Sie anschließend wieder abbürsten können. Man kann auch Talkumpuder verwenden. Rußflecken auf Kaminziegeln entfernen Sie am besten mit einer steifen Bürste oder Drahtbürste und warmem Essigwasser. Versuchen Sie starke Rußrückstände mit einem anderen Ziegelstein abzureiben oder mit dem Stemmeisen vorsichtig zu entfernen. Für Sengflecken verwendet man unverdünnten Essig. Mauerwerk wird mit Geschirrspülmittel und etwas Bleichmittel gereinigt.

Den offenen Kamin reinigen

Eine alte Methode besteht darin, um die Mitte eines breiten, dicken Bündels Stechpalmenzweige eine Schnur zu binden, so dass zwei lange Schnurenden überstehen. Dann lassen Sie ein Ende der Schnur durch den Schornstein hinunterfallen. Nun ziehen zwei Leute abwechselnd von oben und unten an der Schnur. Die Zweige müssen lang genug sein, damit sie die Seitenwände des Kamins berühren.

Leckerbissen am Kaminfeuer zubereiten

Mit einer langen Kamingabel können Sie über dem Feuer Brot oder Marshmallows rösten. Die Marshmallows so lange über die

Rösten von Marshmallows an einem kalten Winterabend.

Flamme halten, bis sich eine Kruste bildet und anschließend abkühlen lassen. Sie sollten auch Käsefondue probieren; dazu 2cm dicke Käsestücke auf die Gabel stecken und solange über den Flammen wenden, bis sie zu schmelzen beginnen. Es kann passieren, dass der Käse zu heiss wird und von der Gabel fällt. Bei richtiger Zubereitung schmeckt dieses Käsefondue jedoch ausgezeichnet. Aber Vorsicht: Nie von der heißen Gabel essen!

Bei einem größeren Feuer können Sie in der Glut Kartoffeln backen. Der größte Leckerbissen an kalten Winterabenden sind jedoch geröstete Maronen. Warten Sie, bis die Flammen erloschen sind, schneiden Sie die Maronen ein, damit sie nicht aufspringen, und legen Sie sie in die Glut. Nach 5–7 Minuten werden sie mit einer Zange vorsichtig herausgeholt. Die Maronen etwas abkühlen lassen, schälen und heiß verzehren.

Neue Kerzen brennen länger, wenn man sie vor dem Anzünden einige Stunden in die Tiefkühltruhe legt.

KERZEN

Abwesenheit vermindert mittelmäßige Liebe und vermehrt starke, wie der Wind Lichter ausbläst und Flammen entfacht.
Duc de la Rochfoucauld (1613–1680)

Bereits in der Antike wurden Kerzen verwendet, wie man anhand von ägyptischen und kretischen Funden, die von etwa 3000 v. Chr. stammen, weiß. Der angelsächsische König Alfred der Große (849–899) versuchte mit Hilfe von Kerzen, die Zeit zu messen. Er ließ sie einzeln in Laternen aufstellen, wobei jede Kerze 4 Stunden lang brannte. Auch in Frankreich wurden im Mittelalter Kerzen hergestellt, laut einer Steuerliste gab es 1272 in Paris bereits 71 Kerzenmacher.

Im weichen Kerzenlicht sieht Vieles schöner aus, doch das Licht birgt auch Gefahren: „Weder Frauen noch Stoffe soll man bei Kerzenlicht auswählen", lautet ein altes englisches Sprichwort. Heute gibt es Schwimmkerzen, Duftkerzen und Kerzen in vielen verschiedenen Farben und Formen. Kerzen bestehen heutzutage aus Paraffin und Stearin, manchmal enthalten sie auch Bienenwachs oder Wachsmyrthe.

Kerzen werden schon seit vielen Jahrhunderten auf der ganzen Welt bei religiösen Zeremonien verwendet. Die römisch-katholische Kirche setzte fest, dass Kerzen zu 100 % aus reinem Bienenwachs bestehen mussten, doch dieser Anteil liegt heute bei 25 %. Ein walisisches Gesetz aus dem 10. Jahrhundert besagte, dass die Messe nur in Anwesenheit von Bienen – in Form von Bienenwachs – gelesen werden konnte. Bienen gelten als heilige Tiere, da sie nach dem Sündenfall aus dem Paradies ausschwärmten.

Kerzen erhellen die Dunkelheit und galten deshalb oft als Symbol für Reinheit und Erleuchtung:

Ich entzünde in deinem Herzen die Flamme des Verständnisses, die nicht erlöschen darf. Esdras VIII.25

Praktische Tipps

Neue Kerzen legt man einige Stunden in die Tiefkühltruhe, dann brennen sie länger. Bevor Sie eine frische Kerze in den Kerzenständer stecken, weichen Sie sie erst in heißem Wasser auf. Sitzt die Kerze zu locker, umwickelt man das Ende mit Klebeband.

Um Wachsreste von Kerzenständern aus Zinn zu entfernen, legt man diese 1–2 Stunden in die Tiefkühltruhe. Das Wachs löst sich anschließend mühelos ab. Verbleibende Rückstände mit einem Haartrockner erwärmen. Auf Porzellan kratzt man Wachsreste mit einem stumpfen Messer ab. Dann werden die Halter bei höchster Stufe 1–2 Minuten in den Mikrowellenherd gestellt und die geschmolzenen Rückstände mit den Fingerspitzen entfernt. Kerzenhalter aus Silber übergießt man mit heißem Wasser. Letzte Rückstände mit Hilfe eines Haartrockners beseitigen.

Tropft Kerzenwachs auf einen Holzboden, so lässt man das Wachs aushärten und kratzt es mit einem stumpfen Messer ab. Zum Schluss mit einem weichen Tuch etwas Politur auftragen.

Auf einem Teppich vergossenes Wachs lässt man ebenfalls aushärten und kratzt dann so viel wie möglich davon ab, ohne die Oberfläche zu beschädigen. Danach die Reste mit reichlich Küchenpapier und einem warmen Bügeleisen entfernen.

Wachsreste auf Kleidungsstücken behandeln Sie am besten mit Äthylalkohol. Tapeten und Möbel werden ebenfalls mit Bügeleisen und Küchenpapier von Wachsresten befreit.

Herstellung eines Binsenlichts

Die sparsamen Binsenlichter waren in ländlichen Gegenden sehr verbreitet. Hier ist eine altes Rezept aus der Zeit, als in jedem Haushalt Kerzen noch selbst gefertigt wurden. Die selbstgemachte Kerze, die auf einem Rindenstück befestigt wird, spendet warmes Licht und tropft nicht.

Man schneidet die weiche Binse, z. B. die Flatterbinse (*Juncus effusus*), sobald sie ausgewachsen, aber noch nicht trocken ist, ab. Dann werden die Enden abgeschnitten, die grüne Hülle entfernt und die Binsen zum Trocknen aufgehängt.

Nun lässt man etwas Fett schmelzen – am besten ist Lämmerfett oder ausgekochtes Knochenfett – und gibt ein wenig Bienenwachs dazu. Die Binsen in das Fett eintauchen, bis sie vollgesogen sind, dann herausnehmen und trocknen lassen. Anschließend den Vorgang mehrmals wiederholen, bis die Halme dick mit Wachs umhüllt sind.

Aberglauben und Redensarten

Kerzen sind Inhalt vieler volkstümlicher Redensarten: „Das Licht dazu halten", bedeutet etwa, Hilfestellung bei einer schlechten Tat zu leisten. Ist man allzu bescheiden, „stellt man sein Licht unter den Scheffel".

In England bringt es Unglück, eine Kerze am Herdfeuer anzuzünden. Eine Kerze, bei der sich auf einer Seite Wachs ansammelt und ausläuft, ist dort ein Vorbote des Todes, da sie wie ein Leichentuch aussieht. Aus Versehen eine Kerze auszumachen, deutet auf eine bevorstehende Hochzeit hin.

Wie weit die kleine Kerze Schimmer wirft!
So scheint die gute Tat in arger Welt.
William Shakespeare, *Der Kaufmann von Venedig* (1596–1597)

Kerzen verbreiten ein schönes, warmes Licht.

Volkstümlicher Aberglaube

In den meisten Kulturen gehörten Aberglaube und Zauberei zum alltäglichen Leben und sollte die Menschen vor Gefahren schützen. Auch heute noch manifestieren sich Elemente des Aberglaubens in vielen Redensarten, die sich erstaunlicherweise in verschiedenen Kulturkreisen ähneln.

Haushalt

Das Sprichwort „Auf Holz klopfen" stammt aus der Zeit, als es in den Kirchen noch Überreste des Kreuzes Jesu gab, auf die heilige Schwüre abgelegt wurden. Die schmiedeeisernen S- und X-Formen an den Wänden der Landhäuser dienten nicht nur als Wandstützen, sondern auch als Blitzableiter, wobei das S den Blitzstrahl Jupiters darstellt und das X den Hammer des altgermanischen Gottes des Donners Thor. In der Nähe des Fensters aufgehängte Eicheln sollten das Haus zusätzlich vor Blitzschlag schützen. Die Eiche galt als der heilige Baum Jupiters, des Wettergottes. Jeder weiß, dass Hufeisen Glück symbolisieren, zumindest solange sie nach oben gerichtet sind.

Meine Nachbarin meinte, man solle niemals Kleidung auf einem Türknauf aufhängen, da dies früher als Zeichen galt, dass im Haus jemand verstorben war. Im Haus dürfe man niemals einen Regenschirm öffnen, erklärte mir ein Mann aus Minnesota. Salz verschütten bringt Pech: Man kann den Effekt jedoch umkehren, wenn man umgehend ein wenig Salz über die linke Schulter streut. Laut meiner holländischen Freundin Mineke kommt Besuch, wenn die Butter auf den Boden fällt.

Spinnen

Schon seit langem werden Spinnen als Glücksbringer angesehen:

> *„Spinne(n) am Abend,*
> *erquickend und labend."*

Eine biblische Legende besagt, dass sich Joseph auf der Flucht nach Ägypten mit seiner Familie in einer Höhle versteckte und eine Spinne den Eingang mit einem Netz verschloss. Da das Spinnennetz unversehrt war, dachten die Soldaten, die Joseph verfolgten, dass niemand in der Höhle sei.

Auf Tahiti gelten die Spinnen als heilig, da sie die „Schatten der Götter" sind, verriet mir eine junge Frau. Eine Spinne zu töten bedeutet großes Unglück.

Spiegel

Im Volksmund heißt es, dass ein zerbrochener Spiegel 7 Jahre Unglück bedeutet. Man kann sich angeblich von diesem Fluch lösen, indem man die Scherben im Bach wäscht oder in der Erde vergräbt.

Früher glaubten die Menschen, dass das Spiegelbild die Seele verkörpert und dass ein Mensch stirbt, wenn sein Spiegelbild zerbricht. Es galt als gefährlich in einen Spiegel, der in der Nähe eines Toten aufgehängt war, zu schauen, da einem der Tote über die Schulter blicken konnte. So entstand der weitverbreitete Brauch, alle Spiegel im Haus des Verstorbenen zu verhüllen. Ein besonders schlimmes Zeichen war es, wenn man in den Spiegel blickte und sich selbst nicht sah: Dann hatte die Seele den Körper bereits verlassen. Napoleon war sehr abergläubisch. Während eines Feldzuges in Italien zerbrach er das Glas eines Miniaturporträts, das seine Frau Josephine zeigte. Er konnte nicht schlafen, bis sein Bote zurückkehrte und ihm versicherte, dass die Geliebte wohlauf war.

Meine russische Freundin Olga betrachtete als Kind gerne ihr verzerrtes Spiegelbild in der Teekanne. Ihre Großmutter meinte dazu: „Schau bei Tisch nicht in den Spiegel, sonst wird deine Schönheit verschluckt!"

Katzen

Im Mill Hill Hotel in Sudbury, England, ereignete sich eine kuriose Geschichte: Bei Renovierungsarbeiten fand man eine 300 Jahre alte, mumifizierte Katze, die wahrscheinlich bei lebendigem Leib in den Kamin eingemauert worden war, um böse Geister abzuhalten. Man entfernte die Katze und innerhalb der nächsten 4 Jahre gaben die Fundamente der Mühle nach, die Mauern zerfielen und ein großes Feuer brach aus. Der Hoteldirektor ließ sich überreden, die Katze in einer Glasvitrine am Hoteleingang auszustellen. So blieb das Gebäude bisher vor weiterem Unglück verschont.

LIEBESLEGENDEN

Willst du dein Herz mir schenken, so fang es heimlich an,
Dass unser beider Denken niemand erraten kann.
Volkslied

Auf der ganzen Welt gibt es Legenden, bei denen die Liebenden Aphrodisiaka verwenden, um den Angebeteten oder die Angebetete gefügig zu machen. Die meisten dieser Aphrodisiaka gehören ins Reich der Fantasie. Das bekannteste davon, Rhinozeroshorn, gilt nicht aufgrund einer speziellen chemischen Zusammensetzung, sondern lediglich wegen seiner Härte als wirksames Mittel. Amber, ein Stoffwechselprodukt aus dem Darm des Pottwals, riecht intensiv nach Moschus und wird daher schon seit Jahrhunderten dazu verwendet, Liebe und Lust anzuregen. Laut Hippokrates ist Eselsfleisch mit Milch und Honig ein wirksames Aphrodisiakum und wurde bis vor nicht allzu langer Zeit im türkischen Harem verzehrt. In den Balkanstaaten bestrich man das Gesicht der Braut mit Honig, der ebenfalls als aphrodisisch gilt. Die Ungarn bestrichen sogar die Geschlechtsorgane mit Honig, um die Liebe des anderen Geschlechts zu gewinnen.

Der Valentinstag, der 14. Februar, gilt in vielen Ländern schon seit langem als der Tag, an dem man seiner Geliebten Geschenke bringt. Der Ursprung des Brauchs ist rätselhaft, denn um St. Valentin, der für seinen Glauben gestorben ist, rankt sich keine romantische Geschichte. Der engliche Dichter Geoffrey Chaucer behauptete in *Das Parlament der Vögel*, dass die Vögel am Valentinstag ihren Partner wählten.

In Sizilien lernte ich eine Italienerin kennen, die mir von einem äußerst bizarren Liebestrank erzählte. Ihre Großmutter hatte die Nabelschnur ihrer Mutter aufgehoben und getrocknet. Als die Tochter alt genug war, gab sie die gemahlene Schnur in Kuchen und Wein, den sie dem Mann reichte, der das Mädchen heiraten sollte.

Bekannte Aphrodisiaka

Absinth
Enthält Absinthin und Thujon, Substanzen, die auch im Wermutwein enthalten sind und luststeigernde Wirkung haben.

Bananen
Die Schale enthält Bufotenin, das Halluzinationen hervorrufen kann. Dieser Stoff ist auch in einigen Pilzen und in der Haut der bei Hexen so beliebten Kröten zu finden.

Bananenzauber aus Jamaika
Die Schale von reifen Bananen der Länge nach einschneiden, die Bananen in eine ofenfeste Form legen und bei 180 °C (Gas Stufe 4) 20 Minuten backen. Aus dem Ofen nehmen und die Früchte aus der Schale lösen. Den Saft aus den Schalen kratzen, mit Rum und ein wenig gemahlenem Piment vermischen, dann über die Früchte gießen. Mit Schlagsahne servieren und genießen.

Kakao
Die weichen Kakaobohnen enthalten Phenelethylamin, eine chemische Substanz mit luststeigernder Wirkung. Die Azteken brachten ihren Göttern Kakaobohnen dar, die sie auch als Aphrodisiakum benutzten. Die Legende besagt, dass Montezuma 50 Tassen Kakao pro Tag trank und ebenso viele Frauen liebte. Mit den Konquistadoren gelangte der Kakao im 16. Jahrhundert auch nach Europa.

Kastanienblüten
Die Blüten des Kastanienbaums enthalten Substanzen, die auch im männlichen Samen zu finden sind. Sokrates lehrte die jungen Männer Athens unter einem Kastanienbaum, und auch der Marquis de Sade stellte die luststeigernde Wirkung des Baumes fest. Man kann die Blüten auch ins Badewasser geben (siehe S. 92).

Kräuter
Der herrliche Duft und der Geschmack von Koriander sind so anregend, dass er zur Zeit der Kreuzritter mit Honig und Wasser gekocht als Liebestrank verwendet wurde. Ingwer soll sexuelle Erregung steigern, und Rauke (Rucola) wurde aus französischen und englischen Klöstern verbannt, da sie Liebesspiele anregt.

„Es gibt kein Kraut, das die Liebe heilen kann." Ovid

Engelswasser

Ein englisches Rezept aus dem 18. Jahrhundert besteht aus Orangenblüten, Myrten- und Rosenwasser, etwas destilliertem Moschusgeist und einem Schuss Amber. Dieser Trank wurde dem Brautpaar bei Hochzeiten auf dem Land verabreicht.

Es gibt zahlreiche Sprüche und Redensarten über die Liebe. Man könnte mit diesen Weisheiten, die oft im Aberglauben wurzeln, ganze Bücher füllen. Ich wuchs – unter anderem – mit folgendem Gedicht auf:

Monday for wealth	*Montag bringt das Geld ins Haus,*
Tuesday for health	*Dienstag treibt die Krankheit aus,*
Wednesday best day of all	*Mittwoch ist der beste Tag,*
Thursday for losses	*Donnerstag bringt Weh und Klag,*
Friday for crosses	*Freitag bedeutet Leid,*
Saturday no luck at all.	*Samstag hält kein Glück bereit.*

Leider hörte ich nicht auf diesen Rat. Meine gescheiterte Ehe wurde an einem Donnerstag geschlossen. Auch die Prophezeiung, dass eine Ehe unglücklich wird, wenn man zwar den Namen ändert, doch dieser dieselben Buchstaben enthält, bewarheitete sich. Die folgende Redensart traf leider ebenfalls zu:

Marry in Lent	*Hochzeit in der Fastenzeit*
Live to repent.	*wird ein Leben lang bereut.*

Ich habe es tatsächlich bereut, in der Fastenzeit geheiratet zu haben.

In Indien werden arrangierte Hindu-Hochzeiten nur geschlossen, wenn die Horoskope der Brautleute zueinander passen. Wenn ein reicher Mann eine bestimmte Frau als Schwiegertochter möchte, und er weiß, dass die Sterne nicht günstig stehen, besticht er einfach den Astrologen.

Einige bekannte Sprichwörter

Alte Liebe rostet nicht.
Die Liebe geht durch den Magen.
Liebe macht blind.
Pech im Spiel, Glück in der Liebe.

Kandierte Stechpalmenblätter sind eine ungewöhnliche, aber sehr hübsche Dekoration für die Weihnachtstorte.

TRADITIONELLE FESTE

An religiösen Festen und Feiertagen ist meist, ganz gleich in welchem Land sie gefeiert werden, die ganze Familie versammelt. Diese Feste sind oft Anlass für Festmahle und traditionelle Bräuche. Einige dieser Bräuche möchte ich Ihnen hier vorstellen, so werden z. B. zu Diwali, dem indischen Lichterfest, kleine Tonlampen mit Öl gefüllt, die man in Tempeln und Häusern aufstellt oder auf den Flüssen schwimmen lässt. Beim jüdischen Passahfest werden als Symbol für die hebräische Knechtschaft unter den Ägyptern bittere Kräuter gegessen. Heutzutage werden Sellerie, Römischer Salat, Petersilie, Chikorée und Meerrettich serviert. Die Chinesen feiern das Neue Jahr mit farbenprächtigen Festen, die Mexikaner den Tag der Toten, die Kanadier und Amerikaner Thanksgiving und die Iren St. Patrick's Day. Ostern und Weihnachten sind die wichtigsten Feste der christlichen Kirche, während die Japaner die Geburt Buddhas zu Kambutsue feiern. Überall auf der Welt lieben die Menschen solche Feste.

In Europa meinen viele, dass Weihnachten zu kommerziell geworden ist. Doch man kann auch heute noch Karten, Dekorationen und Kränze selbst herstellen. Ich werde niemals den hübschen Kranz vergesssen, den eine amerikanische Freundin einmal aus Rosmarin, Thymian, Gartenraute, Winterbohnenkraut und Lorbeer band. Bestimmt verleihen Speisen, die nach Rezepten unserer Mütter und Großmütter zubereitet werden, Thanksgiving und Weihnachten eine ganz besondere Atmosphäre.

Weihnachten

Kandierte Stechpalmenblätter

Diese äußerst hübsche Idee erhielt ich von einer Dame, die bald ihren 100. Geburtstag feiert. Sie erinnerte sich, dass ihre Großmutter die Weihnachtstorte immer mit kandierten Stechpalmenblättern verzierte.

Die Stechpalmenblätter vom Stengel lösen und 2 Tage trocknen lassen. Nun die Blätter erst in geschmolzene Butter, dann in extrafeinen Zucker tauchen und auf ein Tablett legen. Nochmals 2 Tage an einem gut belüfteten Ort trocknen lassen.

Preiselbeerschnur

Das Rezept für diese hübsche Weihnachtsdekoration verriet mir eine Frau aus New York, die als Kind immer wilde Preiselbeeren in der Nähe ihres Hauses in Massachusetts sammelte.

Die Beeren pflücken und reinigen. Nun in eine mittelstarke Nadel einen gewachsten Faden einziehen und die frischen Beeren vorsichtig mit der Nadel auffädeln. Die Schnur kann beliebig lang werden. Um eine rot-weiße Schnur herzustellen, kann man zwischen die Beeren auch Popcorn geben. Die Beeren sehen nach dem Trocknen wie Perlen aus. Bedenken Sie, dass die Schnur kürzer wird, sobald die Beeren zu schrumpfen beginnen. Ihre Hände werden sich rot färben, Sie können die Flecken aber mit Zitronensaft wieder entfernen (siehe S. 22). Die Schnur eignet sich hervorragend als Christbaumschmuck.

Weihnachtsplätzchen

Plätzchen sind immer eine besondere Versuchung zur Weihnachtszeit. Meine amerikanische Mutter backte immer Zuckerplätzchen, die etwas Besonderes waren und viele Kindheitserinnerungen in mir wecken.

ERGIBT 24 STÜCK	*100 g Butter*
100 g Mehl	*Abgeriebene Schale von ½ Zitrone*
100 g Kristallzucker	*2 TL Vanillezucker*

Backofen auf 180 °C (Gas Stufe 4) vorheizen.

Mehl und Zucker mischen, dann die Butter in Flöckchen darauf verteilen. Nun die abgeriebene Zitronenschale und 2 TL Vanillezucker hinzufügen. Auf einem Holzbrett zu einem weichen Teich kneten. Sollen die Plätzchen eine schöne Form erhalten, noch ein wenig Mehl (etwa 15 g) einarbeiten.

Nun den Teig dünn ausrollen und die Plätzchen mit Förmchen oder frei mit der Hand ausschneiden. Sollen die Plätzchen am Baum aufgehängt werden, bringt man vor dem Backen an der Spitze ein kleines Loch an. In 8–10 Minuten leicht goldbraun backen. 3–4 Minuten abkühlen lassen, vorsichtig vom Blech nehmen und auf einem Gitter abkühlen lassen.

Wassail Cup (siehe auch S. 169)

Dieser festliche Weihnachtspunsch hat eine lange Tradition. Gießt man den heißen Punsch direkt ins Glas, sollte man einen Metalllöffel hineinstellen, so wird die Hitze abgeleitet und das Glas zerbricht nicht in der Hand.

FÜR 15 PERSONEN	*4 Flaschen Port, Sherry oder Madeira*
Je 5 g Kardamomkapseln, Gewürznelken, Muskatnuss, Muskatblüte, Ingwer, Zimt und Koriander	*650 g Zucker* *12 Eigelbe und 6 Eiweiße* *12 Äpfel, gebraten, bis die Schale aufspringt*

Gewürze zugedeckt 15 Minuten in ein wenig Wasser köcheln lassen. Den Wein in einen Topf geben und das gewürzte Wasser durch ein Sieb dazugießen. Dann den Zucker hinzufügen. Den Zucker bei niedriger Flamme auflösen und den Punsch weitere 30 Minuten erhitzen, aber nicht aufkochen. Eigelbe und -weiße in einer großen Schüssel schlagen, 1 Tasse des heißen Weins darüber gießen und nochmals gut verrühren. Nun den restlichen Wein unter Rühren nach und nach zugießen.

Zum Schluss die Äpfel hinzufügen und servieren.

Thanksgiving

Diese nordamerikanische Tradition geht bis ins Jahr 1621 zurück, als der Gouverneur von Massachusetts Bay, William Bradford, die benachbarten Indianer einlud, mit ihnen ein dreitägiges Erntedankfest zu feiern. 1863 wurde Thanksgiving dann von Abraham Lincoln zum nationalen Feiertag erklärt, der 1879 auch in Kanada eingeführt wurde. Gebratener Truthahn, Preiselbeersauce und Kürbiskuchen werden an diesem Festtag gegessen.

Gefüllter Kürbis

Eine herrliche Beilage zu gebratenem Truthahn und Preiselbeersauce.

FÜR 8–10 PERSONEN
1 Kürbis (etwa 2 kg)
FÜLLUNG
100 g wilder Reis
1 TL Salz
200 g Champignons, fein gehackt
50 g rote Zwiebel, fein gehackt
25 g Butter
50 g Käse, gerieben
2 TL gemahlener Ingwer
Salz und Pfeffer
100 g Semmelbrösel
3 EL Olivenöl

Backofen auf 200 °C (Gas Stufe 6) vorheizen. Den Kürbis auf das mit Backpapier belegte Blech setzen und 50–60 Minuten im Ofen backen. Der Kürbis ist gar, sobald ein scharfes Messer leicht in das Fruchtfleisch gleitet. Nun den Kürbis herausnehmen, abkühlen lassen, waagerecht aufschneiden und Samen sowie Scheidewände entfernen.

Für die Füllung den wilden Reis 30 Minuten in Wasser garen, erst in den letzten 5 Minuten das Salz hinzufügen. Gehackte Champignons und Zwiebelwürfel 4–5 Minuten in Butter dünsten. Zusammen mit dem Käse unter den gekochten wilden Reis mischen. Schließlich den Ingwer hinzufügen und die Mischung mit Salz und Pfeffer abschmecken. Backofen auf 180 °C (Gas Stufe 4) vorheizen.

Nun den Kürbis mit der vorbereiteten Reismischung füllen. Semmelbrösel in Olivenöl anrösten und über den Kürbis streuen. Anschließend den Kürbis auf der untersten Schiene des Backofens (damit die Brösel nicht verbrennen) etwa 35–40 Minuten backen.

Preiselbeersauce nach altem Rezept

Dieses Rezept erhielt ich von einer alten Dame, die eine große Familie hat und diese Sauce bereits seit den 40er Jahren zubereitet. Sie verwendet eingelegte Preiselbeeren, ich habe die Sauce auch schon aus frischen Preiselbeeren hergestellt. Sie haben mit der Vorbereitung des restlichen Menüs sicherlich genug zu tun, daher ist diese schnell zubereitete Sauce eine wahre Freude. Sie lässt sich auch gut einfrieren.

250 g Preiselbeeren, eingelegt, frisch oder tiefgefroren
1 Dose Mandarinenscheiben (etwa 300 g)
75 g Kristallzucker
50 g Walnüsse, geschält und grob gehackt

Preiselbeeren, Mandarinen, Mandarinensaft, Zucker und Walnüsse etwa 5 Minuten auf kleiner Flamme kochen. Die Sauce leicht pürieren und servieren.

Kürbiskuchen

Ein großartiger Abschluss des Festmahls. Dieses Rezept ist köstlich und beseitigt alle Zweifel, die Nichtamerikaner bezüglich Kürbisgerichten haben. Dieser leichte Kuchen mit der cremigen, goldfarbenen Füllung und den knusprigen Nüssen schmeckt einfach hervorragend.

250 g Blätterteig
1 Kürbis, Samen entfernt (etwa 450 g)
150 ml Sahne
3 Eier, leicht geschlagen
200 g brauner Zucker
2 TL Zimt
Je ½ TL gemahlener Piment, Ingwer und gemahlene Muskatnuss
1 Prise Salz
2–3 EL Brandy (nach Belieben)
50 g Pekannüsse, halbiert

Backofen auf 170 °C (Gas Stufe 3) vorheizen. Den Blätterteig ausrollen und eine Ringform damit auslegen. Nun den Teig mit Alufolie abdecken und 20 Minuten blind backen. Aus dem Ofen nehmen, Alufolie entfernen und abkühlen lassen.

Backofen auf 200 °C (Gas Stufe 6) vorheizen. Den Kürbis in Alufolie wickeln und 25–30 Minuten garen. Herausnehmen, abkühlen lassen und die Schale entfernen. Fruchtfleich in der Küchenmaschine pürieren und anschließend die Sahne hinzufügen. Eier, Zucker und Gewürze kräftig schlagen und unter das Kürbispüree heben. Mit Brandy abschmecken und in die Form gießen. Zum Schluss noch mit Nüssen verzieren und bei 200 °C etwa 40 Minuten backen.

Kürbiskuchen aus dem Ofen nehmen, auf einem Kuchengitter etwas abkühlen lassen und warm essen. Mit Schlagsahne zu einer guten Tasse Kaffee servieren.

Thanksgiving wird in den USA am vierten Donnerstag im November gefeiert. Die Kanadier begehen dieses Fest am zweiten Montag im Oktober. An Thanksgiving trifft sich die ganze Familie zu einem traditionellen, üppigen Essen – ein gemütliches Beisammensein, bei dem viel geredet und getrunken wird.

GARTEN-ZAUBER

Ich wandle unter Blumen
Und blühe selber mit;
Ich wandle wie im Traume
Und schwank bey jedem Schritt.

O, halt mich fest Geliebte!
Vor Liebestrunkenheit
Fall' ich dir sonst zu Füßen,
Und der Garten ist voller Leut'.
Heinrich Heine, *Neue Gedichte* (1844)

Früh begann der Mensch mit der Kultivierung des Bodens. Er legte kleine, abgegrenzte Gärten an, mit denen er sich sein grünes Paradies schuf, das praktischen oder ästhetischen Ansprüchen genügen sollte. Aus den Hainen der Gottheiten und den Visionen vom Garten Eden haben sich Obst- und Gemüsegärten, Küchen-, Rosen- oder Landschaftsgärten entwickelt. Im Laufe der Zeit lernten die Menschen die Ursachen für erfolgreiche Ernten und Missernten kennen; dabei sammelten sie ihre Erfahrungen und gaben diese sowohl mündlich als auch schriftlich weiter. Dieser reiche Wissensschatz speist sich aus gleichen oder ähnlichen Erfahrungen in vielen Ländern.

Bei Gesprächen mit zahlreichen Gärtnern gaben mir diese ihre Erfahrungen weiter, und so habe ich viele alte Ratschläge gesammelt. In meiner Kindheit lernte ich viel vom Gärtner meiner Mutter, Mr Williams, der für mich den typischen Gärtner verkörpert. Er arbeitete lange Zeit für uns, und unser Garten zählt für mich zu einem der wunderbarsten Plätze meiner Kindheit. Ich liebte es, Mr Williams bei seiner Arbeit zu begleiten, ihn zu beobachten und mit Fragen zu quälen. Einige seiner Antworten sind mir bis heute im Gedächtnis geblieben. Als Kind kam er mir wirklich sehr alt vor – ein großer Mann mit gebückter Haltung, der stets eine Kappe und eine alte Tweedjacke trug. Ständig machte er Bemerkungen über das Wetter oder die Mondphasen, oder er erklärte mir, welche Pflanzen man neben andere setzen konnte. All das hatte er von seinem Großvater gelernt. Damals achtete ich nicht weiter darauf, doch als ich in meinem Garten zu arbeiten begann, erinnerte ich mich an Vieles, was er gesagt hatte. Sein Wissen ist nun auch in dieses Buch eingeflossen.

Es ist unmöglich, die Fülle an traditionellen Gartentipps in einem Buch zusammenzufassen. Im Laufe der Zeit wurden so viele Bücher über faszinierende Themen wie Wetterkunde, Mondphasen, Kompostierung, Mischkulturen oder das Mikroleben in einem Garten geschrieben, dass man damit ganze Bibliotheken füllen könnte. Es existieren zahlreiche Überlieferungen, die ihre Wurzeln sowohl in der Wissenschaft als auch im Aberglauben haben. Diese Seiten können den Leser nur dazu anregen, tiefer in diese faszinierende Materie einzutauchen.

„Abendrot – Gutwetterbot"

WETTERKUNDE

„Wenn der Hahn kräht auf dem Mist,
ändert sich das Wetter, oder es bleibt, wie es ist."

Dieses Sprichwort hört man sehr oft. Obwohl Vieles aus der volkstümlichen Wetterkunde nicht wissenschaftlich belegt ist, glauben die Leute heute noch an die alten Sprüche und Wetterregeln, und in vielen Fällen kann auch die moderne Meteorologie keine besseren Vorhersagen bieten. In ihrem unermüdlichen Bestreben, die Natur zu begreifen und zu beherrschen, versuchen die Menschen schon von jeher, das Wetter zu steuern oder vorherzusagen. Die Wetterkunde ist hauptsächlich in den gemäßigten Zonen mit wechselhaftem Wetter und jahreszeitlichem Rhythmus von Bedeutung. In stabileren Klimazonen wie den Tropen oder Subtropen wird kaum Wetterkunde betrieben.

Die Wurzeln der Wetterkunde liegen in alten religiösen Riten. Priester und andere Gelehrte beschäftigten sich mit Wettervorhersagen und bestimmten den Zeitpunkt für Aussaat und Ernte. Zum Überleben war eine ergiebige Ernte und somit die präzise Deutung der Wetterzeichen erforderlich. Da ihr Leben vom Wetter abhing, entwickelten vor allem die Seeleute die Fähigkeit, das Wetter verlässlich vorherzusagen. So macht sich z. B. ein aufkommender Sturm oft durch eine kurze Windböe bemerkbar, die schon vor den Wolken und dem Regen zu spüren ist.

Schönwetter

Ich erinnere mich, wie Mr Williams feststellte, es gäbe schönes Wetter, wenn Schwalben und Lerchen hoch flögen, und wie er immer wieder prophezeite: „Abendrot – Gutwetterbot."

Dieser Wetterregel, die in vielen verschiedenen Varianten existiert, kann man nicht immer Glauben schenken. Zeigt jedoch das Barometer über mehrere Tage hinweg eine leichte, stetige Lufdruckzunahme an, löst sich die dichte Bewölkung auf, schwächt der Wind ab und bildet sich eine Hochdruckzone, kann man nach einem Abendrot am nächsten Morgen mit schönem Wetter rechnen.

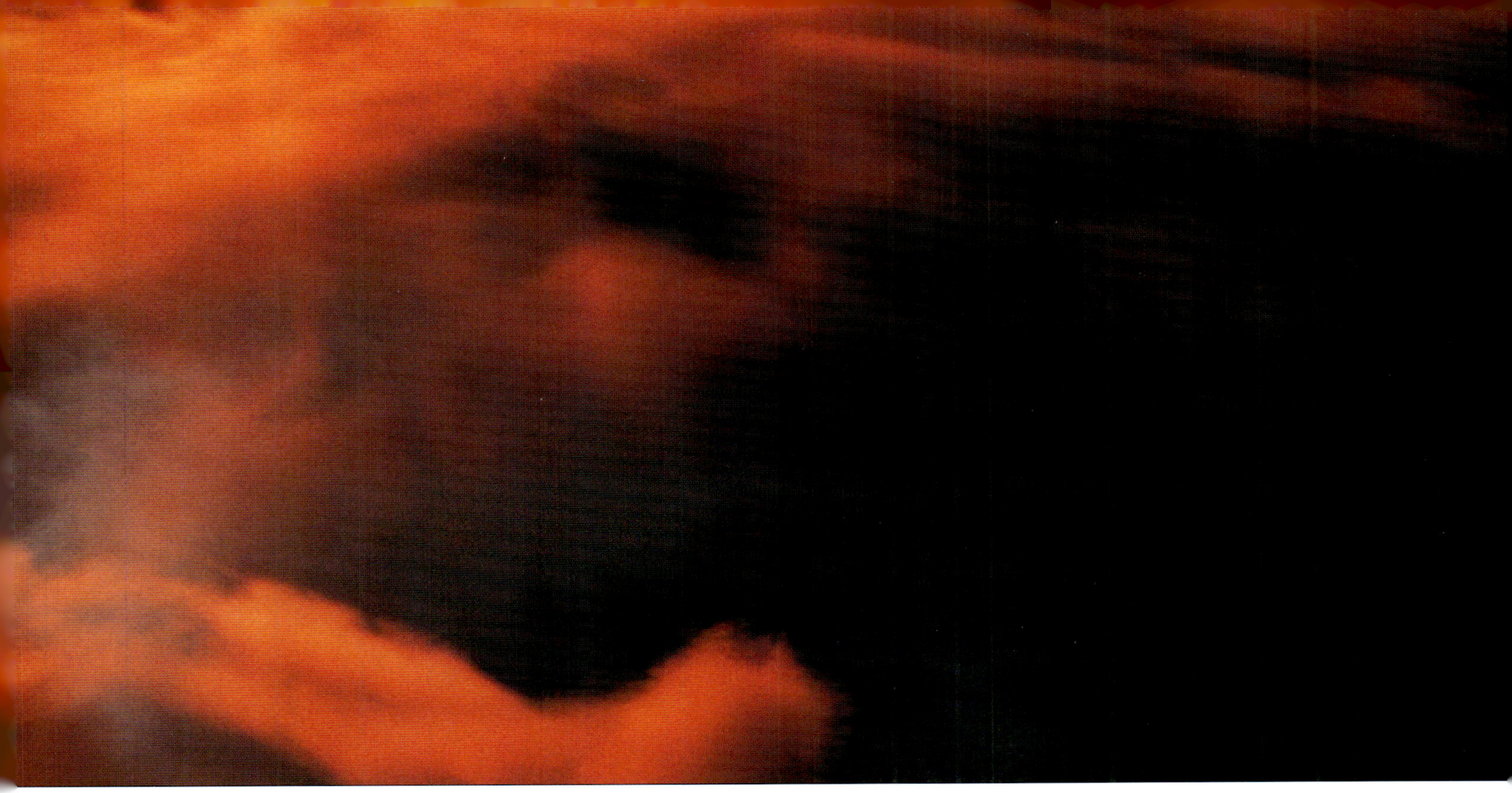

Wind und Wolken

Wolken deuten oft auf eine bevorstehende Änderung des Wetters hin. Die sogenannten Schäfchenwolken gelten im Volksmund meist als Schönwetterboten: „Wenn Schäfchen am Himmel stehen, kann man ohne Schirm spazieren gehen." In der Meteorologie heißen die feinen Schäfchenwolken, die aus Eiskristallen bestehen, Cirrocumulus, sie bedeuten meist nur eine Verzögerung der kommenden Tiefdruckperiode. Eine Marokkanerin erzählte mir eine Legende, die besagt, dass Heuschrecken spüren, in welchem Teil der Sahara es regnen wird. Tatsächlich fliegen Heuschrecken so lange mit dem Wind, bis sie an eine Stelle gelangen, wo die Winde zusammentreffen und mit Regen zu rechnen ist.

Der römische Dichter Vergil meinte, dass „auf einen Donnerschlag starker Regen und Wind folgen", was sich im Laufe der Jahrhunderte als absolut richtige Beobachtung erwies. Bei den Zuni-Indianern in New Mexico gab es eine Redensart: „Der erste Donnerschlag aus dem Osten läutet den Frühling ein." Der Wind ist, wie aus den Beobachtungen naturverbundener Menschen hervorgeht, ein wichtiges Element in der Wetterkunde. Der englische Schriftsteller Francis Bacon beobachtete, dass „jeder Wind sein Wetter hat". Diese Ansicht war und ist in vielen Kulturkreisen – von den alten Griechen bis zu den Indianern Nordamerikas – verbreitet. „Führe deine Geschäfte, wenn der Wind aus Nordwesten weht", besagt eine alte Redensart aus Nordengland.

Durch genaue Wolkenbeobachtung lassen sich oft Wetterveränderungen vorhersagen.

Regen

Viele der alten Bauernregeln sind zwar nicht wissenschaftlich bewiesen, lassen sich jedoch oft auch nicht widerlegen. Ziehen sich Ameisen in ihren Bau zurück, so sagt man, wird es bald Regen geben. Lässt sich eine Kerze nur schwer anzünden, wird es ebenfalls in Kürze regnen. Eine flackernde Flamme soll windiges Wetter ankündigen. Fällt der Flaum von Löwenzahn, Huflattich oder Disteln ab, obwohl kein Wind geht, steht Regen vor der Tür. Diese Weisheiten beruhen auf reinen Beobachtungen, die jedoch ein Körnchen Wahrheit enthalten. Ein irischer Musiker erzählte mir, dass der Ruf des Brachvogels starken Regen ankündigt und dass Pferde vor dem Regen unruhig werden. Eine im Volksmund recht gängige Meinung besagt, dass Regen aufkommt, wenn sich die Kühe auf der Weide hinlegen. Das Verhalten der Tiere ändert sich bei bestimmten meteorologischen Gegebenheiten tatsächlich und so lässt sich, wenn auch oft nur sehr vage, das Wetter vorhersagen. Fliegen Bienen zurück in ihren Stock, verschlechtert sich das Wetter. Da es vor einem Gewitter sehr schwül ist, schlüpfen viele Insekten, die wiederum von niedriger fliegenden Schwalben gefangen werden.

Der Großvater meiner deutschen Freundin Inge, ein Bauer, behauptete, dass er sein Rheuma spüre, ehe es Regen gebe. Obwohl viele Menschen über eben diese Symptome klagen, konnte diese Form der Wetterfühligkeit von der Medizin noch nicht bewiesen werden. Ebenso wie Pflanzen und Tiere sind auch Menschen wetterfühlig, obwohl hier auch andere Faktoren wie Ernährung und Gemütsverfassung zu berücksichtigen sind.

Eine alte Dame, die auf dem Land lebt, meinte, dass vor einem Regen Käfer und Würmer an die Erdoberfläche kämen, vermutlich damit sie nicht ertrinken. Eine Redensart aus East Anglia in England hingegen besagt, dass es am nächsten Tag schönes Wetter gibt, wenn spät abends noch Fledermäuse oder Käfer fliegen. Freunde aus Oregon berichteten, dass sich die Blätter von Pappel und Silberahorn vor einem Regen nach oben wölben; eine Beobachtung die man auch in Europa machen kann. Wissenschaftler haben herausgefunden, dass Pflanzen rasch und sehr empfindlich auf ihre Umgebung und deren Veränderungen reagieren. Pflanzen gelten daher als sichere Wetterboten.

Die meisten und wohl verlässlichsten Wettervorhersagen wurden durch Himmelsbeobachtungen vorgenommen. Viele volkstümliche Redensarten beziehen sich auf die Form der Wolken:

Wenn der Himmel gezupfter Wolle gleicht,
das schöne Wetter dem Regen weicht.

Für viele Menschen sind die Lostage auch heute noch von Bedeutung für die Vorhersage des Wetters: So wie sich das Wetter am Siebenschläfer (27. Juni) zeigt, wird es 7 Wochen sein. Diese und andere volkstümliche Überlieferungen konnten von der Wissenschaft weder bewiesen noch widerlegt werden. Dasselbe gilt für diese Bauernregel, bei der der Blitz ein Zeichen für die künftige Wetterlage ist:

Wenn es blitzt vom Westen her,
deutets auf Gewitter schwer;
kommt vom Norden her der Blitz,
deutet es auf große Hitz.

Es gibt viele Anzeichen, die Regen ankündigen.

Der Mond ist sehr bedeutend für die Wetterkunde.

Der Mond

Der Mond spielt in der Wetterkunde eine wichtige Rolle. Am besten zu erkennen ist wohl der Halo, ein Lichtring um den Mond, der durch Brechung des Lichts in den Eiskristallen der hohen Schichtwolken entsteht und zumeist Niederschläge und Bewölkung ankündigt. Eine Frau aus Oregon meinte, ihre Mutter habe immer gesagt, ein Ring um den Mond bedeute, dass es am nächsten Tag regnen werde. Hier eine Redensart, die den Lichtring beschreibt:

Ist der Ring nah dem Mond,
uns der Regen noch verschont;
ist der Ring aber weit,
hat er Regen im Geleit.

Weitere Bauernregeln besagen, dass sich zu Neumond das Wetter ändert und Vollmond gutes Wetter sowie einen klaren Himmel ankündigt. Die folgende Regel prophezeit:

Neumond mit Wind
ist zu Regen oder Schauer gesinnt.

Emanuele, die auf dem Land lebt, meint, wenn es zu Neumond schlechtes Wetter gibt, hält dies bis zum nächsten Neumond an.

Kälte

Als ich ein Kind war, pflegte der Großvater meiner besten Freundin immer zu sagen: „Dreht die Katze dem Feuer den Rücken zu, gibt es Frost." Es gibt viele Zeichen, die einen strengen Winter ankündigen. Wenn die Früchte noch an den Zweigen hängen, nachdem die Blätter abgefallen sind, ist mit einem harten Winter zu rechnen: „Im September die Birnen fest am Stiel, bringt der Winter Kälte viel", heißt es, und „Viel Eicheln im September, viel Schnee im Dezember." Ein anderes Sprichwort, das Schnee verkündet, lautet:

Im September viel Schleh',
im Winter viel Schnee.

In England gibt es häufig im Februar eine Woche schönes, mildes Wetter, das den Schlehdorn zum Blühen bringt. Doch der Frühling ist meist noch fern und es wird noch einmal sehr kalt. Seitdem mir mein ehemaliger Nachbar Wilf, der leider bereits verstorben ist, von der frühen Schlehdornblüte erzählte, konnte ich dieses Phänomen viele Male beobachten.

Wir alle wissen aus eigener Erfahrung, dass „Märzensonne kurze Wonne" bedeutet, aber wir wissen auch „Mitte Mai ist der Winter vorbei."

Samen sollte man am Nachmittag aussäen, wenn sich die Erde „zurückzieht", d. h. setzt.

DIE FRÜCHTE DER NATUR

Es besteht eine enge Verbindung zwischen Mond und Wachstum. Die Bedeutung der Mondphasen für die Aussaat wird weltweit – auch in Europa – anerkannt. Manche Landwirte und Hobbygärtner orientieren sich bei der Aussaat nach dem Mond.

Der Mond

Traditionelle Bauernweisheiten besagen, dass der Zeitpunkt der Aussaat von wesentlicher Bedeutung für das Wachstum ist: Wurzelgemüse soll bei abnehmendem Mond ausgesät werden, während eine Aussaat bei Neumond eher für Pflanzen zu empfehlen ist, die über der Erde wachsen und somit vom zunehmenden Mond beeinflusst werden können.

Eine alte englische Redensart besagt, dass man Getreide nur bei zunehmendem und niemals bei abnehmendem Mond aussäen sollte. Wasserspeichernde Pflanzen wie Zucchini, Gurken und Kürbisse dagegen sollten besser bei Vollmond ausgesät werden. Eine alte englische Bauernregel lautet:

Wer schneidet und erntet bei abnehmendem Mond,
Und bei zunehmendem aussät, bleibt von Missernten verschont.

Die Mutter einer indischen Freundin aus Jaipur meint, dass Zwiebeln viel größer und kräftiger werden, wenn man sie bei abnehmendem Mond aussät. Außerdem empfiehlt sie, Kartoffeln bei steigender Flut zu stecken und Hülsenfrüchte dann zu säen, wenn der Mond im Krebs steht.

Die Großmutter einer holländischen Freundin meint, Bäume sollte man nicht bei abnehmendem Mond veredeln, da sie sonst absterben würden.

Die Jahreszeiten

Auch heute noch sind diese Sprüche bekannt:

Wer Hafer sät im Mai,
der hat viel Spreu.

und

Septembersaat
gibt dicke Mahd.

Unser Gärtner Mr Williams säte Knoblauch und dicke Bohnen immer am kürzesten Tag des Jahres, am 21. Dezember, aus. Als ich selbst einen Gemüsegarten hatte, musste ich ihm Recht geben. Er meinte außerdem, Zwiebeln sollte man am Gregoriustag (12. März) aussäen. Schalotten sollten ebenso wie Knoblauch am kürzesten Tag ausgesät und am längsten Tag (21. Juni) geerntet werden. Mr Williams kannte noch weitere nützliche Bauernregeln, z. B. riet er, Kartoffeln im März zu stecken, sobald die gelbe Bachstelze aus ihrem Winterquartier zurückgekehrt ist.

Wetter und Tageszeit

In seinem Pflanzenbuch aus dem 16. Jahrhundert berichtete der englische Gärtner Thomas Hyll, dass „Samen an einem milden, klaren Tag gesät werden sollten und nicht bei Nordwind oder kaltem Wetter, da sich die Erde an solchen Tagen (wie alle Experten berichten) rasch wieder ängstlich verschließt und die Samen nicht nähren kann, die ihr überlassen werden".

Manchmal widersprechen sich die Bauernregeln jedoch auch, vermutlich um den Wetteinsatz zu erhöhen. So heißt es „Wenn der Januar trocken, füllt sich der Speicher mit Roggen", aber „Im Januar Donnergroll macht Kisten und Kästen voll."

Samen sollte man am Nachmittag aussäen, wenn sich die Erde „zurückzieht". Frisch gesetzte Pflanzen nicht zu spät am Tag gießen: „Sie haben nicht gerne nasse Füße", meint mein Gärntner.

Aberglaube

Die Aussaat kann sehr kostspielig werden, wenn Vögel und andere Tiere daran Vergnügen finden. Der Sohn eines Gärtners aus Lincolnshire, England, zitierte seinen Vater folgendermaßen:

Vier Samen in ein Loch:
Einen für die Krähe, einen für den Raben,
einen zum Verfaulen, einen um mich zu laben.

und

Einen für die Vögel,
einen für die Mäuse,
und zwei für den Herrn.

Thomas Hyll empfiehlt in seinem Buch, Samen vor der Aussaat mit Ruß zu mischen. So kann man sie vor Vögeln und anderen Tieren schützen. Eine Mühe, die sich sicher lohnt, wenn man nicht enttäuscht werden möchte.

Schon seit Jahrhunderten liefern Kräuterbücher nützliche Informationen über Pflanzzeit und Verwendung von Heilpflanzen. Das Kräuterbuch von allem Erdgewächs *stammt aus dem Jahr 1533.*

Kreutterbůch
von allem Erdtgewåchs/
Anfenglich von Doctor Johan Cuba zusammen bracht/ Jetz widerumb new Corrigirt/
vnd auß den bestberůmptesten Artzten/
auch täglicher erfarnuß/ gemehrt.
Mit warer Abconterfeitung
aller Kreuter.
Distillierbůch Hieronymi Braunschweig/ von aller kreuter außgebrenten Wassern/ hiemit füglich ingeleibt.
D. Eucharius Rhodion, Stattartzt zů Franckfurt am Meyn.
Zu Franckfurt am Meyn, Bei Christian Egnolph.

SCHÄDLINGE

Es gibt einige Pflanzen, die auf natürliche Weise Insekten fern halten: Schnittlauch und Petersilie wirken gegen Grüne Blattlaus, Zwiebel- und Karottenfliege. Auch Ringelblumen und Kapuzinerkresse wehren die Weiße und Schwarze Fliege sowie die Grüne Blattlaus ab. Wermut wirkt gegen fast alle Schädlinge. Rainfarn hält Fliegen, Ameisen und Motten ab, Ysop die Schwarze Fliege, und das aus den Blättern der Insektenblume gewonnene Pyrethrumpulver vernichtet Blattläuse und Spinnmilben. Maulwürfe sollen durch Springwolfsmilch (*Euphorbia lathyris*) vertrieben werden, und wenn man Zwiebeln zwischen den Salat pflanzt, wird dieser von Kaninchen gemieden.

Sehr wirksam ist es auch, natürliche Feinde wie Kröten und Frösche, die feuchte Plätze lieben, anzulocken.

Nacktschnecken

Die Großmutter meiner Redakteurin Kate verwendete halbierte Grapefruitschalen, in die sie kleine Öffnungen hineinschnitt, als Schneckenfallen. Die darin gefangenen Schnecken wurden zwischen den Fingern zerquetscht. Kates Mutter sammelte die Schnecken einfach von den Pflanzen ab. Sie können die Pflanzen aber auch mit einem Kreis aus scharfen Kieselsteinen schützen.

Grapefruitschalen können als Schneckenfalle verwendet werden.

Meine Freundin Barbara, eine Gärtnerin, streut zerbrochene, geröstete Eierschalen um die Pflanzen, bemüht sich jedoch natürliche Feinde der Schnecken, z. B. Kröten, anzulocken.

Eine Freundin aus dem Dorf wendet eine weit verbreitete Methode an: Sie versenkt eine Schüssel mit Bier im Boden, die Schnecken fallen hinein und ertrinken. Man kann auch mit Eichenblättern oder Asche mulchen, das mögen Schnecken gar nicht.

Der Gärtner meiner Mutter legte Rosenkohlblätter auf dem Boden aus, um die Schnecken von den Pflanzen wegzulocken. Außerdem breitete er um die Pflanzen stachelige Disteln, Zweige oder dorniges Immergrün aus. Er schwor auch auf Rübenstücke, die er als Leckerbissen für die Schnecken auslegte. Sie überfraßen sich daran und starben.

Ameisen

Ameisen werden durch Flohkraut, Grüne Minze oder Rainfarn vertrieben. Sie können auch durch ein Band, das in Fett getaucht und am Stamm festgeklebt wird, daran gehindert werden, an diesem hinaufzuklettern. In *Le Ménagier de Paris*, einer französischen Schrift von 1393, wird der Hinweis gegeben, den Ameisenhügel mit Sägemehl von Eichenbrettern zu bedecken, so sterben die Ameisen oder verlassen das Nest beim nächsten Regen, da das Sägemehl das Wasser speichert. Ameisen können aber auch sehr nützlich sein, eine chinesische Freundin, die Tochter eines Obstbauern, erzählte mir, dass ihr Vater kleine Brücken aus Bambusstäben baute, die von Baum zu Baum führten, damit die Ameisen die Larven der Fruchtfliegen fressen konnten.

Fliegen (Blattläuse, Schwarze Fliege, Weiße Fliege)

Marienkäfer sind das wirksamste natürliche Mittel gegen diese Schädlinge. Man kann die Schädlinge auch einfach mit Seifenlauge besprühen. Außerdem werden sie durch Grüne Minze, Brennnessel und Kapuzinerkresse vertrieben.

Ein alter Gärtner aus Essex in England schilderte mir eine natürliche Methode, um Blattläuse sowie Schwarze und Weiße Fliege loszuwerden: Ein Tee aus Rhabarberblättern, der mit einer Sprühflasche aufgetragen wird. Dieses Mittel wird folgendermaßen hergestellt: 1 kg Rhabarberblätter in einem großen Topf mit Wasser bedecken, aufkochen und 2 Minuten köcheln lassen. Die Blätter verkochen rasch. Abkühlen lassen und abseihen. In Flaschen abfüllen, an einem kühlen Ort aufbewahren und statt Chemikalien verwenden. Brennnesseln kann man ebenfalls zu einem wirksamen Insektenmittel verarbeiten, indem man sie 3 Wochen in Regenwasser einweicht. Dieser Sud wirkt auch gegen Läuse.

Derselbe Gärtner empfahl mir, Kohl mit Meerwasser zu besprühen, um Raupen abzuhalten. Ich fand jedoch ein interessanteres Rezept:

> *Am Sonntag bei Tagesanbruch sollte man in den Garten gehen und auf bloßen Knien drei Ave Maria und drei Vaterunser aufsagen, anschließend nimmt man ein von Raupen angefressenes Kohlblatt, legt zwei bis drei Raupen hinein und spricht: „Raupen kommt zur heiligen Messe." Dann nimmt man die Blätter in die Kirche mit und lässt sie fallen, ehe die heilige Messe beginnt. So werden die Raupen aus dem Garten verschwinden.*
> Girolamo Firenzuola, 16. Jahrhundert

Wild

Es gibt kaum Möglichkeiten, Wild vom Garten fern zu halten. Eine norwegische Freundin gab mir den Tipp, beim Friseur eine Tüte mit Haaren zu holen und diese in Musselinbeutel zu füllen, die man zwischen den Pflanzen aufhängt. Das Wild wittert den menschlichen Geruch und sucht einen anderen Ort auf. Das einzige Problem ist, dass die Haare immer frisch sein müssen.

Mehltau

Der Gärtner meiner Mutter verwendete Tee aus Schachtelhalm, um Mehltau zu vermeiden. Man nimmt 2 Hände voll Schachtelhalm, gibt sie in einen großen Topf und bedeckt sie mit Wasser. Langsam zum Kochen bringen und zugedeckt 20 Minuten köcheln lassen. Nun den Tee 1 Tag ziehen lassen und abseihen. Mit der doppelten Menge Wasser verdünnen und mit der Sprühflasche auftragen. Schnittlauchtee wirkt gegen Mehltau auf Stachelbeeren.

Vögel, Spinnmilben und Braunfäule

Vögel kann man vertreiben, indem man rund um die Pflanzen Knoblauchpulver streut. Am wirkungsvollsten sind wohl natürliche

Mehltau kann mit Schachtelhalmtee bekämpft werden.

Feinde, wie z. B. Katzen. Knoblauchtee hilft bei Kartoffel- und Tomatenfäule, und Spinnmilben kann man mühelos mit einem Spray aus Knoblauch und Chili fern halten.

Chili-Knoblauch-Spray

3 scharfe grüne Chilischoten
3 Zehen Knoblauch
3–4 TL Geschirrspülmittel
750 ml Wasser

Chilischoten und Knoblauch in der Küchenmaschine zerkleinern. Zusammen mit dem Geschirrspülmittel in eine Schüssel füllen, das Wasser hinzufügen und 1 Tag stehen lassen. Abseihen, mit ca. 300 ml Wasser verdünnen und in eine Sprühflasche füllen.

BODEN UND KOMPOSTIERUNG

Eine englische Freundin mit Hang zur Poesie meinte einmal, dass Chemikalien nicht nur giftig und äußerst schädlich für den Boden sind, sondern diesen auch taub für den Rhythmus der Natur machen. In ihrem Garten in Hertfordshire, den sie geerbt hat, verwendet sie ausschließlich biologische Mittel. Trotzdem gedeihen ihre Pflanzen bemerkenswert gut. Wege schlängeln sich an großen, alten Bäumen, an herrlichen Büschen und blühenden Kräutern vorbei. Schließlich erreicht man den Teich und das Sommerhaus, die ein herrlicher Anblick sind. Von ihrer Schwiegermutter erhielt sie den Tipp, die Ritzen der gepflasterten Wege mit Salz von Unkraut zu befreien. Auch im Spargelbeet bekämpfte sie Unkraut mit Salz, nachdem der Spargel abgeerntet ist. Praktische Erfahrung, harte Arbeit und viel traditionelles Wissen haben zu diesem wundervollen Garten beigetragen.

Der Boden benötigt Nährstoffe, wie sie in Kompost oder Humus, der aus abgestorbener tierischer und vor allem pflanzlicher Substanz besteht, enthalten sind. Lassen Sie Brennnesseln in Ihrem Garten wachsen, denn sie regen die Bildung von Humus an, der in Form von schwarzbrauner Erde rund um die Nesselkolonien zu finden ist. Auch Algenprodukte liefern wertvolle Nährstoffe.

Neben Nährstoffen benötigt der Boden auch Spurenelemente und Stickstoff. Klee, Blaue Lupinen, Luzernen, Erbsen, Bockshornklee und Bohnen helfen dem Boden, Stickstoff zu speichern. Tabak und Rainfarn sind wichtige Kaliumlieferanten.

Abgefallene Blätter schützen den Boden und stellen eine wichtige Nährstoffquelle dar. Sie liefern Mineralien und Nebenprodukte, die nicht nur die Mikrofauna des Bodens fördern, sondern indirekt auch die Pflanzen ernähren. Stärkeres Mikroleben steht für größere Bodenqualität: Man sollte Unkraut über den Winter im Boden lassen, das steigert die Aktivität der Würmer. Schafgarbe und Baldrian locken Würmer und andere nützliche Tierchen an. Reichern Sie den Boden mit Ruß an, wird er lockerer. Stark basischer Boden muss gut gegossen und mit reichlich organischem Material versetzt werden.

Unkraut ist nicht immer eine Plage. Der amerikanische Dichter Ralph Waldo Emerson betrachtete es so: „Was ist Unkraut? Unkraut ist eine Pflanze, deren Vorzüge noch nicht entdeckt wurden.“ Einige Unkrautarten sind tatsächlich wichtige Nährstofflieferanten. Sie sind Teil eines wichtigen Kreislaufs, da sich Insekten von ihnen ernähren, die wiederum Chitin liefern, das den Boden widerstandsfähig gegen Krankheiten macht.

Einige Unkrautarten, z. B. Löwenzahn und Huflattich, lockern lehmige Erde und verbessern so die Durchlässigkeit. Andere

wiederum schützen den Boden und kleine Tierchen bei schweren Regenfällen. Geharktes Unkraut, das liegen gelassen wird und verrottet, hilft Feuchtigkeit zu speichern und gibt Nährstoffe an den Boden ab.

Flüssiger Brennnesseldünger fördert das Wachstum der Pflanzen und macht diese resistenter. Man schneidet die Nesseln ab, bedeckt sie mit Wasser und lässt sie 3 Wochen verrotten. Diese Flüssigkeit kann auch als Blattdünger mit einer Sprühflasche aufgetragen werden. Von einem Gärtner aus dem englischen Herefordshire erhielt ich den Tipp, einen Sack Rossdung über Nacht in 15 Liter Wasser einzuweichen und als Dünger zu verwenden.

Kompost

Kompostierung ist eine Wissenschaft für sich, die meine Freundin Barbara bis zur Perfektion betreibt. Durch ihren herrlichen Garten

Brennnesseln regen die Humusbildung an und eignen sich hervorragend für Kräutermischkulturen. Man kann daraus auch einen Flüssigdünger herstellen.

Algenprodukte setzen Spurenelemente frei. Dadurch wird die Widerstandsfähigkeit der Pflanzen gesteigert und die Tätigkeit der Mikroorganismen im Boden angeregt.

fließt ein Bach, an dessen Ufer Schlüsselblumen wachsen. Der Gemüsegarten, der von einer jungen Eibenhecke umgeben ist, grenzt an einen Rosengarten mit alten Rosensorten. Barbaras Kenntnisse über die Pflanzen und den Boden stellen die Grundlage für diesen außergewöhnlich schönen Garten dar. Hinter einem Wildblumenbeet befindet sich eine Reihe Komposthaufen, die alle sehr sauber sind. Rundherum wächst Beinwell, der abwechselnd mit Garten- und Haushaltsabfällen auf den Komposthaufen geschichtet wird. Hier wird Kompostierung zur Kunst: Die Gärtnerin versucht künstlichen Dünger zu meiden, da dieser das natürliche Gleichgewicht aus dem Lot bringt. Sie überlässt das Düngen der Natur selbst und arbeitet in die oberste Bodenschicht pro Quadratmeter lediglich einen Eimer ihres wertvollen Komposts ein. Die Chinesen verwenden warmen Dung, der aus tierischen und menschlichen Exkrementen besteht, um den Boden anzuwärmen. Das ermöglicht ihnen, das ganze Jahr über Gemüse anzubauen. Warme Beete, allerdings nur mit Tierdung, findet man auch in chinesischen Treibhäusern.

Barbara trennt Pflanzenschnitt, Unkraut und Haushaltsabfälle von Grasschnitt und Blättern, die separat verrotten. Alte Erde und langes Gras werden mit Stalldung vermischt kompostiert, damit Phosphate, Kalidünger und Stickstoff produziert werden.

Von den insgesamt 14 Komposthaufen sind vier für Haushaltsabfälle, vier für Grasschnitt (in Gittern, damit die Luft zirkulieren kann), zwei für Blätter (die zerkleinert werden sollten) und vier für diverse andere biologische Abfälle. Die Abfälle werden regelmäßig mit einer langstieligen Heugabel gewendet, damit der Zerfallsprozess durch Luft angeregt wird. Barbara meint, es gibt nichts, was so viele Nährstoffe enthält wie Kompost. Alles, was man dem Boden entnimmt, sollte man ihm wieder zuführen. Jedes natürliche Material kann wieder verwertet werden. Stalldung verwendet sie eher aufgrund seiner Struktur als wegen seines Nährstoffgehalts. Die Wurzeln benötigen Luft und Feuchtigkeit, und Stalldung macht den Boden schön locker.

Kompostpflanzen

Die meisten einjährigen Unkrautpflanzen (mit Ausnahme der samentragenden) eignen sich zur Kompostierung, da sie wertvolle Mineralien enthalten. Die Ausnahme bilden mehrjährige Pflanzen, wie Gemeine Quecke und Winde, die im Kompost nur wuchern. Sie sollten auch keine Unkrautsamen beigeben, da diese, sobald Kompost verwendet wird, zu keimen beginnen. Zu den besten Kompostpflanzen zählen Luzerne, Löwenzahn, Eichenrinde, Kamille, Baldrian, Beinwell, Spinat, Sonnenblume, Schafgarbe und viele andere Kräuter – außer Wermut.

Auch Brennnesselblätter sind ein hervorragender Zusatz, da sie reich an Mineralien sind. Sie fördern den Zerfallsprozess und sind ein ausgezeichneter Bodendünger. Meine Freundin Barbara schichtet abwechselnd Schafgarbe und andere Materialien wie etwa eisenreiche Asche auf. Der krümelige Humus, der rund um Brennnesseln entsteht, kann direkt verwendet werden.

Beinwell ist reich an Pottasche, Stickstoff und Phosphaten. Sie können die welken Blätter direkt auf die Erde legen, speziell zwischen Kartoffel- und Tomatenpflanzen im Treibhaus, oder als Kompostmaterial verwenden. Ebenso wie aus Brennnesseln (siehe S. 51) kann man aus Beinwell einen hervorragenden Flüssigdünger herstellen.

Algenprodukte eignen sich ebenfalls zur Kompostierung, denn sie setzen langsam Spurenelemente frei und geben einen guten milden Dünger ab. Sie fördern die Widerstandsfähigkeit der Pflanzen und regen die Tätigkeit der Mikroorganismen an.

Geben Sie kein Holz oder dornige Äste auf den Komposthaufen, da sie sich nicht zersetzen, und werfen Sie keine Rosen darauf, da sie vom Mehltau oder der Fleckenkrankheit befallen sein können. Nadelhölzer und andere immergrüne Pflanzen sind nur schwer zersetzbar. Vermeiden Sie auch erdige Wurzeln, denn durch die Erde sinkt die Temperatur des Komposts. Die Wurzeln von Rosenkohl und anderen Gemüsesorten können Pilzbefall verursachen. Kartoffelblätter können von der Fäule befallen sein und sollten daher nicht kompostiert werden.

Legen Sie den Komposthaufen nicht unter Nadelhölzern an, deren Öle die Kompostierung verzögern. Ehe Sie einen Komposthaufen anlegen, müssen Rasenflächen entfernt werden, da sie den Zerfallsprozess verlangsamen.

Eine Gärtnerin, die ich befragte, hat eine ungewöhnliche Art zu düngen und zu kompostieren. In ihren Kompost arbeitet sie Reste von alten Teppichen und Kissen ein, die beim Verrotten ebenfalls Nährstoffe liefern. Sogar alte Stiefel hält sie für geeignet, da die im Leder enthaltenen Proteine Stickstoff freisetzen. Ihre Blumen und Sträuchern gedeihen prächtig mit diesem Kompost. Sie gab mir noch andere Tipps: Zwiebeln erhalten eine Kopfdüngung mit Ruß, Lilien werden mit Asche gedüngt, Rittersporn, Stockrose und Sonnenblumen profitieren von einer Bierdüngung, und ihre Lauchpflanzen lieben Guinness. Auch mit etwas Milch versetztes Gießwasser ist für Kräuter hervorragend geeignet.

Eine indische Freundin mit einer besonderen Hand für Blumen mulcht ihre Rosen mit bereits verwendeten Teeblättern, manchmal auch mit zerbrochenen Eierschalen. Ihre Mutter schwört auf Bananen, deren Schalen eine reichhaltige Quelle für Magnesium, Schwefel, Kieselerde und Natrium sind. Sie legt die Schalen direkt in die Erde. Ich kenne einige Gärtner, die ihre Rosen mit schwarzem Tee gießen, weil das angeblich den Duft verstärkt.

Es ist kein Wunder, meint Barbara, dass Schrebergärten so fruchtbar sind. Sie sind meist nicht an die Kanalisation angeschlossen, so gelangt natürlicher „Dünger" zurück in den Boden. Klärschlamm wird zu Recht auf Äckern abgeladen. In Barbaras Garten wächst ein prächtiger Walnussbaum direkt an der Senkgrube, und das Wiesengras über dem Ablaufsystem ist dicht und saftig.

MISCHKULTUREN

Das Geheimnis für üppiges Wachstum liegt oft bei Mischkulturen. In Bulgarien, wo riesige Mengen an Rosen für die Herstellung von Rosenöl angebaut werden, pflanzt man daneben Zwiebeln und Knoblauch. Es hat sich gezeigt, dass diese Pflanzen den Duft der Rosen verstärken. Diesen Effekt erzielt man auch, wenn man den Rosenstrauch mit Knoblauch- oder Zwiebelkompost düngt. Zwiebelgewächse wirken wie ein Fungizid und locken nützliche Insekten an. Die Blattlaus dagegen verabscheut Knoblauch.

Mischkulturen haben viele Vorteile: Einige Sorten bieten anderen Pflanzen Schutz vor Wind und Sonne oder geben Sekrete ab, die Nachbarpflanzen nützen. Manche Pflanzen reichern den Boden mit Mineralien an oder dienen als Gründünger. Es gibt andere Pflanzenarten, die schädliche Insekten abhalten, wieder andere Arten ziehen Schädlinge an und sind ideale Köder. Vögel, die als natürliche Feinde vieler Schädlinge gelten, lieben bestimmte Pflanzen und werden von diesen angelockt.

Ein gutes Beispiel für eine Symbiose sind Sonnenblume und Gartenwicke, die am Stamm der Sonnenblume hochrankt. Die Gartenwicke gibt Stickstoff ab, die Sonnenblume bietet Schutz und Stütze. Es gibt auch Beispiele für ungünstige Kombinationen: Basilikum harmoniert nicht mit Rauten, Tomaten nicht mit Fenchel sowie Kohlrabi, und auch Kohl- und Tomatenpflanzen gedeihen nicht nebeneinander. Knoblauch, Zwiebeln und Schalotten hemmen das Wachstum von Erbsen und Bohnen, Kartoffeln das von Kürbissen. Ziehen Sie niemals Himbeeren und Brombeeren gemeinsam oder Rettich und Ysop. Tomaten gedeihen nicht gut neben Kartoffeln, da sie dann leichter von Fäule befallen werden. Kohl wächst schlecht neben Erdbeeren oder Kartoffeln.

Kräuter wirken sich im Allgemeinen günstig auf Nachbarpflanzen aus. Fenchel und Wermut sollte man alleine anbauen.

Ideale Mischkulturen

Blattsalat sollte man mit Kerbel und Dill anbauen, da diese Kräuter als Köder für Blattläuse und andere Insekten dienen.

Blumenkohl harmoniert mit Erbsen, Zwiebeln, Kartoffeln und Sellerie, der den Kohlweißling abwehrt. Baut man Sellerie und Lauch gemeinsam an, locken sie viele nützliche Insekten, wie z. B. die Schlupfwespe, an.

Bohnen – speziell dicke Bohnen – eignen sich zum Anbau mit Kartoffeln. Alle Hülsenfrüchte reichern den Boden mit Stickstoff an, der neben Kartoffeln auch für Karotten, Blumenkohl, Rote Bete, Gurken und Kohl sehr wichtig ist.

Erbsen reichern – wie alle Hülsenfrüchte – den Boden mit Stickstoff an und gedeihen neben Rettichen, die mit Kerbel harmonieren.

Fingerhut speichert in den Blättern Kalium, Eisen, Kalzium, Kieselerde sowie Magnesium und wirkt sich daher günstig auf das Wachstum benachbarter Pflanzen aus. Die abfallenden Blätter dienen als Gründünger, von dem besonders Kiefern profitieren.

Kamille und Pfefferminze passen zusammen, da beide Pflanzen so mehr Duftöle produzieren. Die Kamille ist Kalium- und Schwefellieferant und lockt Schwebfliegen und Wespen an. Das ist besonders für Kohlpflanzen und Zwiebeln von Vorteil. Die Kamille wird auch als „Pflanzendoktor" bezeichnet, da kranke Pflanzen wieder gesund werden, wenn man Kamille in ihre Nähe setzt.

Aromatische Kräuter unterstützen im Allgemeinen das Wachstum der umliegenden Pflanzen, da die Ausdünstungen ihrer Wurzeln und Blätter Schädlinge abhalten. In der Nähe von Rosmarin, Gartenraute und Wermut sieht man nur selten Unkraut, da die Keimung des Unkrauts durch diese Pflanzen unterdrückt wird. Die Sekrete von Wermut sind so stark, dass in seiner Nähe keine anderen Pflanzen gedeihen. Er sollte daher von anderen Pflanzen isoliert werden.

Kapuzinerkresse hat Wurzel- und Blattausdünstungen, die Schädlinge fern halten. Sie vertreibt die Weiße Fliege vom Treibhaus. Blattläuse verschwinden von Brokkoli und Wollläuse von Apfelbäumen. Rettiche gedeihen gut in der Nähe dieser Pflanzen.

Kohl gedeiht am besten neben aromatischen Kräutern, deren Blätter- und Wurzelausdünstungen Schädlinge abhalten. Das gilt besonders für die Minze, die den Kohlweißling vertreibt. Eine ähnliche Wirkung haben auch Tomaten und Sellerie.

Limnanthes douglasii zieht Bienen an und eignet sich hervorragend als Nachbar von Sträuchern und Beerenobst. Er lockt nützliche Insekten, wie z. B. die Schwebfliege, an.

Mais, Erbsen und Kohlgewächse bilden ein ideales Team. Kürbisgewächse harmonieren mit Mais. Das stellten bereits die nordamerikanischen Indianer fest.

Sammetblume oder **Tagetes** haben ein Wurzelsekret, das Fadenwürmer abtötet. Zieht man sie in der Nähe des Treibhauses, halten sie die Weiße Fliege von Tomaten fern, da der Geruch ihrer Blätter und Blüten wie ein Insektizid wirkt. Sie locken auch die nützliche Schwebfliege an und halten Schädlinge von Rosen ab.

Schafgarbe wirkt sich vorteilhaft auf alle aromatischen Kräuter und Gemüsepflanzen aus. Ein Beet rund um den Gemüsegarten sorgt für eine reiche Ernte. Die Schafgarbe lockt Würmer und nützliche Insekten an, deren Chitinpanzer angeblich die Widerstandsfähigkeit der Pflanzen steigert.

Schnittlauch verhindert bei anderen Pflanzen oft Pilzkrankheiten. Er verhilft Karotten zu gesundem Wachstum und besonders gutem Geschmack. Schnittlauch schützt Rosen vor Schwarzfleckigkeit, Äpfel vor Schorf und Tomaten vor Blattlausbefall.

Schwarzwurzel passt zu Lauch und Karotten, da sie die Karottenfliege abhält.

Spargel und Tomaten sind ideale Nachbarn, da die Wurzelsekrete des Spargels den *Trichodorus*, einen Fadenwurm, der die Wurzeln der Tomate befällt, abtöten. Die Tomate schützt wiederum den Spargel vor Spargelhähnchen. Schutz vor diesem Schädling bietet auch die Petersilie. Bauen Sie am besten alle diese Pflanzen gemeinsam an.

Spinat eignet sich hervorragend zum Anbau mit Erdbeeren, da er die Erde mit Saponin anreichert, das dem Boden ermöglicht Feuchtigkeit zu speichern.

Stangenbohnen sollte man mit Mais anbauen, da die Bohnen den Boden mit Stickstoff anreichern und sich an den Maispflanzen hochranken können.

Taubnesseln liefern Nektar für Bienen und andere Insekten, wirken sich vorteilhaft auf Gemüse aus und helfen den Kartoffelkäfer fern zu halten.

Zwiebelgewächse, wie z. B. Lauch oder Knoblauch, riechen stark und halten Schädlinge ab. Da sie den Boden mit Schwefel anreichern, haben sie eine fungizidähnliche Wirkung. Besonders günstig sind Zwiebelgewächse für Karotten, Tomaten und Salat.

Zwiebeln vertreiben die Karottenfliege, Karotten die Zwiebelfliege. Daher sollte man diese Pflanzen abwechselnd in Reihen anbauen. Ihr intensiver Geruch hält auch Schädlinge von Kohlpflanzen, Tomaten und Blattsalat fern. Außerdem verhindern Zwiebelpflanzen Schimmelbildung auf Erdbeeren.

Bienen, Marienkäfer und Schmetterlinge

Bienen

Bienen sind für die Bestäubung der Pflanzen unerlässlich. Es ist daher nicht verwunderlich, dass ihnen von jeher besonders in ländlichen Regionen große Beachtung geschenkt wurde. Honig und Wachs, die Produkte der Biene, werden schon seit Jahrhunderten für verschiedene Zwecke genutzt, deshalb sind die nützlichen Insekten in jedem Garten willkommen. Bienen sind bekannt für ihren Fleiß: Für ein einziges Glas Honig müssen sie den Nektar von 1 ½ Millionen Blüten sammeln (mehr über Bienen auf S. 146).

Die Bienenzucht ist schon seit langem ein wichtiger Wirtschaftszweig und wird heute weltweit auf kommerzieller Basis betrieben. Alle, die mit Bienen arbeiten, bewundern diese Insekten für ihre Tüchtigkeit und ihr Organisationstalent. Viele der folgenden Weisheiten stammen von Imkern, die eine besondere Liebe zu ihren Bienenstöcken haben.

Eine Bienenzüchterin aus unserem Dorf, eine 80-jährige Dame, meinte, dass man einen Bienenschwarm nur zur Beginn der Saison fangen sollte, da die späteren Schwärme nicht sesshaft genug würden, um die richtige Menge an Honig zu liefern. „Telling the bees", „Alles den Bienen erzählen", ist eine verbreitete Redensart in England, die sich immer wieder auf rätselhafte Weise bewahrheiten soll:

Marriage, birth and buryin'
News across the seas,
All you're sad and merry in
You must tell the bees

Alles neue dieser Welt,
ob es schmerzt oder gefällt,
Hochzeit, Geburt und Todestag,
alles, alles den Bienen sag.

Folgt man diesem Rat nicht, fliegen die Bienen aus, um die Verstorbenen zu suchen, oder sie sterben selbst.

Marienkäfer

Weltweit gibt es etwa 500 Marienkäferarten. Sie sind die beste Methode zur Bekämpfung von Blattläusen, Schildläusen und Milben. Diese Räuber sind so effizient, dass man 1886 den australischen Marienkäfer (*Vedalia*) nach Kalifornien brachte, um die Zitrusernte vor der australischen Wollschildlaus (*Icerya purchasi*) zu retten. Innerhalb eines Jahres waren die Schädlinge fast völlig verschwunden. Sie sollten versuchen, diesen nützlichen Schädlingsbekämpfer anzulocken.

Schmetterlinge

So schön Schmetterlinge auch aussehen, sie sind nicht nur ein Segen. Obwohl sie wichtig für die Bestäubung sind, fressen ihre Larven oder Raupen Blätter, Stiele, Blüten und sogar Wurzeln an. Weltweit gibt es über 100 000 Schmetterlingsarten, die in allen Kontinenten mit Ausnahme des antarktischen Kontinents zu finden sind. Die Schmetterlingsraupen schaden der Land- und Forstwirtschaft sowie der Nahrungsmittel-, Textil- und Futterindustrie. Möglicherweise profitieren die Menschen auch von den Raupen, da sie Unkrautpflanzen vertilgen. Im Garten sind sie sicherlich vorteilhaft, da die ausgewachsenen Schmetterlinge ebenso wie die Bienen Pflanzen bestäuben. Einige Arten fressen auch überreife Früchte an, und wenn Sie z. B. den Admiral anlocken möchten, sollte Sie die abgefallenen Früchte liegen lassen.

Bei bedecktem Himmel sieht man Schmetterlinge nur selten fliegen, weil sie Solarenergie benutzen, um ihre Flügel zu bewegen. Schmetterlinge tanken Sonne, bevor sie wegfliegen.

Ein farbenprächtiger Admiral

Pflanzen für einen Schmetterlingsgarten

Ich sprach mit einem Schmetterlingsgärtner in seinem Treibhaus, das voll von nektarreichen Wandelröschen, der wichtigsten Schmetterlingspflanze, war. Zu meiner Verwunderung erklärte er mir, dass Schmetterlinge mit den Füssen schmecken!

Geißblatt

In seinem Schmetterlingshaus wuchsen Bleiwurz, Bougainvillea, Sonnenwende und Jasmin. Dazwischen standen Hibiskus und Purpurwinden, und eine riesige Passionsblume füllte eine Ecke des Treibhauses.

Er empfahl mir, in einer Gartenecke Nesseln stehen zu lassen, in die der Admiral seine Eier ablegen könnte. In seinem naturbelassenen Garten wuchsen Skabiosen, Pisang, Fingerhut, Malven, Kornblumen und einige riesige Disteln. Eine Stelle mit Oregano lockte massenhaft Tagpfauenaugen und kleine Amerikanische Füchse an. Die Kohlweißlinge liebten den Lavendel. Außerdem empfahl er zum Anlocken der Schmetterlinge folgende Pflanzen: Blaukissen, Buddleie, Silberblatt, Fetthenne, Herbstaster, Gänseblümchen, Nachtviole, Tabak, Steinkraut, Goldrute, Nelke, Ysop, Flieder Geißblatt, Vergissmeinnicht und Veilchen.

Bekämpfung der Raupen

Die umweltfreundlichste Methode besteht darin, die Raupen mit der Hand einzusammeln und auf giftige Insektizide zu verzichten. Falls der Befall sehr schlimm ist, können Sie ein natürliches Insektizid wie das Rhabarberspray von Seite 48/49 verwenden. Einige Gärtner umhüllen den Wurzelstamm der jungen Kohlpflanzen mit einem Streifen Alufolie, um sie vor den Raupen der Kohlfliege zu schützen. Pflanzt man den Kohl zusammen mit Kartoffeln an, werden Schmetterlingslarven und andere Schädlinge, die das Nachtschattengewächs nicht mögen, abgewehrt.

TRADITIONELLE PFLANZENKUNDE

Im Garten wächst mehr,
als der Gärtner sät.
Spanisches Sprichwort

Die ersten Medikamente und antiseptischen Mittel stammten von Kräutern und Blumen, deren heilende Wirkung schon lange bekannt war, bevor sie wissenschaftlich bewiesen wurde. Im Lauf der Jahrhunderte entstanden volkstümliche Redensarten und Weisheiten über Blumen und Bäume, von denen einige praktischen Ursprungs sind, andere auf Aberglaube beruhen. Weiße Wildblumen brachten angeblich Unglück, wenn man sie ins Haus trug; Blumen, die außerhalb der Saison blühten, waren ein böses Omen.

Die Signaturenlehre, nach der eine Heilwirkung auf äußerliche Ähnlichkeiten zwischen Medizin und Krankheit beruht, hatte einst großen Einfluss auf die Arzneimittellehre und beeinflusste zahlreiche Hausmittel. So wurde bei Blutmangel z. B. Rotwein verordnet, aber auch Blüten und Pflanzen wurden bei dieser Lehre als Heilmittel verwendet.

Hier habt ihr Blumen!
Lavendel, Minze, Salbei, Majoran.
Die Ringelblum, die mit der Sonne entschläft
und weinend mit ihr aufsteht.
William Shakespeare, *Ein Wintermärchen* (1610–1611)

Aus den würzigen Blättern der Kapuzinerkresse lässt sich ein Sommersalat zubereiten, der mit den buten Blüten dekoriert wird.

Ringelblumensalat

Im Hochsommer gibt es so viele Ringelblumen, dass man sie ruhig verzehren kann. Verwenden Sie die Blütenblätter zusammen mit Kapuzinerkresse, um einen köstlichen Salat zuzubereiten.

FÜR 2–3 PERSONEN

1 Eichblattsalat, gewaschen und trocken geschleudert

1 Hand voll Kapuzinerkresse-Blätter, gewaschen und grob zerteilt

6–8 Cocktailtomaten, halbiert

50 g Sonnenblumenkerne, geröstet

1 Hand voll Ringelblumen-Blütenblätter

DRESSING:

2 EL Olivenöl

2 EL Himbeeressig

1 EL Sojasauce

Die Zutaten für den Salat vorbereiten und mischen, ein paar Blütenblätter zum Dekorieren beiseite legen. Das Dressing mischen und über den Salat gießen. Vor dem Servieren mit den restlichen Blütenblättern garnieren.

Ringelblume

Die Ringelblume öffnet sich bei Sonnenaufgang und schließt sich bei Sonnenuntergang. In Wales gibt es ein Sprichwort, dass es Gewitter geben wird, wenn sich die Ringelblume nicht vor 7 Uhr öffnet. Eine andere Redensart besagt, dass man durch das Abpflücken der Blumen ein Gewitter heraufbeschwört.

Die Ringelblume ist ein Symbol für treue Liebe und wurde für Hochzeitssträuße und Liebestränke verwendet. In vielen Gegenden wird sie auch als Ringelrose bezeichnet. Die für Liebesweissagungen verwendeten Pflanzen wurden gemeinsam mit Sommerkräutern getrocknet, gemahlen und mit Honig und Essig zu einer Salbe verarbeitet. Junge Frauen trugen die Salbe auf, bevor sie zu Bett gingen, und riefen den Heiligen Lukas an, sie von ihrer großen Liebe träumen zu lassen.

Der Ringelblume wurde fiebersenkende Wirkung zugeschrieben. Einst trug man die Blume sogar zum Schutz gegen Pest mit sich. Mit den Blütenblättern werden seit langem Haare goldgelb gefärbt, und eingemachte Ringelblumen sollen sogar bei Depressionen helfen.

Die Ringelblume ist ein Symbol für Liebe und Treue.

Pflanzen in Brauchtum und Aberglauben

Buchsbaum wurde oft an der Eingangstür des Hauses eines Toten aufgestellt. Vor der Beerdigung nahm jeder der Trauergäste einen Zweig mit, um ihn später ins offene Grab zu werfen. Man dekorierte auch die Brunnen damit.

Eibe: Pflanzen Sie an der südwestlichen Hausecke eine schützende Eibe an. Sie ist ein Symbol für Unsterblichkeit, da sie eine langlebige immergrüne Pflanze ist, die sich immer wieder erholt, gleichgültig wie stark sie zurückgeschnitten wird. Alle Teile des Baumes sind giftig, deshalb muss man Kinder und Tiere von diesem fern halten. Aus diesem Grund wurde die Eibe früher oft auf Friedhöfen angepflanzt.

Eisenhut ist äußerst giftig. Mit Pfeilspitzen, die man in den Saft der Pflanzen tauchte, tötete man früher angeblich Wölfe.

Erdbeeren: Eine norwegische Freundin erzählte mir die Sage von Frigg, der Göttin der Verheirateten, die die Seelen verstorbener Kinder in Erdbeeren versteckt haben soll, um sie ins Paradies zu schmuggeln.

Flieder im Haus bringt Unglück, speziell weißer (wie andere weiße Blüten auch). Er wird mit dem Tod assoziiert. Eine Blüte mit fünf Blütenblättern bringt Unglück.

Ginster galt als Symbol für Glück und Überfluss und wurde bei Landhochzeiten zu Kränzen gebunden.

Immergrün wurde schon seit langem als magische Pflanze betrachtet. Das Rosenrote Singrün (*Vinca rosea*) ist ein wichtiger Bestandteil von Medikamenten, die bei Leukämie eingesetzt werden.

Kirsche: Eine gute Ernte bringt Glück. Eine Freundin, die jahrelang in der Schweiz lebte, erzählte mir, dass eine junge Mutter die ersten Kirschen essen sollte, um eine gute Ernte zu sichern.

Kornblumen sollen angeblich die Sense stumpf machen. Sie wurden einst als Bestandteil von Tinte verwendet. Maler gebrauchen nach wie vor den Blütensaft der Kornblume – den sie mit Alaun mischen – für Aquarellmalereien (siehe auch S. 66). Ein Freier konnte seinen Erfolg vorhersagen, indem er eine Kornblume einsteckte. Blieb sie frisch, würde er seine Freundin heiraten.

Lilien, das Symbol für Jungfräulichkeit, Reinheit und Unschuld, werden gerne als Blumenschmuck für Hochzeiten und Begräbnisse verwendet. Eine 90-jährige, die in ihrer Jugend einige Jahre in Belgisch-Kongo gelebt und einige gefährliche Begegnungen im Dschungel erlebt hatte, erzählte mir, dass die Pygmäen als Schutz vor Löwen Feuerlilien am Gürtel trugen.

Maulbeerbaum: Wenn er austreibt, ist der letzte Frost vorüber. Im alten Rom und in Birma galt er als heilig.

Narzissen: In Wales sagt man, dass derjenige, der die erste Narzissenblüte findet, in diesem Jahr mehr Gold als Silber haben wird. Deutet man mit dem Finger auf eine Narzisse, hört sie zu wachsen auf.

Nelken werden seit über 2000 Jahren kultiviert. Im Elisabethanischen Zeitalter verwendete man die intensiv duftenden Blüten als Ersatz für die teureren Gewürznelken. Eine Nelke zu tragen bedeutete, dass man bereits verlobt war.

Pfirsichbäume gelten im Fernen Osten als Symbol der Unsterblichkeit.

Pflaume: „Ein Pflaumenjahr ist ein schlechtes Jahr", pflegte mein Großvater zu sagen. Laut einer Frau aus Wales symbolisieren im Dezember blühende Pflaumen den Tod. Von Pflaumen zu träumen gilt jedoch als gutes Omen.

Quitte: Sie ist ein Symbol der Liebe. Von Quitten zu träumen bedeutet, von einer Krankheit geheilt zu werden.

Ringelblumen sind ein Symbol für dauerhafte Liebe. Kompott oder Tee lindern Depressionen, mit dem Blütenkopf lassen sich Wespen- oder Bienenstiche behandeln. Pflückt man eine Ringelblume, zieht ein Gewitter auf. Kocht man die Blütenblätter, erhält man einen gelben Farbstoff, mit dem früher z. B. Haare gefärbt wurden. Ringelblumensalat schmeckt köstlich (siehe S. 59). Das ätherische Öl gilt als Wundheilmittel.

Schafgarbe wird im Französischen „herbe aux charpentiers" genannt, weil sie mit Tischlerwerkzeugen verursachte Wunden heilen soll. Der Grieche Achilles hat die Wunden seiner Krieger angeblich mit Schafgarbe geheilt, daher die botanische Bezeichnung *Achillea millefolium*.

Schneeglöckchen symbolisieren Hoffnung und Reinheit. Ein einzelnes Schneeglöckchen bedeutet Tod.

Schöllkraut wurde – vermutlich wegen seiner hellgelben Farbe – in der Signaturenlehre zur Heilung von Gelbsucht verwendet. Eine Freundin aus Sussex und eine alte Dame aus Oxford setzen diese Pflanze erfolgreich gegen Warzen ein. Man tropft den frischen Saft des Stengels auf die Warze und lässt ihn trocknen. Die Behandlung mehrmals wiederholen, bis die Warze verschwunden ist.

Veilchen: Wenn sie sehr früh im Jahr blühten, war das ein Zeichen für Tod oder Seuchen, doch von Veilchen zu träumen sollte Glück bringen. Trug man sie um den Hals, konnte man nicht betrunken werden. Ich fand ein Rezept von 1901, nachdem in Wasser gekochte Veilchenblätter, aus denen eine Kompresse hergestellt wird, als Heilmittel bei Krebs gelten soll.

Vergissmeinnicht wurde bei Hunde- und Schlangenbissen eingesetzt. Mit dem Saft gehärtetes Stahl konnte angeblich sogar Steine schneiden. Geben Sie demjenigen ein Vergissmeinnicht mit, der am 29. Februar zu einer Reise aufbricht. Die Blume soll dem Reisenden Glück bringen.

Behandeln Sie einen Wespen- oder Bienenstich mit einer Ringelblumenblüte.

NATUR-
KOSMETIK

Naturkosmetik hat eine jahrhundertealte Tradition: Die legendäre Schönheit der Helena beruhte nicht auf künstlichen Produkten, und Kleopatra badete in Milch. Die Ägypterinnen parfümierten ihr Haar mit Majoran, rieben ihre Haut mit Granatapfelsaft ein und verwendeten Rhabarbersaft bei fettigem Haar sowie zur Belebung der Haarfarbe. Die Natur hat den Menschen schon immer mit Ölen, Farben, Kräutern, Düften und Cremes versorgt, die er für die Pflege seines Körpers benötigt. Mit Dampfbädern, Gesichtspackungen, Kompressen, Duftbädern, Ölbehandlungen und Haarwaschmitteln aus Naturprodukten kann man auf natürliche Weise Schönheitspflege betreiben. Die modernen wissenschaftlichen Analysen bestätigen meist die Wirkungen dieser Schönheitsmittel und Rezepte, die schon seit Jahrhunderten verwendet werden.

Wenn Sie Kosmetika selbst herstellen, wissen Sie genau, was darin enthalten ist. Sie können natürliche Substanzen verwenden, und das Resultat ist letzlich wesentlich billiger als kommerzielle Produkte ähnlicher Qualität. Die Zutaten, die Sie dafür benötigen, sind meist mühelos erhältlich: Aus Bienenwachs, Kakaobutter, ätherischen Ölen und Basisölen, gemischt mit aufgegossenen frischen Kräutern, lassen sich Kosmetika herstellen, mit denen sich Ihr Körper wie neugeboren fühlen wird. Naturkosmetik kann man selbst machen, wie mir meine Freundin Mary, eine Aromatherapeutin, versicherte. Ihre Großmutter war Schottin, ihre Mutter lebte lange in Australien, und Mary hat dieses Wissen bewahrt.

Marys langes, blondes Haar wurde mit besonderer Sorgfalt gepflegt, obwohl das Kind gegen die Prozedur protestierte: Ihre Mutter nahm dazu einen Schal aus reiner Seide, mit dem sie über das frisch gewaschene Haar ihrer Tochter strich, bis es wie Gold glänzte. Um gespaltene Spitzen zu vermeiden, pflegte ihre Mutter das Haar zu drehen oder zu flechten und die Spitzen mit einer Kerze anzusengen. Erstaunlicherweise fingen die Haare niemals Feuer.

Mary wuchs auf einer Farm auf, die von Wäldern und Flüssen umgeben war, einen üppigen Gemüsegarten sowie Ställe mit Hühnern und Ziegen besaß. Als Kind lernte sie von ihrer Mutter alles über Naturprodukte. Später reiste sie um die halbe Welt, von der Türkei bis Thailand, und lebte schließlich fünf Jahre lang auf den Bahamas. Bei ihren Reisen eignete sie sich viel Wissen über Naturkosmetik und Aromatherapie an, das sie heute in ihrem Beruf verwenden kann. In ihren praktischen Tipps spiegelt sich ihre Liebe zum Landleben und zur Natur wider. Ihre Rezepte, die ich Ihnen hier vorstellen möchte, zeigen, wie man seinen Körper auf natürliche Weise pflegen kann, so wie es Frauen schon seit Jahrhunderten taten.

WICHTIGE SUBSTANZEN

Da Ihnen viele der Substanzen, die wir in unseren Rezepten verwenden, möglicherweise unbekannt sind, werden sie hier kurz erklärt. Sie erfahren auch, wo die Substanzen erhältlich sind.

Alaun ist ein weißliches, durchsichtiges Mineralsalz, das astringierende Wirkung hat. In der Apotheke erhältlich.

Amber ist ein Harz, das Stoffwechselprodukt aus dem Darm des Pottwals, das schon seit Jahrhunderten zur Parfümherstellung verwendet wird. In der Apotheke erhältlich.

Ätherische Öle sind konzentrierte Substanzen von Blüten, Blättern, Samen, Rinden und Wurzeln aromatischer Pflanzen. Da sie sehr intensiv sind, sollten sie sparsam verwendet werden. Normalerweise werden sie mit einem Basisöl, z. B. Mandelöl, versetzt. Je nach Ursprungsland und Herstellungsmethode kann die Qualität der Öle besser oder schlechter sein. Die Öle werden oft auch synthetisch hergestellt. Um sicher zu gehen, dass sie rein sind, sollte man die Öle nur in der Apotheke kaufen.

Avocadoöl ist ein schweres Öl, das sich hervorragend zur Gesichtspflege und für ältere Haut eignet. Es enthält Proteine, Vitamin A und D sowie Lecithin. Alle diese Stoffe werden leicht absorbiert. In Bioläden oder Apotheken erhältlich.

Benzointinktur: Das Benzoeharz wird von dem in Indonesien und Vietnam wachsenden Benzoebaum (Styraxgewächs) gewonnen. Die Tinktur ist eine Lösung des ätherischen Öls, die oft als Antioxydans oder Fixativ verwendet wird. In der Apotheke erhältlich.

Bienenwachs ist in reiner Form in Apotheken erhältlich und sehr billig, wenn man bedenkt, welch wertvollen Wirkstoff es darstellt. Als Basis für feuchtigkeitsspendende und nahrhafte Hautcremes geeignet.

Borax ist ein Salz (Natriumtetraborat), das zum Entfernen von Schmutz und Fett verwendet wird. In der Apotheke erhältlich.

Glycerin ist eine farblose Flüssigkeit, die durch Fettspaltung aus tierischen und pflanzlichen Ölen und Fetten gewonnen wird. In Apotheken erhältlich.

Kokosöl ist ein sehr reichhaltiges Öl. Es wird aus Kopra, dem getrockneten Fleisch der Kokosnuss, gewonnen und häufig bei Sonnenbrand eingesetzt. Das Öl ist in Apotheken und orientalischen Delikatessenläden erhältlich.

Kakaobutter ist Bestandteil zahlreicher Hautcremes. Sie ist in der Apotheke erhältlich, jedoch relativ teuer.

Lanolin wird nach dem Scheren aus der Schafwolle ausgewaschen. Es schützt, spendet Feuchtigkeit und dient als Weichmacher. Verwenden Sie wasserfreies Lanolin, das nicht zusätzlich mit Wasser gemischt wird. In Apotheken erhältlich.

Mandelöl wird aus den Samen des Mandelbaums (*Prunus amygdalus*) gewonnen, der ursprünglich in Westasien beheimatet war, heute aber weltweit kultiviert wird. Mandelöl ist ein gutes Mittel für alle Hauttypen und ein nützliches Basisöl, das Proteine, Vitamine und Mineralien enthält. In Apotheken und Bioläden erhältlich.

Orangenblütenwasser wird aus Orangenblüten gewonnen. In Apotheken erhältlich. Man kann es auch selbst aus getrockneten Blüten herstellen (siehe S. 94).

Reiner Alkohol ist in der Apotheke erhältlich.

Rizinusöl stammt von einem Strauch, Christuspalme (*Ricinus communis*), die in Indien und tropischen Gebieten Afrikas heimisch ist. Die üppigen, ovalen Samen werden gepresst und liefern ein zähflüssiges, farbloses Öl, das zusammen mit anderen Ölen hervorragend für Haut und Augen ist. In Apotheken erhältlich.

Rosenwasser ist in Apotheken erhältlich. Undestilliertes Rosenwasser kann man aus Blütenblättern selbst herstellen. Wichtiger Bestandteil vieler Kosmetika.

Weizenkeimöl wird aus dem Keim des Weizenkorns gewonnen und ist sehr nährstoffreich. Es enthält Vitamin B und Vitamin E, ein wichtiges Vitamin für die Haut. Es wird als Antioxydans gebraucht, mit dem man ätherische Öle haltbarer machen kann. In vielen Bioläden oder in Apotheken erhältlich.

Zaubernuss (Hamameliswasser) dient zur Konservierung von Lotionen und Cremes und eignet sich hervorragend zur Behandlung von rauer Haut, Pickeln und Hautrötungen. Zaubernuss wird aus den Blättern und der Rinde von *Hamamelis virginiana* gewonnen und ist in Apotheken erhältlich.

Natürliche Haarpflege

Meine Freundin Mary erhielt von ihrer Mutter zahlreiche Haarpflegetipps. Besonders wichtig ist es, das Haar von innen zu behandeln, indem man frisches Obst und Gemüse isst, viel frisches Wasser trinkt und genügend Proteine und Vitamin B, speziell aus Weizenkeimen, Soja, Reis und Hülsenfrüchten, zu sich nimmt.

Ein weiterer Tipp ist, das Haar bei vornüber gebeugtem Kopf, von hinten nach vorne, zu bürsten. Dadurch steigt das Blut in den Kopf, die Fette gelangen von den Follikeln ins Haar und verleihen diesem einen herrlichen Glanz. Meine indische Freundin, die beneidenswert langes und dichtes Haar hat, gab mir den Rat, das Haar bei Neumond zu schneiden. Dann würde es mit dem zunehmenden Mond besser wachsen.

Haarpflege

Mary erinnerte sich, dass ihre Mutter Eier für die Haarpflege verwendete, nahm jedoch irrtümlicherweise das ganze Ei. Das Eiweiß ließ sich nur äußerst schwer wieder auswaschen. Man darf nur Eigelb unter das Shampoo mischen! Diese Behandlung eignet sich besonders für feines oder kraftloses Haar.

Bei fettigem Haar spült man die Haare mit Apfelessig oder Zitronensaft (150 ml auf 1 l Wasser): Dadurch werden Seifenreste gründlich entfernt, und das Haar erhält einen zarten Glanz.

Bei trockenem Haar empfiehlt Mary, 5 EL Weizenkeimöl zu erwärmen, auf das Haar zu tupfen, mit einem warmen Handtuch zu bedecken und 30 Minuten einwirken zu lassen. Danach mit Shampoo auswaschen. Trockenes Haar sollten Sie mit einer Kopfbedeckung vor Sonne und Seewind schützen.

Grundrezept für einen Aufguss

Rosmarin regt die Haarfollikel an und kann bei regelmäßiger Anwendung Haarausfall vermeiden helfen. Ich bereitete diesen einfachen Aufguss für meinen Partner zu, der ihn in die Kopfhaut einrieb. Das Resultat war ein großer Erfolg. Er spült die Haare damit bei jeder Wäsche und hat dickes, glänzendes Haar.

25 g getrocknete Kräuter (z. B. Rosmarin) oder eine Hand voll frische Blätter
1 l Wasser

Kräuter und Wasser in einem Topf aufkochen und 10–12 Minuten zugedeckt köcheln lassen. Dann 1–2 Stunden abkühlen lassen und abseihen. Der Aufguss wird am besten sofort verwendet. Er kann jedoch auch etwa 1 Woche lang im Kühlschrank aufbewahrt werden.

Trockenes Haar behandelt man mit Beinwell, Holunder- und Quittenblüten oder Salbei; fettiges Haar mit Minze, Schachtelhalm, Zitronenmelisse, Lavendel, Ringelblumen oder Schafgarbe.

Kräuterspülung

Ich probierte diese Spülung im Frühsommer aus, als der Garten voller frischer Kräuter war. Er verlieh meinem Haar einen herrlich seidigen Glanz.

Einen Aufguss (siehe Grundrezept) zu gleichen Teilen aus Kamilleblüten, Rosmarin, Lorbeer, Salbei und Stabwurz zubereiten und abkühlen lassen. Beim Spülen der Haare wiederholt die Kopfhaut damit einreiben. Das stärkt die Haarwurzeln und belebt die Kopfhaut. Bei hellem Haar verwendet man mehr Kamille, bei dunklem mehr Rosmarin. Ein anderes Mal gab ich noch Lindenblüten, Fenchel, Brennnessel, Schachtelhalm und Schafgarbe hinzu. Mein Haar wurde schön kräftig und glänzt.

Salbeispülung

Dieses klassische Rezept regt die Kopfhaut an und lässt bei häufiger Anwendung das Haar dunkler werden. Bereiten Sie einen starken Aufguss zu (siehe Grundrezept). Wenn Sie einige Tropfen Olivenöl hinzufügen, erhalten Sie ein Färbemittel für die Brauen, das mit einem Mascarapinsel aufgetragen wird.

Rosmarinöl

Dieses Öl wirkt Wunder bei meinem Haar. Gießen Sie 25 g frischen Rosmarin mit 500 ml Olivenöl auf und lassen Sie das Öl 1 Woche auf einem sonnigen Fensterbrett stehen. Vor dem Haarewaschen das Öl in die Kopfhaut massieren, ein heißes Handtuch um den Kopf wickeln und das Öl 10 Minuten einwirken lassen.

Auf diese Art kann man auch Brennnesselöl herstellen, das den Glanz und das Wachstum der Haare verstärkt.

Behandlung mit heißem Öl

Ebenfalls von ihrer Mutter erhielt Mary den Tipp, 150 ml natives Olivenöl vorsichtig im Wasserbad zu erwärmen und warm auf das Haar aufzutragen. Ein warmes Handtuch um den Kopf wickeln und das Öl einige Stunden einwirken lassen. Anschließend mit Shampoo waschen. In Indien verwenden die Frauen Sesamöl, auf den Bahamas Kokosöl und auf Bali Teebaumöl.

Brennnesselspülung

Dieses Rezept verriet mir ein Mädchen, das es wiederum von ihrer Großmutter erhalten hatte. Das Mädchen hatte weiches, glänzendes Haar. Die Spülung, die sie häufig verwendete, verstärkt die natürliche Haarfarbe und wirkt auch gegen Schuppen. Tragen Sie beim Brennnesselpflücken Gummihandschuhe.

250 g junge Brennnesselspitzen, gewaschen
500 ml Wasser

Brennnesselspitzen und Wasser in einen Topf geben und auf kleiner Flamme langsam erhitzen. 3–4 Minuten zugedeckt köcheln lassen. Vom Herd nehmen und 2 Stunden ziehen lassen. Kurz vor Gebrauch abseihen und die Spülung vor der Verwendung leicht erwärmen. Auf das Haar auftragen, anschließend 15–20 Minuten einwirken lassen und mit kaltem Wasser ausspülen. Den Vorgang mehrmals wiederholen.

Kamillenspülung

Dieses Rezept stammt von einer Kosmetikerin, die viele Jahre in Südafrika lebte. Man kann blondes Haar wunderbar damit aufhellen.

100 g getrocknete Kamillenblüten
750 ml Wasser

Bereiten Sie aus Kamillenblüten einen Aufguss zu (siehe Grundrezept S. 68) und spülen Sie die Haare damit.

Bierspülung

Meine Cousine aus den USA schwört auf eine Spülung aus abgestandenem Bier. Anwendung siehe Brennnesselspülung.

Abgestandenes Bier eignet sich vortrefflich als Haarspülung.

TÖNUNGEN UND PFLEGEMITTEL

Helles Haar: Kamille, Schlüsselblume, Königskerze, Brennnessel, Gelbwurz.
Braunes Haar: Zimt, Gewürznelken, Henna, Majoran, Petersilie.
Rotes Haar: Ingwer, Henna, Wacholderbeeren, Ringelblume, Salbei.
Dunkles Haar: Holunderblätter, Henna, Lavendel, Himbeerblätter, Rosmarin, Salbei, Schwarznuss (*Juglans nigra*).

Haarpflege mit Ei

Bevor Sie in die Sauna oder ins Dampfbad gehen, sollten Sie ein Pflegemittel auftragen, so öffnen sich die Poren der Kopfhaut und nehmen besonders viele Nährstoffe auf. Verwöhnen Sie Ihr Haar!

Eigelb ist ein hervorragender Nährstofflieferant, der das Haar herrlich weich macht. Einige Leute verwenden sogar selbstgemachte Mayonnaise. Statt des hier verwendeten Avocadoöls kann man aber auch Saflor-, Mandel- oder Weizenkeimöl verwenden. Auch Kokosöl eignet sich zur Anwendung vor der Haarwäsche, speziell in sonnigen Ländern, wo das Haar leicht austrocknen kann.

2 Eigelbe
Ein paar Tropfen Glyzerin
Ein paar Tropfen Apfelessig
1 EL Avocadoöl

Alle Zutaten mischen und 30 Minuten vor dem Waschen in die trockene Kopfhaut einmassieren. Das Haar wie gewöhnlich mit Shampoo waschen und gründlich ausspülen, dabei ein wenig Zitronensaft oder Essig verwenden.

Haarpflege mit Rizinusöl

Rizinusöl und Kräuter stärken das Haar und können vor dem Waschen als Pflege verwendet werden.

2 EL Avocadoöl (oder ein Öl Ihrer Wahl)
1 Eigelb, geschlagen
1 EL Rizinusöl
1 EL Rosmarin-, Salbei- (dunkles Haar) oder Kamillenspülung (helles Haar). Siehe Seite 68–69.

Alle Zutaten mischen und wie oben beschrieben vor dem Waschen auf das Haar auftragen.

Schuppen

Die Tante meiner indischen Freundin hatte einige Tipps zur Behandlung von Schuppen. Eine Paste aus Betelblättern und Kokosöl wirkt gegen Schuppenbildung. Man kann die Haarwurzeln stärken und Schuppen vermeiden, indem man das Haar jeden Morgen ohne Schampoo in kaltem Wasser spült. Eine aus jungen Apfelblättern hergestellte Paste, die als Schampoo verwendet wird, macht das Haar geschmeidig und verhindert frühzeitiges Ergrauen sowie Haarausfall.

Geben Sie 1 Teelöffel Apfelessig in ein Glas mit Wasser und kämmen Sie damit das Haar zweimal täglich durch. Meine Freundin Mary empfiehlt, die Kopfhaut oft zu massieren, um die Haarfollikel anzuregen, und anschließend das Haar nach vorne über den Kopf zu bürsten, um Fette freizusetzen. Sie gab mir dieses Rezept, das zur Herstellung eines Schampoos verwendet wird:

1 EL gehackte Brennnesseln
150 ml kochendes Wasser
1 Eiweiß
2 EL mildes, flüssiges Schampoo

Aus Brennnesseln und Wasser einen Aufguss zubereiten. Das Eiweiß in einer Schüssel schlagen und das Schampoo hinzufügen. Den abgeseihten Aufguss in diese Mischung gießen und als Haarschampoo verwenden.

Mary erinnerte sich an die 60er-Jahre, als unglücklicherweise glattes Haar in Mode war. Sie und ihre Freundinnen pflegten das Haar mit einem feuchten Tuch glatt zu bügeln. Dabei mussten sie den Hals stark verdrehen, damit das Haar auf dem Bügelbrett auflag. Was man nicht alles tut, um „in" zu sein.

VON LINKS OBEN: Zimt, Kamille, Wacholderbeeren, Salbei und Gelbwurz können zur Belebung der natürlichen Haarfarbe verwendet werden. Bereiten Sie eine Spülung zu (siehe Grundrezept S. 68), die Sie in die Kopfhaut einmassieren, ein paar Minuten einwirken lassen und anschließend ausspülen.

HAARAUSFALL

Gründe für Haarausfall sind häufig Stress, schlechte Ernährung, Krankheit oder schlechte Durchblutung. Diese Ursachen sollte man zunächst bekämpfen, um Haarausfall zu vermeiden. Im Laufe der Jahrhunderte wurden aber auch recht ungewöhnliche Mittel gegen Haarausfall entwickelt. Hier sind einige davon:

Brennnesseln gelten schon seit langem als wirksames Mittel gegen Haarausfall. Ein Brennnesseltonikum (siehe Brennnesselspülung S. 69) regt das Haarwachstum an, vorausgesetzt es wird jeden zweiten Abend vor dem Schlafengehen in die Kopfhaut einmassiert. Freunde aus Neuengland schickten mir ein Familienrezept:

Brennnesselblätter, Zwiebeln und reiner Alkohol im Verhältnis 1:1:100

Die Blätter und die gehackten Zwiebeln ein paar Tage im Alkohol einweichen. Die Flüssigkeit abseihen und täglich in die Kopfhaut einmass eren.

Eine Freundin aus Frankreich gab mir den Tipp, den Saft von Brunnenkresse ins Haar zu massieren. Sie schwor auch auf eine Behandlung von innen. Mixen Sie folgende Zutaten zu gleichen Teilen in einem Entsafter:

Saft von Blattsalat (so viele dunkle Blätter wie möglich)
Saft von grünem Paprika
Karotten- und Luzernensaft, gemischt

Ein altes englisches Rezept empfiehlt, in Öl getauchte Schafgarbe aufzulegen. Das verhindert Haarausfall und sorgt für üppigen Bartwuchs. Eine Frau aus Marokko riet, die Kopfhaut mit Rizinusöl, Walnussöl und Alaun einzureiben (siehe S. 66). Ein Schauspieler, der selbst unter Haarausfall leidet, schwört auf Rum, der in die Kopfhaut massiert wird.

Mary glaubt nicht ganz an Mittel gegen Haarausfall, stimmte jedoch zu, dass ein doppelt starker Aufguss aus Salbei (siehe S. 68) oder den folgenden Wirkstoffen wie ein Tonikum wirkt:

Artischockenblätter, Lavendel, Lindenblüten, Frauenhaarfarn, Ringelblume, Kapuzinerkresse, Brennnessel, Quittenblüte, Rosmarin, Stabwurz, Thymian, Weinblätter, Brunnenkresse, Weidenblätter.

In die Kopfhaut massieren, 15 Minuten einwirken lassen und anschließend mit kaltem Wasser ausspülen. Täglich anwenden.

Einige indische Tipps: Mit Limonensaft gemischtes Kokosöl oder in Kokosöl gequollene Bockshornkleesamen in die Kopfhaut reiben.

Ein Rezept für eine Spülung gegen Haarausfall aus Virginia, USA:

15 g frische Tabakblätter
50 g Rosmarinblätter
50 g Buchsbaumblätter
1 l Wasser

Alle Zutaten in einem Topf mischen. Aufkochen und 20 Minuten köcheln lassen. Dann die Mischung abkühlen lassen, abseihen und vor dem Waschen auf die Haarwurzeln auftragen.

Nun möchte ich Ihnen noch ein paar ungewöhnlichere Ratschläge vorstellen: Ein alter Gärtner erzählte mir, dass sein Großvater immer sagte, bei Haarausfall solle man über Nacht Efeublätter auflegen. Eine Packung aus Hühnermist auftragen, riet die Großmutter einer Freundin aus Frankreich. Und in einem Buch aus dem 18. Jahrhundert findet sich folgendes Rezept:

Zur Heilung von Haarausfall
Man reibe die kahlen Stellen jeden Morgen fest mit einem groben Lappen, bis sie sich röten, und trage sofort danach Bärenfett auf. Nach 15 Tagen die Kopfhaut jeden Morgen mit einer geschmorten Zwiebel einreiben, bis sich die kahlen Stellen röten, und mit Senfkörnern vermischten Honig auftragen. Über das Ganze gibt man eine Schicht Ladanum, gemischt mit Mäusemist und zerriebenen Bienen. Diese Behandlung dauert 30 Tage.
William Salmon, *Rezept aus dem 17. Jahrhundert*

Wenn das den Haarwuchs nicht anregt, was dann?

Eine etwas ungewöhnliche Bauernweisheit besagt, dass die Haare wieder wachsen, wenn man nachts Efeublätter auflegt.

NATÜRLICHE HAUTPFLEGE

Die Familie meiner Freundin Rafath lebt in Hyderabad. Sie ist in einer indischen Großfamilie aufgewachsen, in der zahlreiche Traditionen und Bräuche gepflegt und von Generation zu Generation weitergegeben wurden. Ihr dickes, schwarzes Haar reicht bis zu den Knien, ihre nussbraune Haut ist glatt und faltenlos, so dass ihr Alter schwer zu schätzen ist. In ihrer Familie trinkt man jeden Morgen ein Glas Buttermilch mit dem Saft einer frischen Limone. Rafaths Hände sind herrlich gepflegt, ihre Zähne strahlend weiß. Sie gab mir einige tolle Tipps zur natürlichen Pflege.

Die Haut spiegelt das Wohlbefinden eines Menschen wider: Im Idealfall ist die Haut strahlend und rein, bei Übermüdung oder Krankheit leidet sie jedoch. Mit der Behandlung sollten Sie von innen beginnen: Essen Sie viel frisches Obst, Gemüse und Salate, die wichtige Vitamine und Mineralien liefern, und trinken Sie reichlich frisches Wasser. Regelmäßige Bewegung und die richtige Menge an Entspannung und Schlaf tun ein Übriges, damit sich Ihre Haut wohl fühlt und auch so aussieht. Gesunde Ernährung ist das Wichtigste für eine schöne Haut, meinte Rafath.

Sie erzählte mir, dass die indischen Frauen vor der Hochzeit eine Ganzkörpermassage erhalten. Dabei wird eine Safran- oder Gelbwurzpaste mit saurer Sahne und bengalischem Kichererbsenmehl verwendet. Danach werden die Frauen in Sandelholzessenz gebadet. Nach der Massage und dem Bad ist die Haut der Braut seidig weich.

Ein traditionelles indisches Rezept besteht aus dem Saft 1 frischen Limone, 1 Glas Milch und 1 Teelöffel Glyzerin. Die Zutaten mischen und 30 Minuten ziehen lassen. Jeden Abend auf Gesicht, Hände und Füße auftragen. Die Pflegemilch einziehen lassen und nicht abspülen.

Frisch gepresste Säfte sind gut für die Haut. Versuchen Sie dieses Getränk: Ein Sträußchen Brunnenkresse 10 Minuten in 500 ml Wasser kochen, abseihen und mit 500 ml Milch sowie 1 Esslöffel Kalkwasser vermengen.

In Indien erhalten die Frauen vor der Hochzeit eine Ganzkörpermassage mit einer Paste aus Safran, saurer Sahne und Kichererbsenmehl.

Rezepte für die Hautpflege

Mary stellt seit Jahren Cremes aus natürlichen Zutaten her. Das ist ein wenig wie Brot backen, meint sie: Eine Creme wird immer etwas anders, selbst wenn genau das gleiche Rezept verwendet wird. Es ist eine heikle Angelegenheit, die Cremes so zu verrühren, dass sie sich nicht teilen. Ich verwende dazu einen kleinen Holzspachtel.

Grundrezept für Cremes

Dieses Grundrezept eignet sich für trockene und empfindliche Haut. Die Reinigungscreme, die ein paar Minuten einwirken muss, wird dünn, aber gründlich aufgetragen und mit einem Gesichtswasser (siehe S. 94) wieder entfernt.

60 ml Rosenwasser (siehe S. 66)
20 g Bienenwachs
50 ml Avocadoöl
30 ml Weizenkeimöl
3–6 Tropfen ätherisches Zitronenstrauchöl
1 Prise Borax (nach Belieben)

Das Fläschchen mit Rosenwasser ins heiße Wasserbad stellen. Bienenwachs ebenfalls im Wasserbad in einer Schüssel schmelzen. Avocado- und Weizenkeimöl hinzufügen, dabei ständig mit einem kleinen Spachtel rühren. Das warme Rosenwasser langsam hineintropfen und glatt rühren. Von der Flamme nehmen und rühren, bis die Mischung abgekühlt ist. Anschließend Zitronenstrauchöl hinzufügen, gut verrühren und 1 Prise Borax einrühren, falls sich die Creme teilt oder zu dick ist.

Nachtcreme aus Gurken und Schafgarben

Diese äußerst feuchtigkeitsspendende, hellgrüne Nachtcreme liefert der Haut Nährstoffe und macht sie besonders weich.

¼ Gurke, püriert
30 ml doppelt starken Schafgarbenaufguss (siehe S. 68)

Pürierte Gurke durch Musselin abseihen, den Gurkensaft mit dem Schafgarbenaufguss mischen. Ebenso vorgehen wie beim Grundrezept für die Reinigungscreme, das Rosenwasser jedoch durch diese Mischung ersetzen. Statt des Zitronenstrauchöls Lavendel- oder Rosenpelargonienöl verwenden.

Gesichtscreme nach Galen

Mary gab mir das Rezept für diese klassische Gesichtscreme. Sie macht die Haut besonders weich und hat einen zarten Duft. Galen, ein griechischer Philosoph, lebte im 2. Jahrhundert n. Chr.

30 ml Rosenwasser (siehe S. 66)
10 g Bienenwachs
60 ml Mandelöl
6 Tropfen ätherisches Rosen- oder Lavendelöl

Rosenwasser im Wasserbad erwärmen. Bienenwachs und Mandelöl ebenfalls im Wasserbad schmelzen. Warmes Rosenwasser langsam hineintropfen und gut verrühren. Von der Flamme nehmen, ätherisches Öl hinzufügen und rühren, bis die Mischung abgekühlt ist. In einen verschließbaren Behälter füllen.

Jogurt

Jogurt enthält Milchsäure und ist daher bei fettiger Haut zu empfehlen. Meine indische Freundin reichert eine Gesichtscreme oft mit 1 Esslöffel Jogurt an oder wäscht das Gesicht mit Wasser und Jogurt. Der Jogurt bleicht die Haut etwas und eignet sich zur Behandlung von geröteter Haut oder Sommersprossen.

Saure Sahne ist gut für trockene Haut. Die Milchsäure greift Bakterien und Schmutz an und macht die Haut elastisch und jung. In Cremes oder zum Waschen verwenden.

Fettige Haut

Fettige Haut sollten Sie mit Zitronensaft und geschlagenem Eiweiß reinigen. Bei Pickeln und Akne vermischt man Zitronensaft mit Rosenwasser (siehe S. 66), Brandy oder Weißwein.

Trockene Haut

Bei trockener Haut sind Kräuter- und Blütenwasser (siehe S. 66) sehr nützlich. Ein paar Tropfen Apfelessig eignen sich als Zugabe zu jeder Hautcreme. Essig belebt, beseitigt Schuppen und bewahrt den natürlichen Säuremantel der Haut. Verdünnen Sie Apfelessig mit Wasser im Verhältnis 1:8, und runden Sie das Ganze mit einigen Tropfen Rosenöl ab. Mit diesem Gesichtswasser können Sie ein Austrocknen der Haut vermeiden.

PEELINGCREMES

Getreidemehl kann als Peeling verwendet werden, um abgestorbene Hautzellen zu entfernen. Mit Milch gemischt dient es zur Reinigung der Haut. Rafaths Mutter erklärte mir, dass sich das indische *soogi* hervorragend dafür eignet, weil es sehr fein ist.

Honig-Hafermehl-Peeling

Sie können rohes oder gekochtes Hafermehl verwenden oder Haferflocken, die Sie ein wenig in der Küchenmaschine zerkleinern. Hafermehl enthält Nährstoffe, beseitigt Unreinheiten und hilft bei rauer Haut. Probieren Sie folgendes Peeling:

1 Eigelb
2 EL Hafermehl, mittelgrob
1 EL Olivenöl
1 EL Honig
5 Tropfen Apfelessig

Alle Zutaten mischen, auf das gereinigte Gesicht auftragen und 20–30 Minuten trocknen lassen. Das Gesicht mit warmem Wasser abspülen und mit Blütenwasser (siehe S. 94) reinigen.

Kamille-Hafermehl-Peeling

2 EL starker Kamillenaufguss (siehe S. 68)
3–4 EL feines Hafermehl oder fein gemahlene Haferflocken
3 EL warme Milch

Zutaten zu einer festen Paste verrühren. 2–3 Minuten ruhen lassen und anschließend vorsichtig in die Gesichtshaut einmassieren. Bereich um die Augen freilassen. Die Maske 10 Minuten einwirken lassen und mit warmem Wasser abspülen.

Hautunreinheiten

Ein traditionelles Rezept zur Beseitigung von Hautunreinheiten: Eine geschälte Zwiebel in ein Glas Wasser legen, mit Frischhaltefolie zudecken und 1 Stunde in den Kühlschrank stellen.

Sie können Unreinheiten auch mit Weißwein, Apfelessig oder Zitronensaft behandeln. Auf den Bahamas zum Beispiel wird unreine Haut oft mit Aloe vera gepflegt. Dazu wird die Pflanze aufgeschnitten, der Saft einmassiert und die Aloe vera schließlich auf die Haut gelegt.

Brotpackung

Mary schwört auf eine Brotpackung, die sie seit ihrer Kindheit verwendet. Man wickelt eine Scheibe Brot in Musselin, taucht sie in sehr heißes Wasser und lässt sie auf der Haut abkühlen. Marys Mutter verwendete eine Packung mit gekochten Karotten.

Calendulaöl

Bei vernarbter Haut, wunden Stellen und Prellungen hilft Calendulaöl.

50 g Blütenblätter der Ringelblume, im Mörser zerstoßen
250 ml natives Olivenöl

Blütenblätter in ein Glas mit Drehverschluss füllen und das Öl hinzufügen. Verschließen und 4–5 Wochen auf einem sonnigen Fensterbrett oder im Treibhaus aufbewahren. Nach 2 Wochen das Öl durch Musselin abseihen und den Stoff gut ausdrücken. Frische Blütenblätter mit dem filtrierten Öl bedecken und nochmals 2 Wochen stehen lassen, dabei das Glas jeden Tag gut schütteln. Zuletzt durch Musselin in saubere Flaschen füllen und gut verschließen.

Mit einer Brotpackung kann man Hautunreinheiten beseitigen.

Hautpflege für Männer

Aftershave aus Kräutern

Ein hervorragendes Mittel mit holzigem, leicht würzigem Duft. Es kühlt die Haut und heilt Entzündungen.

4 TL Benzointinktur oder Wodka
12 Tropfen ätherisches Öl von Lorbeerblättern oder Benzoin
3–4 Tropfen ätherisches Rosmarin- oder Rosenpelargonienöl
60 ml Rosenwasser (siehe S. 66)
125 ml Zaubernuss

Benzointinktur oder Wodka in eine große Flasche füllen und die ätherischen Öle hinzufügen. Gut schütteln. Anschließend Rosenwasser und Zaubernuss zugeben.

Aftershave für fettige Haut

Ich empfahl dieses Rezept einem jungen Mann, der fettige Haut hatte und an Akne litt. Es wirkte Wunder.

Je 2 Tropfen ätherisches Öl von Lavendel, Pelargonie und Bergamotte
5 TL Wodka
200 ml Orangenblütenwasser (S. 94)
100 ml Zaubernuss

Die Öle in den Wodka tropfen und gut schütteln. Orangenblütenwasser und Zaubernuss hinzufügen und nochmals schütteln.

Von meinem Gärtner: Schnittwunden, die beim Rasieren entstehen, kann man mit einer Hand voll frischer Schafgarbenblätter einreiben, die das Blut stillen. Oder man verwendet Zaubernuss, die bei weitem nicht so stark brennt wie gekauftes Aftershave.

DER TEINT

Früher wusch man sich das Gesicht mit Morgentau, um einen klaren Teint zu erhalten: Die jungen Mädchen pflegten sehr früh aufzustehen und Gesicht und Hals im frischen Tau der Gräser oder aromatischen Kräuter, des Wiesenfrauenmantels (*Alchemilla mollis*) oder der Weißdornblüte (*Crataegus*) zu baden. Auch ein Destillat aus Rainfarn war bekannt für seine wohltuende Wirkung.

Ein ländliches Rezept aus dem Norden Englands empfiehlt, die Hülsen der dicken Bohne eine Zeit lang in Wein und Essig einzuweichen und anschließend mit sehr feinem Mehl und Milch zu mischen. Auch Brunnenkresse und Löwenzahn verhelfen zu einem strahlenden Teint, wenn sie regelmäßig gegessen werden.

Im 17. Jahrhundert behandelten vornehme Damen ihre blasse Haut mit Zitrone. Schon seit jeher wurden Zitronen verwendet, um die zarte Hautfarbe, die früher als sehr modern galt, zu erhalten. Empfinden Sie Ihre Haut als zu rot, reiben Sie sie mit einer Zitrone ab.

Mary meint, geplatzte Äderchen behandelt man im Gesicht am besten mit Kamillenöl. Legen Sie dazu die Kamillenblüten in Öl ein und tupfen Sie dieses regelmäßig auf.

Butterblumen-Lotion

Dieses Rezept erhielt ich von einer Frau aus meinem Dorf. Sie meinte, man könne auch Holunderblüten verwenden und ein paar Tropfen Lavendelwasser hinzufügen. Jedenfalls erhält man einen strahlenden Teint.

225 g Rohvaseline
4 Hände voll Butterblumen, nur die Blüten

Rohvaseline bei schwacher Flamme in einem Topf schmelzen. Blüten hinzufügen und 45 Minuten leicht köcheln lassen. Abseihen und in einen verschließbaren Behälter füllen.

Mandel- und Kräutermaske

Eine marokkanische Frau gab mir das Rezept ihrer Mutter: Aus Hefe, Mehl und gemahlenen Mandeln eine Paste herstellen, die vor dem Schlafengehen aufs Gesicht aufgetragen und am nächsten Morgen mit Rosenwasser abgewaschen wird. Sie meinte, man könne auch aus Eigelb, Tonerde, Gewürznelken, Benzoeharz und Koriander eine Paste herstellen, die mit Orangensaft vermischt wird. Die Paste auf das Gesicht auftragen und 24 Stunden einwirken lassen.

Wiesenfrauenmantel-Lotion

Eine hervorragende Gesichtslotion für fettige Haut:

25 g Wiesenfrauenmantel
25 g Lanolin (in der Apotheke erhältlich)
150 ml Mandelöl
4 TL Weizenkeimöl
3–6 Tropfen ätherisches Öl von Veilchen oder Pelargonie

Den Wiesenfrauenmantel mit 500 ml kochendem Wasser aufgießen und 30 Minuten ziehen lassen. 30 ml von dem Aufguss beiseite stellen. Lanolin im Wasserbad schmelzen. Das Weizenkeimöl hinzufügen und verrühren. Nun die 30 ml des warmen Aufgusses langsam einrühren. Von der Flamme nehmen und rühren, bis die Creme erkaltet ist. Zum Schluss das ätherische Öl einrühren.

Für einen klaren Teint

Mandeln in einem Mörser zerstoßen, nach und nach Wasser hinzufügen. Für 20–30 Mandeln nimmt man 500 ml Wasser. Die Mischung zuckern, damit sich das Öl nicht vom Wasser trennt. Gut verrühren, abseihen und mit Orangenblütenwasser parfümieren.

Kräuter für einen schönen Teint

Alle Kräuter haben eine bestimmte Wirkung. Man kann sie als Spülung (siehe Grundrezept S. 68) oder je nach Bedarf als Creme verwenden (siehe Grundrezept S. 75).

Brennnessel: gut für Haut und Haar.
Fenchel: glättet Falten, gut für die Augen.
Holunderblüten: bei Sonnenbrand und Falten. Bleicht Sommersprossen und wird zur Reinigung verwendet.
Kamille: beruhigende, adstringierende Wirkung.
Lindenblüten: beleben den Kreislauf und glätten Falten.
Pfefferminze: belebt den Kreislauf und desinfiziert.
Rosmarin: wärmt, verbessert die Blutversorgung und ist anregend. Gut für Haut und Haar.
Ringelblüten: zur Heilung von Akne, vernarbter und rauer Haut.
Salbei: kühlend und adstringierend. Gut für Haut und Haar.
Schafgarbe: bei fettiger Haut, gut für rissige Hände.
Wiesenfrauenmantel: adstrinigierend und erneuernd. Hilft bei Entzündungen und Akne und kann zum Bleichen von Sommersprossen verwendet werden. Wiesenfrauenmantel wird besonders in arabischen Ländern angewendet.

Eine Gesichtswäsche mit Maitau soll zu einem strahlenden Teint verhelfen.

Von links nach rechts: Mandelöl, Olivenöl, Romarinlotion, Erdnussöl, Salatlotion und Lanolin (vorne).

LOTIONEN UND ÖLE

Die Natur versorgt uns mit zahlreichen Produkten, aus denen sich natürliche Öle und Lotionen herstellen lassen.

Behandlungen mit heißen Ölen

Sie finden schnell heraus, welches Öl sich für Ihren Hauttyp eignet. Mary mit ihrer hellen Haut schwört auf Mandelöl. Rafath verwendet für ihren etwas dunkleren Teint Sesam- oder Erdnussöl. Bei meiner trockenen Haut bewirkt Olivenöl wahre Wunder. Ganz gleich welches Öl Sie verwenden, eine Behandlung mit heißen Ölen pflegt die Haut besonders gut.

Olivenöl macht die Haut weicher. Es wird einfach erwärmt und mit Watte aufgetragen. 30 Minuten einwirken lassen, mit warmem Wasser abwaschen und zum Schluss Blütenwasser (siehe S. 94) auftragen.

Erdnussöl ist speziell bei trockener Haut für die Halspartien geeignet. Zunächst binden Sie Ihr Haar zurück, dann erwärmen Sie

5 Esslöffel Erdnussöl. Tauchen Sie einen langen Streifen Watte in das Öl, drücken Sie das überschüssige Öl aus und wickeln Sie die Watte um den Hals. Nachdem das Öl abgekühlt ist, Wickel entfernen und einen zweiten Wickel auflegen.

Mandelöl wurde bereits von den alten Griechen verwendet, zur Regeneration der natürlichen Hautfette, die in der Hitze rasch austrocknen. Es glättet die Haut und ist eine ausgezeichnete Basis für Cremes und Lotionen aller Hauttypen, da es reich an Vitaminen und Mineralien ist.

Buttermilch eignet sich hervorragend zum Waschen des Gesichts. Ein Rezept aus dem 17. Jahrhundert empfiehlt, Rainfarn 9 Tage lang in Buttermilch einzulegen und dann als Gesichtslotion zu verwenden. Mit Watte auftragen.

Kokosöl ist ein tropisches Öl, das angenehm duftet. Ideal für alternde Haut und als Pflege nach dem Sonnenbad.

Lanolin (siehe S. 66) ähnelt den natürlichen Hautfetten und kann zusätzlich mit Ölen und Lotionen gemischt werden.

Honig-Mandel-Lotion

Honig ist feuchtigkeitsspendend, macht die Haut weich und heilt Entzündungen. Eine wunderbare Lotion für die tägliche Pflege:

50 g Lanolin
25 g Honig
25 g Mandelöl

Lanolin im Wasserbad langsam schmelzen. Honig hinzufügen und mit einem Holzspachtel schlagen. Mandelöl langsam einrühren. Von der Flamme nehmen, unter Rühren abkühlen lassen und in Fläschchen abfüllen.

Zitronenlotion für fettige Haut

1 Eiweiß
Saft von ½ Zitrone

Eiweiß schaumig schlagen und den Zitronensaft hinzufügen. Die Mischung langsam im Wasserbad erhitzen, bis sie dickflüssig ist, und abfüllen. Bis zu 1 Woche im Kühlschrank haltbar.

Handlotion

Ein einfaches aber äußerst wirksames Rezept, das von Marys schottischer Großmutter stammt. Glyzerin ist ein natürlicher Feuchtigkeitsspender, der dem Gewebe hilft, Wasser zu speichern, und die Haut weich macht. In Apotheken erhältlich.

Saft von 1 Zitrone
100 ml Rosenwasser
60 ml Glyzerin

Alle Zutaten vermischen und raue oder trockene Hände gleichmäßig damit einreiben.

Salatlotion

Blattsalat wird schon seit Jahrhunderten zur Schönheitspflege verwendet. Dieses Rezept eignet sich für alle Hauttypen.

1 Salatkopf
Wasser zum Bedecken

Salat in einen Topf legen und mit Wasser bedecken. Rund 45 Minuten köcheln, abkühlen lassen und abseihen. Zur Konservierung ein paar Tropfen Benzointinktur hinzufügen und in Gläser abfüllen.

Rosmarinlotion

Diese Lotion erfrischt jeden Hauttyp.

7 EL Rosmarinwasser (siehe Grundrezept S. 68)
½ TL Boraxpulver
5 EL Orangenblütenwasser
1 EL Zaubernuss

In einer Schüssel Rosmarinwasser mit Borax verrühren, bis sich der Borax aufgelöst hat. Orangenblütenwasser und Zaubernuss hinzufügen und in eine Flasche mit Schraubverschluss füllen.

Wiesenfrauenmantel-Lotion für unreine Haut

Mary erhielt dieses Rezept, das sie oft für ihre Kunden zubereitet, von einer älteren Dame. Die Lotion öffnet die Poren, entfernt überflüssiges Fett und wirkt Wunder bei Pickeln.

2 EL Wiesenfrauenmantel, nur die Blätter
75 ml kochendes Wasser
75 ml Buttermilch

Aus Blättern und Wasser einen Aufguss zubereiten (siehe S. 78). Abkühlen lassen und abseihen. Dann den Aufguss mit der Buttermilch verrühren und als Lotion verwenden.

AUGEN

Dünne Gurkenscheiben werden bei verquollenen oder müden Augen empfohlen. Eine Freundin, die in Australien war, berichtete mir, dass die Aborigines Blindheit oder schlechte Sicht heilen, indem sie in jedes Auge ein Zuckerkorn streuen.

Mary denkt, dass Augentrost das Beste für die Augen ist. Er ist als Salbe oder Tinktur in Apotheken erhältlich. Im Französischen wird dieses Kraut als „casse-lunette" bezeichnet, weil man nach der Verwendung die Brille angeblich nicht mehr braucht! Im Englischen heißt es „eyebright", „klares Auge".

Kompressen für müde Augen

Eine Freundin aus Frankreich berichtete mir, dass die Frauen in ihrem Dorf die Augen mit Kornblumen erfrischen:

Etwa 1 gehäuften Teelöffel getrocknete Kornblumen (oder 1 Esslöffel frische) in 300 ml kochendes Wasser geben, 5 Minuten ziehen lassen und abseihen. Einige runde Leinenstücke in den lauwarmen Aufguss eintauchen und auf die Augenlider legen. Legen Sie sich hin und entspannen Sie sich für 5–10 Minuten.

Kompressen mit kaltem Tee werden bei schmerzenden und müden Augen empfohlen. Das Bergamottöl des Earl Grey wirkt besonders erfrischend und beruhigend. Wenn Sie schlecht sehen, sollten Sie die Augen mit kaltem Wasser und ein paar Tropfen Apfelessig spülen. Auch eine Kompresse mit Zaubernuss ist sehr wirksam: Man trägt erst eine dünne Schicht Weizenkeimöl auf, damit die Zaubernuss nicht brennt. Auch in Weißwein eingelegte Rautenblüten sind gut für die Augen.

Einige Kostbarkeiten aus dem Ayurveda

- Täglich 1 Kardamomkapsel mit 1 Esslöffel Honig verzehren verbessert die Sicht.
- Auch frischer Zwiebelsaft mit Honig ist gut für die Augen.
- Müde Augen oder Bindehautentzündung behandelt man mit etwas frischem Granatapfelsaft.
- Man kann auch ca. 1 Stunde vor dem Schlafengehen das Fruchtfleisch eines gebratenen Apfels auf die Augen legen.

Gerstenkörner

In Nordafrika wird der Saft von Baumwolllavendel verwendet, der manchmal mit Milch gemischt wird, um die Augen vor Wind und Wüstensand zu schützen.

Ein Aufguss aus getrockneten Kornblumen beruhigt die Augen.

Gurkenscheiben kühlen und beleben die Augen.

ZÄHNE

In seinem Werk *Don Quijote* schrieb der spanische Dichter Cervantes, dass ein Diamant weniger wertvoll sei als ein Zahn. Die Zähne, die im siebenten Lebensjahr ausfallen, sollte man gut aufheben, denn Sie können später helfen Zahnschmerzen zu lindern. Jemanden die Zähne zu zeigen bedeutet, dass man sich nicht einschüchtern lässt.

Bei einem Besuch in Nordafrika erzählte mir das marokkanisches Dienstmädchen Rajina, dass ihre Großmutter sich mit einer Mischung aus Holzkohle und Steinsalz die Zähne putzte. Auch in Großbritannien wurde ein Zahnpulver aus Holzkohle verkauft, und man putzte sich die Zähne sogar mit Asche von verbranntem Brot oder verbrannten gemahlenen Haselnüssen. Ähnlich ist auch die Empfehlung meiner indischen Freundin Rafath, die meinte, ich solle mir die Zähne mit feiner Holzkohle reinigen – die gröberen Partikel würden wie Zahnseide wirken. In Indien kaut man die Blätter der Betelnuss zum Schutz der Zähne und für frischen Atem. Auch Mary erzählte mir, dass in Thailand Betelnüsse gekaut würden, und die Fasern dabei einen reinigenden Effekt hätten. Für frischen Atem sollten Sie Minzeblätter oder Zimtstangen kauen.

Auch mit Salz lassen sich Zähne sehr gut reinigen: Das Salz anfeuchten und mit einer weichen Zahnbürste einmassieren – das ist auch gut für das Zahnfleisch. Im Ayurveda wird die Verwendung von Pfeffer empfohlen. Meine Mutter reinigte ihre Zähne mit Natron, und unser alter Gärtner empfahl mir, die Zähne mit Salbeiblättern zu putzen, damit sie weißer würden, oder Zitronenschalen zu kauen. Eine Zitronenscheibe kauen, hilft bei Zahnschmerzen.

Erdbeeren sind ebenfalls ideal zur Reinigung der Zähne: Zerdrücken Sie eine Erdbeere im Mund, und reiben Sie die Zähne mit dem Fruchtfleisch ein. 5 Minuten auf den Zähnen lassen und dann mit schwacher Natronlösung abspülen. So erhalten Sie einen frischen Atem und verhindern das Verfärben der Zähne.

Hausmittel gegen Zahnschmerzen

Großbritannien: Eine Haselnuss mit zwei Kernen oder die Galle (Schlafapfel) einer Wildrose mitführen, sagt der Aberglaube. Schafgarbenblätter oder Holunderzweige kauen.

Traditionell: Die Zähne mit Nelkenöl oder Zwiebelsaft einreiben. Das Gesicht auf ein Kissen mit warmem Hopfen legen.

Russland: Frischen Ingwer kauen oder in einen Zuckerwürfel beissen, der mit einer Essenz aus Birkenblattknospen getränkt ist. Dieses Hausmittel hilft bestimmt.

Österreich: Den Mund mit Brombeerblättertee spülen.

Indien: Die Zähne mit einer Prise Pfeffer gemischt mit Nelkenöl einreiben oder Mangoblätter kauen.

Meine Mutter reinigte ihre Zähne immer mit Natron.

SOMMERSPROSSEN

Im Viktorianischen Zeitalter verwendeten die Damen frischen Zitronensaft und Rum im Verhältnis 3:1, um Haut und Sommersprossen zu bleichen. Obwohl Sommersprossen nicht mehr als unschön gelten, probierte meine Tochter die folgenden Mittel.

Lotion gegen Sommersprossen

Ein einfaches Rezept, leicht herzustellen und äußerst wirksam:

30 ml Zitronensaft
¼ TL Boraxpulver
1½ TL Rosmarinöl
30 ml Benzointinktur

Alle Zutaten mischen und vor der Verwendung ein paar Tage stehen lassen. Reibt man Gesicht und Hände mit dieser Lotion ein, hellt sie die Haut auf, und Sommersprossen verschwinden schließlich. Zweimal täglich mit Watte oder einem weichen Tuch vorsichtig auf die betroffenen Stellen auftupfen.

Buttermilch

Ein mildes Bleichmittel, das sehr gut gegen Sommersprossen wirkt. Hier ist ein altes deutsches Hausmittel. Bei sehr fettiger Haut, kann man Jogurt anstelle von Buttermilch verwenden.

6 EL Buttermilch
1 TL Meerrettich, gerieben

Bleichen Sie Sommersprossen, indem Sie Ihr Gesicht mit einer aufgeschnittenen Erdbeere einreiben.

Buttermilch und Meerrettich vermischen. Das Gesicht zuerst mit Oliven- oder Mandelöl einfetten, dann die Mischung auf unerwünschte Sommersprossen auftragen und 20 Minuten einwirken lassen. Danach das Gesicht mit lauwarmem Wasser abspülen und die Haut nochmals leicht einfetten.

Der Kräuterkundige Nicholas Culpeper empfahl im 17. Jahrhundert, die Sommersprossen mit zerdrückter Brunnenkresse zu massieren. Ein Haushaltsbuch aus dem späten 19. Jahrhundert liefert folgendes Rezept: Man mischt den Saft von 1 Zitrone mit 1 Esslöffel Boraxpulver und 1 Esslöffel Puderzucker, trägt die Mischung auf die Sommersprossen auf, lässt sie 20 Minuten einwirken und wäscht sie mit warmem Wasser ab.

Auch mit Hilfe von Erdbeeren kann man den Teint verbessern und Sommersprossen entfernen. Sie können sie für eine Maske verwenden (siehe S. 90) oder einfach nur mit der Schnittfläche einmassieren. Erdbeeren haben leicht bleichende Wirkung.

Zu viel Sonne schadet der Haut und kann zu Hautkrebs führen. Die meisten Menschen sind sich des Risikos jedoch bewusst. Bis vor nicht allzu langer Zeit galt Bräune als unfein.

Sonnenbäder trocknen die Haut aus, so dass ihre natürlichen Fette erneuert werden müssen. Dafür sind einige selbstgemachte Öle und Blüten – unter anderem Lavendel- und Holunderblüten – besonders gut geeignet.

Holunderblüten

Holunderblüten sind dafür bekannt, dass sie gut für die Haut sind. Eine Freundin empfahl mir diese Lotion, die die Haut nach dem Sonnenbaden erfrischt. Sie wird am besten im Kühlschrank aufbewahrt und kalt aufgetragen.

Holunderblüten
Kochendes Wasser
50 ml reiner Alkohol

Reichlich Holunderblüten in ein großes Glas geben und mit kochendem Wasser auffüllen. Alkohol hinzufügen, das Glas mit einem Geschirrtuch abdecken und an einem warmen Platz 2 Stunden stehen lassen. Abseihen, in Flaschen füllen und mit einem Korken verschließen. Betroffene Stellen einreiben oder als Badezusatz verwenden.

Holunderblütenwasser

So viele Holunderblüten wie möglich in ein großes Gefäß geben und mit mindestens 2 Liter kochendem Wasser übergießen. Mit einem Geschirrtuch abdecken, 24 Stunden stehen lassen, abseihen und in Flaschen abfüllen.

Holunderblütenwasser bei abnehmendem Mond auftragen!

Geißblattsalbe

Bei Sonnenbrand hat meine Freundin Mary immer eine angenehm duftende Salbe zur Hand, die auch andere kleinere Verbrennungen lindert. Anstelle von Geißblatt kann man auch Lavendel verwenden, die heilende Wirkung der Salbe lässt sich mit Ringelblumen-Blüten verstärken.

75 g Rohvaseline
3 gehäufte TL Geißblattblüten

Rohvaseline mit den Blüten aufkochen und 20 Minuten köcheln; dabei die Salbe mehrmals umrühren. In vorgewärmte Gläser seihen und abkühlen lassen. Anschließend die Gläser verschließen und beschriften.

Sonnenbrand

Wir alle wissen, dass es nicht gut ist, wenn wir unsere Haut zu stark der Sonne aussetzen. Bei Sonnenbrand sollte man die Haut mit einem der folgenden Mittel pflegen.

Mittel gegen Sonnenbrand

Von einer amerikanischen Freundin meiner Tochter stammt dieser Tipp: Die Gesichtshaut mit 2 Erdbeeren einreiben und den Saft 30 Minuten einwirken lassen. Mit lauwarmem Wasser abspülen, dabei ein paar Tropfen Benzointinktur ins Wasser geben.

Bei schwerem Sonnenbrand empfahl sie eine Gesichtspackung aus zerdrückten wilden Erdbeeren.

Eine Griechin riet mir, bei Sonnenbrand das Gesicht mit Salbeitee zu waschen. Starker, abgekühlter schwarzer Tee, den man mit einem weichen Tuch aufträgt, wirkt lindernd, ebenso wie reiner Jogurt.

HÄNDE

Lotionen für raue Hände können aus einer Vielzahl von Produkten, z. B. Kartoffeln, Zitronen und Bananen, hergestellt werden. Meine indische Freundin Rafath empfahl bei spröden Händen, eine Aubergine aufzuschneiden, in Wasser einzulegen und dieses Wasser für Hände und Gesicht zu verwenden. Das Rezept ihrer Großmutter ist noch einfacher:

Großmutters Handlotion

Glyzerin und Rosenwasser im Verhältnis 1 : 3

Zutaten zu einer Lotion mischen und die rauen Hände damit einreiben. Sind die Hände fleckig, kann man 1 Prise Borax hinzufügen.

Parfümierte Handlotion:

60 ml Glyzerin
12 Tropfen Lavendelöl
Ein paar Tropfen Zitronensaft
100 ml Holunderblütenwasser

Die Zutaten vermischen und die Hände damit einreiben.

Aus Glyzerin und Rosenwasser kann man eine einfache Handlotion herstellen.

Zitronen

- Die Haut an den Ellbogen mit einer halben Zitrone einreiben.
- Von der Hausarbeit gerötete Hände mit Zitronensaft behandeln.
- Raue, trockene Hände mit einer Mischung aus Zitronensaft und Honig eincremen, damit sie weich und hell werden.
- Die Nägel mit Zitrone einreiben, so werden sie sauber.
- Ätherisches Benzoinöl, mit einer Basiscreme und Zitronensaft vermischt, ist ideal bei rissigen Händen (und Füßen).

Eine indonesische Freundin schwört auf diese Handcreme: 1 EL zerdrückte Banane mit 1 EL Sonnenblumenmargarine mischen, und die Hände damit eincremen. Sie riet mir auch, Kokosmilch mit Glyzerin zu mischen und Hände und Füße damit einzumassieren. So erhält man unglaublich weiche Haut.

Nägel

Weiche oder brüchige Nägel können ein echtes Problem sein. Einige Freundinnen meinten, Pastinaken würden hervorragend von innen wirken. Wenn Sie einen Entsafter haben, können Sie regelmäßig Pastinakensaft trinken oder eine Suppe zubereiten. Gurkensaft hilft bei gespaltenen Nägeln und Haarausfall.

Mary empfahl mir, sehr viel Petersilie zu essen oder die Nägel regelmäßig in Mandelöl einzuweichen – täglich 10 Minuten über einige Wochen. Die Nagelhaut kann man mit Kakaobutter einreiben. Ich gönne mir oft eine Maniküre, bei der die Hände in heißes Paraffinwachs oder Bienenwachs getaucht, mit Frischhaltefolie zugedeckt und anschließend manikürt werden.

Sowohl Schachtelhalm als auch Fliegenkraut sind gut für die Nägel. Bereiten Sie einen starken Aufguss zu (siehe S. 68) und weichen Sie die Nägel täglich 10 Minuten darin ein.

Ein indischer Aberglaube: Man darf die Nägel niemals nach Sonnenuntergang schneiden oder die abgeschnittenen Nägel auf den Boden fallen lassen. Das bringt Unglück.

Laut dem Ayurveda behandelt man raue Haut mit Wasser, in das eine gehackte Aubergine eingeweicht wurde.

FALTEN

Eine Französin mit sehr schöner Haut berichtete, dass sie ihr Gesicht immer mit etwas Sodawasser aus einem Siphon besprüht, bevor sie ihr Make-up aufträgt, und dass diese Feuchtigkeitszufuhr die Faltenbildung hemmt. Man sollte die Haut immer gut eincremen, da sich bei trockener Haut leichter Falten bilden. Dafür eignen sich wasserloses Lanolin, Kokos- oder Mandelöl. Diese Substanzen wirken noch besser, wenn man sie mit Eigelb oder Honig mischt. Auch selbstgemachte Mayonnaise ist ein gutes Antifaltenmittel.

Eine humorvolle junge Frau aus Neuseeland erzählte mir, dass die Maoris ihre Falten und Glatzen mit Tätowierungen schmücken. Rafath, meine indische Freundin, die faltenlose Haut hat, behandelt ihr Gesicht mit Senföl. Die Marokkanerin Rajina gab mir ein Rezept ihrer Großmutter: Man mischt Honig mit gemahlenem Ingwer, Gewürznelken und Muskatnuss und nimmt mittags und abends je 2 Löffel ein. Sie können auch geriebene Melonensamen mit Eigelb mischen, auf das Gesicht auftragen, über Nacht einwirken lassen und am nächsten Morgen mit Rosenwasser abwaschen.

Mein Tipp gegen Faltenbildung: Eine Vitamin-E-Kapsel öffnen und den Inhalt mit ein wenig Lanolin mischen. Auftupfen und einziehen lassen. Anschließend mit Blütenwasser (siehe S. 94) abwischen. Noch einfacher ist es, Weizenkeimöl zu verwenden, das Vitamin E – ein wichtiges Hautvitamin – enthält. Mit Watte auftupfen, 1 Stunde einwirken lassen und dann mit Rosenwasser abspülen.

Kokosöl kann auf dieselbe Weise verwendet werden. Es verhindert trockene Haut um die Augenpartie sowie starke Faltenbildung. Sie können über Nacht eine warme Kokosölmaske auftragen (siehe S. 81). Bei einem weiteren Antifalten-Rezept mischt man das Mark einer reifen Banane mit 1 Teelöffel Rosenwasser, trägt die Mischung auf und lässt sie 1 Stunde einwirken. Rafath empfahl mir ein Bad mit Olivenöl, in dem indische Bräute vor der Hochzeit gebadet werden (siehe S. 93).

Kakaobuttersalbe

Mary empfiehlt, die Tränensäcke mit einem Pflegestift aus Kakaobutter einzureiben oder diese einfache Creme zu verwenden:

25 g Kakaobutter
1 TL Rosenwasser
25 g Lanolin

Butter und Lanolin in einer Schüssel im Wasserbad schmelzen. Rosenwasser einrühren, von der Flamme nehmen und unter ständigem Rühren abkühlen lassen. Mehrmals täglich unter den Augen auftragen.

Mary rühmt auch die Vorzüge von Weinrosen-Öl (*Rosa rubiginosa*) zur Behandlung trockener und alternder Haut. Es hilft, Falten zu glätten und eignet sich zur Beseitigung von Altersflecken.

Eine Frau aus Großbritannien berichtete, dass ihre Großmutter regelmäßig Beinwelltee trank (siehe S. 123) und kaum Falten hatte. Sie meinte, Brennnesseltee hätte dieselbe Wirkung.

Antifalten-Creme

Eine duftende Creme, die die Haut nährt und glättet.

1 EL Aufguss
7 g Bienenwachs
15 g Kakaobutter
1 TL Honig
2 EL Mandelöl
2 TL Weizenkeimöl
3 Tropfen ätherisches Öl, z. B. von Geißblatt

Mit einem Antifalten-Kraut (siehe unten) einen Aufguss herstellen (siehe S. 68). Bienenwachs, Kakaobutter und Honig im Wasserbad schmelzen, langsam das Mandel- und Weizenkeimöl hinzufügen und verrühren. Den Aufguss einrühren, von der Flamme nehmen und rühren bis die Creme erkaltet ist. Zum Schluss das ätherische Öl hinzufügen.

Antifalten-Kräuter

Bereiten Sie einen Aufguss (siehe S. 68) aus einem der folgenden Kräuter zu: Beinwell, Holunderblüten, Fenchel, Geißblatt, Hauswurz, Wiesenfrauenmantel, Lindenblüten oder Eibisch.

Antifalten-Spülung

Einen starken Aufguss (siehe S. 68) aus Mohnblumen zubereiten und mit einem feinen Zerstäuber auf das Gesicht sprühen. Danach Antifaltencreme auftragen (siehe oben).

MASKEN

In vielen Kulturen erfüllen Gesichtsmasken einen doppelten Zweck: Beispielsweise tragen die Frauen in Mosambik eine Gesichtsfarbe aus Kräutern auf, die schmückende und schützende Funktionen zugleich hat. Masken nähren die Haut, beseitigen Unreinheiten und regen die Durchblutung an. Als Bindemittel für Masken eignen sich Ei (Eigelb bei trockener, Eiweiß bei fettiger Haut), Banane oder Honig. Ein paar Tropfen Apfelessig gleichen den Säuregehalt der Haut aus. Masken haben auch eine sehr entspannende Wirkung, denn Sie sollten sich dabei 20 Minuten still hinlegen.

Einige praktische Tipps von Mary: Entfernen Sie Kontaktlinsen oder Ihre dritten Zähne, bevor Sie eine Maske auftragen. Wenn man die Maske über einer dünnen Mullschicht aufträgt, kann man sie nachher mühelos abziehen. Kaufen Sie in der Apotheke feinen Verbandmull, schneiden Sie ein Oval aus, das etwas größer ist als Ihr Gesicht, und schneiden Sie Löcher für Augen und Nasen.

Bei den folgenden Gesichtspackungen benötigen Sie etwa 1–2 Esslöffel der Mischung. Die Reste der angerührten Masken lassen sich bis zu 1 Woche im Kühlschrank lagern.

Eine Maske auftragen

Das Haar zurückbinden. Die Haut mit kaltem Wasser oder Reinigungsmilch reinigen. Mull über das Gesicht legen und die vorbereitete Maske mit den Fingerspitzen oder mit Watte auftupfen. Hinlegen und 20 Minuten, bis die Maske eingezogen ist, entspannen. Schließlich wird der Mull abgenommen und die Haut mit Blütenwasser erfrischt (siehe S. 94).

Gurke

Gurke hat den gleichen Säuregehalt wie die Haut und wirkt daher neutralisierend. Geschälte Gurken eignen sich hervorragend als Maskenzusatz. Man kann das Gesicht auch einfach mit einer geschälten Gurke einreiben und 10 Minuten später mit lauwarmem Wasser abspülen. Trinken Sie täglich ein Glas Gurkensaft, den Sie im Entsafter zubereiten können, oder legen Sie einfach geschälte Gurkenscheiben für 10 Minuten auf die Haut, das ist herrlich kühl und entspannend.

Buttermilch

Buttermilch ist reich an Calcium und Proteinen und gut für fettige Haut. Aus Buttermilch und Erdbeeren lässt sich ein gesundes Mixgetränk herstellen.

Buttermilch — *1 Gurke, geschält*

Das Gesicht mit kaltem Wasser waschen und gut abtrocknen. Eine dünne Schicht Buttermilch auftragen und 15–20 Minuten einwirken lassen. Die Gurke in Scheiben schneiden und auf das Gesicht legen. 10 Minuten entspannen.

Man kann auch Buttermilch auftragen und anschließend Erdbeerscheiben auflegen. Das ist speziell bei fettiger Haut ideal. Erdbeeren haben leicht bleichende Wirkung und helfen, Verfärbungen und Unreinheiten zu beseitigen.

Bierhefe

Mit Rosenwasser angefeuchtete Bierhefe ist ein hervorragender Zusatz zu Gesichtsmasken für fettige Haut..

Karotten

Mary hat dieses Rezept von ihrer Mutter. Da Karotten sehr viel Vitamin A enthalten, wirkt diese Maske heilend. Man kann 2 große Karotten in den Entsafter geben oder 2 Esslöffel geriebene Karotten in 1 Esslöffel Safloröl einlegen. Fügen Sie ein paar Tropfen Apfelessig oder Zitronensaft hinzu und als Bindemittel 1 Esslöffel Bananenmark, Honig oder geschlagenes Eigelb.

Weintrauben

Diese Maske gleicht den natürlichen Säuregehalt der Haut aus, speziell wenn sie von der Sonne ausgetrocknet ist. Weintraubensaft wirkt entschlackend und verbessert den Teint. Hier ist ein italienisches Rezept für eine Traubenmaske:

100 g kernlose Trauben, als Fruchtmark
1 EL Honig
1 Eigelb, geschlagen (oder Eiweiß für trockene Haut)

Alle Zutaten mischen und als Maske auftragen.

Nehmen Sie sich Zeit für eine entspannende Gesichtsmaske. Suchen Sie sich ein ruhiges Plätzchen, schließen Sie die Türe und erholen Sie sich.

Avocado

Avocados enthalten eine Vielzahl an Fetten und Mineralien. Mary empfiehlt sie besonders bei reiferer Haut. Die Zusammensetzung des Avocadoöls kommt der der natürlichen Hautfette sehr nahe, und seine weiche Konsistenz hilft, die natürlichen Fette zu ersetzen, die durch Waschen und Witterung verloren gehen. Dieses Rezept macht die Haut glatt und geschmeidig.

2 EL Avocado, als Fruchtmark
1 TL Honig
3 Tropfen Apfelessig

Alle Zutaten vermischen und als Gesichtsmaske auftragen.

Kokosmilch

Meine Freundin Rafath verwendet Kokosmilch, um die Haut geschmeidig zu machen und mit Nährstoffen zu versorgen.

150 ml kochendes Wasser über 50 g getrocknete Kokosnuss gießen und auf Raumtemperatur abkühlen lassen. Die Kokosmilch abseihen und als dünne Maske auftragen. Wenn sie trocken ist, abwaschen. Man kann auch 1 Teelöffel Kokosmilch mit Honig, gemahlenen Mandeln, Eigelb und Apfelessig vermengen und als Maske verwenden.

Tahini

Eine Tahini-Maske nährt, erfrischt und strafft die Gesichtshaut und macht sie vitaler.

Etwas Tahini mit ein paar Tropfen Apfelessig mischen, auf die Haut auftragen und 10 Minuten einwirken lassen. Mit warmem Wasser und ein paar Tropfen Apfelessig oder Zitronensaft abspülen.

Hafermehl

Wirkt als reinigendes Peeling zum Entfernen von abgestorbenen Hautzellen sowie zur Nährung der Poren. Mary empfiehlt, das Hafermehl erst in Orangenblütenwasser einzuweichen.

1 Eigelb
1 EL feines Hafermehl
1 EL Honig
1 EL Sesam- oder Mandelöl

Zutaten mischen und auf das gereinigte Gesicht auftragen. 20 Minuten trocknen lassen und mit warmem Wasser abspülen. Anschließend das Gesicht mit Blütenwasser abwischen.

Man kann auch Eiweiß schlagen, mit ein wenig feinem Hafermehl mischen und auf das gereinigte Gesicht auftragen.

Aprikosen

Eines meiner Lieblingsrezepte, das eher an ein Kochrezept erinnert als an Schönheitspflege. Ich verwende ungeschwefelte Aprikosen und esse ein paar, um die Wirkung zu verstärken.

Frische oder getrocknete Aprikosen, die Sie zuvor in Wasser einweichen sollten, pürieren und mit Olivenöl zu einer Paste vermischen. Auftragen und 20 Minuten einwirken lassen. Gut für trockene Haut.

Mandeln

Mandeln glätten die Haut, reinigen sie und nähren sie mit Proteinen. Probieren Sie dieses mexikanische Rezept:

25 g gemahlene Mandeln
2 EL Rosenwasser
3 EL Mandel- oder Olivenöl
1 Eiweiß für fettige Haut, 1 Eigelb für trockene Haut

Zutaten mischen und als Maske auftragen.

Ein traditionelles Senffußbad ist äußerst belebend.

BÄDER UND KÖRPERPEELINGS

Ein warmes Bad hat belebende Wirkung. Ich gebe gerne Kräuter ins Badewasser. Das Angenehme an einem solchen Kräuterbad ist, dass es die Poren anregt, die Haut jedoch beruhigt.

Badekräuter

Die praktischste Methode ist, die Kräuter in einen Musselinbeutel zu füllen und um den Wasserhahn zu binden, damit das Wasser hindurchfließt. Sobald die Wanne voll ist, wird der Beutel gut ausgedrückt, damit die Kräuter ihre volle Wirkung entfalten können. Hafermehl sorgt für weicheres Wasser und glättet die Haut.

Man kann auch 100 g frische Blüten oder Blätter mit 1 Liter kochendem Wasser aufgießen, dieses Wasser wiederum über die Kräuter gießen und 10 Minuten stehen lassen. Anschließend abseihen und 500 ml davon ins Badewasser geben.

Rosmarin: Ein Rosmarinbad macht jung, sagt man. Verwenden Sie einen mit Rosmarin gefüllten Beutel, oder gießen Sie 50 g Rosmarin mit 500 ml kochendem Wasser auf und lassen Sie den Aufguss 10 Minuten ziehen. Diese Mischung ins Badewasser geben. Sie können auch eine Hand voll getrockneten Rosmarin 20 Minuten in 500 ml Wein köcheln. Abkühlen lassen, abseihen und ins Badewasser geben.

Melissenblätter wirken gegen Nervosität und Schlaflosigkeit.

Englische Walnuss – die Blätter sind hervorragend geeignet bei Rheuma, Gicht und Schweißfüssen.

Kamillenblüten helfen bei Hautproblemen, Krampfadern und Geschwüren.

Holunderblüten kühlen sonnenverbrannte Haut.

Brombeeren (junge Blätter und Triebe) geben nach einem langen Winter ein hervorragendes Tonikum ab.

Andere Kräutermischungen:

- Kamille, Rosmarin und Lavendel.
- Salbei, Fenchel und Schafgarbe.
- Pefferminze, Rosmarin und Schachtelhalm.
- Thymian und Lavendel.
- Brennnessel und Löwenzahn.

Belebende Bäder

Eine australische Freundin schwört darauf, 1 Tasse Apfelessig ins lauwarme Badewasser zu geben. Das hilft auch bei rauer Haut. Mary empfiehlt bei Gliederschmerzen Bittersalz oder Salz aus dem Toten Meer.

Fußbäder

Fußbäder sind revitalisierend und beleben den Körper. Weichen Sie die Füße in einem warmen Kräuterfußbad ein und massieren Sie sie mit 1 Teelöffel Weizenkeimöl und 3 Tropfen ätherischem Rosmarin- oder Lavendelöl. Mary reibt die Füße vor dem Baden mit grobem Salz ein, um abgestorbene Hautzellen zu entfernen.

Die besten Kräuter zum Aufgießen für die Füße sind: Holunderbeere, Fliegenkraut, Brennnesseln, Pfefferminze, Kiefernnadeln, Rosmarin, Salbei und Schafgarbe. Die Füße 10 Minuten einweichen.

Traditionelles Senffußbad

Dieses Rezept stammt von Marys schottischer Großmutter. Man gibt 250 g gemahlene Senfkörner in einen Stoffbeutel, den man in einen Topf legt, mit Wasser bedeckt und aufkochen lässt. 10 Minuten kochen und das Kochwasser in das Fußbad gießen.

Ringelblumenfußbad

Ein altes englisches Rezept für müde und schmerzende Füße.

1 l Wasser
50 g frische Ringelblumenblätter

Das kochende Wasser über die Blätter gießen. Zudecken und abkühlen lassen. Abseihen und als Fußbad verwenden.

Schachtelhalmfußbad

Eines der bekanntesten Fußbäder, ebenfalls für müde und schmerzende Füße.

1 l Wasser
50 g getrockneter Schachtelhalm

Wasser über die Schachtelhalme gießen und 2 Stunden ziehen lassen. Danach aufkochen, 15 Minuten köcheln lassen, abseihen und in das warme Fußbad gießen.

Badeöle

Sobald das Bad eingelaufen ist, gebe ich 10–12 Tropfen eines ätherischen Öls hinein. Man kann Sandelholzöl mit 150 ml Basisöl, z. B. Mandelöl, mischen, um dem Badewasser einen exotischen Duft zu verleihen. Massieren Sie die Haut mit den gelösten Fetten.

Lavendelessenz

In einem Buch mit Haushaltstipps aus dem frühen 19. Jahrhundert fand ich diese Lavendelessenz. Der Name Lavendel kommt vom lateinischen „lavare", was „sich waschen" bedeutet.

Etwa 3 Hände voll Lavendelblüten 3 Tage in 300 ml Weingeist (reiner Alkohol, siehe S. 66) einlegen. Abseihen, ein paar Tropfen Lavendelöl, 30 ml Orangenblütenwasser und 60 ml destilliertes Wasser in die Flüssigkeit geben, gut schütteln und in eine Flasche mit schmalem Hals füllen. Sparsam als Badezusatz verwenden.

Körperpeeling

Ein Peeling reinigt die Poren, beseitigt abgestorbene Zellen und pflegt die Haut. Indische Frauen werden vor der Hochzeit tagelang mit Kokos- oder Senföl massiert und die Haut wird mit Cremes, Safran oder Gelbwurz behandelt, damit sie strahlend schön wird. Kichererbsenmehl gemischt mit Creme wird einmassiert, um abgestorbene Hautzellen zu entfernen. Anschließend werden die Frauen in Olivenöl gebadet. Diese beiden Peelings sind zwar nicht ganz so exotisch, aber trotzdem herrlich.

Man nimmt 1 Tasse mit grobem Meersalz und befeuchtet es mit Apfelessig. Dann bereitet man 1 Tasse mit Mandel-, Oliven-, Soja- oder Gelbwurzöl vor, lässt das Badewasser einlaufen und reibt anschließend den ganzen Körper mit dem Öl ein. Nun etwas Salz auf einen Waschlappen geben und damit die eingeölte Haut abrubbeln. Zum Schluss ein Bad nehmen.

Für ein anderes Peeling sollten Sie 100 ml Avocadoöl mit je 1 Esslöffel Honig, Eigelb und Bananenmark mischen und ein paar Tropfen Apfelessig hinzufügen. Für ein gröberes Peeling fügt man körniges, für ein sanfteres feines Hafermehl hinzu. Den Körper damit gut abrubbeln und anschließend 10 Minuten einwirken lassen. In einem warmen Bad das Peeling abwaschen.

Wenn Sie an Zellulitis leiden, massieren Sie die Haut nach dem Bad mit ätherischem Rosmarin- oder Pelargonienöl ein.

Duftwässer

Verwenden Sie Blütenwasser zur Gesichtspflege. Wenn Sie es unter einer Feuchtigkeitscreme auftragen, spendet es noch mehr Feuchtigkeit. Meine Großmutter verwendete eine Mischung aus Zaubernuss und Rosenwasser mit ein wenig Glyzerin. Früher stellte man Schalen mit Blütenwasser auf den Tisch, um zwischen den Gängen die Finger darin zu waschen.

Destilliertes Blütenwasser, das für die Schönheitspflege und als Duftwasser im Haus verwendet wird, kauft man besser, anstatt es selbst herzustellen: Lavendelwasser, Rosenwasser und Zaubernuss sind in der Apotheke erhältlich. Holunderblütenwasser, das die Haut erfrischt, kann man auch selbst herstellen, es verdirbt jedoch leicht und muss daher im Kühlschrank aufbewahrt werden.

Holunderblütenwasser

1 Hand voll Holunderblüten
500 ml Wasser

Blüten in einen Krug geben, die Blüten dabei vorsichtig zerdrücken und mit kochendem Wasser übergießen. Zudecken und über Nacht ziehen lassen. Durch einen Kaffeefilter in eine Flasche seihen und im Kühlschrank aufbewahren. Mit 1 Teelöffel Wodka oder 1 Teelöffel Benzointinktur konservieren.

Dieses Rezept kann für jedes Blütenwasser verwendet werden.

Jasminblüten eignen sich für ein feines, wohlduftendes Blütenwasser – hervorragend bei trockener, empfindlicher Haut.

Quittenblüten klären Poren und hellen die Haut auf.

Orangenblütenwasser

Wurde von Marie Antoinette sehr geschätzt. Sie belebte mit Orangenblütenwasser ihren blassen Teint.

1 EL getrocknete Orangenblüten, in Apotheken erhältlich
100 ml Wasser

Blüten in eine kleine Schale füllen und mit kochendem Wasser übergießen. Zudecken und 15 Minuten ziehen lassen. Das Wasser abgießen und die Blüten gut ausdrücken. In Flaschen füllen und im Kühlschrank aufbewahren. Etwas Wodka hinzufügen.

Lavendelwasser

Lavendel eignet sich besonders zur Linderung von Entzündungen und als Gesichtspflege für normale Haut. Das Rezept stammt aus dem Jahre 1813.

1 l reiner Alkohol
1 EL Lavendelöl
1 EL Bergamotteessenz
1½ TL Amberessenz
5–6 Tropfen Moschus

Alle Zutaten in eine Flasche füllen und gut schütteln. Vor der Verwendung 3 Monate ruhen lassen.

Man kann auch einfach 30 ml Lavendelöl mit 1 l reinem Alkohol mischen und gut schütteln.

Ungarisches Duftwasser

Wurde von Elisabeth, Kaiserin von Österreich und Königin von Ungarn, verwendet, die bis zu ihrem Tod als Schönheit galt.

500 ml reiner Alkohol
30 ml Rosmarinöl
1½ TL Amberessenz
Fein geriebene Schale von 1 Orange und 1 Zitrone

Alle Zutaten in eine Flasche füllen und gut schütteln. Luftdicht verschließen und 24 Stunden stehen lassen. Einen Monat lang täglich gut schütteln.

Ein Rezept für ein Duftwasser

Dieses wunderbare Wasser erfrischt die Gesichtsfarbe. Man kann es auch als Aftershave verwenden oder einfach einatmen, der herrliche Duft dieses Wassers belebt die Sinne!

Man nehme beliebig viele Damastrosen, je zwei Hände voll Basilikum, süßen Majoran, Lavendel, Walnussblätter, eine Hand voll Rosmarin, ein wenig Melisse, Nelken, Zimt, eine Unze Lorbeerblätter und eine Unze Rosmarinspitzen, zwei Esslöffel fein geriebene Zitronen- und Orangenschalen, übergieße das Ganze mit Weißwein, so dass es gerade bedeckt ist, lässt es zehn bis zwölf Tage ziehen und seiht es anschließend ab.

Sir Kenelm Digby, 1668

Ungarisches Duftwasser wurde erstmals für die österreichische Kaiserin Elisabeth gemischt, die ihr Leben lang von Verehrern umschwärmt war.

Gesichtsdampfbäder

Sie duften, rein gen die Poren und machen die Haut geschmeidig. Mary empfiehlt sie speziell bei unreiner, fettiger Haut. Verwenden Sie sie nicht für sehr trockene Haut oder wenn Sie Asthmatikerin sind. Reinigen Sie zuerst das Gesicht. Dann geben Sie 2 Esslöffel des ausgewählten Krauts in eine Schüssel und gießen 500 ml kochendes Wasser darüber. Binden Sie ein Handtuch um den Kopf und halten Sie das Gesicht 8–10 Minuten in den Dampf. Das Handtuch entfernen und das Gesicht abkühlen lassen. Anschließend das Gesicht mit Blütenwasser reinigen.

Die Kräuter

Wählen Sie aus Lindenblüten, Salbei, Pfefferminze, Kamille, Schafgarbe, Wiesenfrauenmantel, Basilikum, Holunderblüten, Ringelblumen, Kapuzinerkresse, Kornblumen, Lavendelblüten oder Fenchel.

HEIL-KRÄUTER

Tatsächlich reicht die Kunst, mit Kräutern und Heilpflanzen Krankheiten zu heilen, bis zu den Anfängen der Zivilisation zurück, als der Mensch noch stark mit der Natur verwurzelt war und im Rhythmus der Jahreszeiten lebte. Er beobachtete die Tiere, wie sie bestimmte Kräuter fraßen und so ihre Krankheiten heilten. Und auch Kranke griffen oft instinktiv zu bestimmten Pflanzen. Doch es wurde nicht nur die heilende Wirkung von Heilpflanzen genutzt, sondern auch die anderer natürlicher Substanzen: Bei den Beduinen wuschen die Frauen ihr Neugeborenes in Urin, der von Kamelen stammt. In unserer Zeit stellten Biologen fest, dass dieser Urin verschiedene Erreger abtötet. Noch bevor es Penizillin gab, wussten kanadische Holzfäller, dass man eine Wunde am besten mit Schimmel von altem Brot behandelte. Die Menschen verwendeten Kräuter und andere Naturprodukte zur Heilung von Krankheiten und zur Erhaltung der Gesundheit. Im Laufe der Jahrhunderte entstand ein riesiger Schatz an Weisheiten, die in ländlichen Gegenden oft bis heute erhalten sind und teilweise wissenschaftlich bestätigt wurden.

Die Kräuterheilkunde geht meist auf Frauen zurück, die in recht einfachen Verhältnissen auf dem Lande lebten und ihre Kenntnisse an die nachfolgende Generation weitergaben. Erst ab dem Mittelalter wurde dieses Wissen auch von Gelehrten erfasst und niedergeschrieben. Zur selben Zeit entstanden auch die ersten Kräutergärten. Es gibt Hinweise auf frühe ägyptische Kräutergärten, die in Griechenland unter dem Einfluss von Aristoteles und Hippokrates weiterentwickelt wurden, daraufhin jedoch bis zum Mittelalter aus Europa verschwanden. Zunächst war die Kräuterheilkunde fast ausschließlich den Mönchen überlassen. Sie waren die ersten Kräuterkundigen, die in ihren Gärten Heilkräuter anbauten, um die Armen und Kranken im Klosterspital mit Medizin zu versorgen. Kräuter galten als heilig, da sie eine Gabe Gottes zur Heilung von Krankheiten waren. Der Kräutergarten war von dicken Hecken oder hohen Mauern umgeben und duftete herrlich. Die Mönche zogen meist viele exotische Kräuter, die die Kreuzritter aus Ägypten und Syrien mitgebracht hatten.

Der weltweit erste Kräutergarten, den wir heute eher als botanischen Garten bezeichnen würden, wurde 1543 in Pisa angelegt; Padua und Florenz folgten im Jahre 1545. Innerhalb der nächsten 100 Jahre entstanden solche Gärten auch in Bologna, Leiden, Montpellier, Straßburg, Uppsala, Paris, Amsterdam, Oxford und Edinburgh. Sie führten verschiedene Namen: „Hortus medicus", „Jardin des Plantes" und „Physick Garden". Hier wurden Pflanzen für medizinische und wissenschaftliche Zwecke gezogen, und die Gärten wurden von Medizinstudenten und Apothekern zu Studienzwecken genutzt.

Einer der berühmtesten medizinischen Gärten wurde 1683 in Chelsea, London, von der englischen Apothekergesellschaft angelegt. Linnaeus, der große schwedische Botaniker des 18. Jahrhunderts, der ein einheitliches System für die botanischen Pflanzenbezeichnungen schuf, ging oft in Chelsea spazieren. Auch heute noch dient dieser botanische Garten der Wissenschaft.

Der Kräuterexperte und Astrologe Nicholas Culpeper ordnete jedem Tierkreiszeichen bestimmte Blüten und Kräuter zu.

KRÄUTERKUNDE UND ASTROLOGIE

Kräuterkundige, die um die heilenden Eigenschaften von Pflanzen wussten, erfreuten sich seit jeher großer Anerkennung. Oft handelte es sich dabei um Priester oder Priesterinnen. Östliche Kulturen beschäftigten sich schon früh mit der Kräuterkunde, und man nimmt an, dass ein chinesischer Kaiser bereits um 2700 v. Chr. ein Kräuterhandbuch erstellte. Die indische Kräuterheilkunde geht auf die hinduistische Weda, die zwischen 1200–600 v. Chr. entstand, zurück. Auch heute noch wird der Ayurveda, ein Lehrbuch altindischer Medizin, zu Rate gezogen. Die medizinischen Kenntnisse breiteten sich von Ägypten und Mesopotamien in die Länder des östlichen Mittelmeers, nach Persien und Armenien und später nach Griechenland, aus. Sie fassten in Europa Fuß und gelangten schließlich auf den amerikanischen Kontinent, wo die Indianer bereits seit Jahrhunderten ihre eigene Kräuterheilkunde entwickelt hatten, deren Gebrauch eng mit Träumen und Visionen verbunden war.

In Europa legten die Philosophen Aristoteles und Theophrast die Grundlage für das große Kräuterbuch von Dioskurides, dem ersten Pharmakologen, der im 1. Jahrhundert n. Chr arbeitete. Seine Arzneimittellehre *Materia Medica* wurde zum Vorbild für klösterliche Kräuterbücher. Die deutsche Mystikerin Hildegard von Bingen schrieb im 12. Jahrhundert zahlreiche Kräuterbücher, die sowohl auf Hausmitteln als auch auf dem Wort Gottes, das sie empfangen hatte, basierten. Ungefähr zur selben Zeit verfasste der persische Arzt Avicenna sein medizinisches Handbuch. Im Deutschland des 16. Jahrhunderts entstanden die Kräuterbücher von Brunfels, Bock und Fuchs, in Holland die von Dodoens, L'Ecluse und L'Obel und in Italien das von Mattioli. In der Renaissance erlebten die medizinischen Lehren eine wahre Blüte. Der berühmteste englische Kräuterexperte dieser Zeit, Nicholas Culpeper, beschäftigte sich neben der Heilkunde auch mit Astrologie.

Astrologie

Seit der Zeit der Babylonier nahm man an, dass Tiere und Menschen, Gemüse und Mineralien von den Planeten beherrscht würden. Die ersten Astrologen waren der Annahme, dass Sonne und Mond sowie die damals bekannten Planeten Jupiter, Merkur, Venus, Mars und Saturn das Leben der Pflanzen beeinflussten und wiesen ihnen Kräuter, Bäume und Blumen zu. Die griechischen Ärzte Hippokrates und Galen wollten ihre Schüler nicht nur in Medizin, sondern auch in Astronomie unterrichten. Viele der bekannten Kräuterexperten waren gleichzeitig Astrologen. „Er sollte mit den mathematischen Wissenschaften vertraut sein, speziell mit der Astrologie", schrieb der italienische Kräuterspezialist des 17. Jahrhunderts, Giambattista della Porta, ein Zeitgenosse Culpepers.

> *Neben allen anderen Dingen muss der Arzt außer der Grammatik auch noch die Astronomie kennen, um zu wissen, wie, wann und zu welcher Zeit eine Arznei verabreicht werden soll.*
>
> Ein Arzt aus dem 16. Jahrhundert

Culpeper ordnete jeder Pflanze ihr Gestirn zu. Die Zuteilung der Pflanzen zu den Tierkreiszeichen gehört zu den einfacheren Aspekten der Astrologie. Man sagt, dass die Anziehungskraft, die von bestimmten Gestirnen ausgeht, günstige Auswirkungen auf das Wohlbefinden der Menschen haben kann, die unter diesem Planeten geboren sind.

Widder (Mars): Distel, Brennnesseln, Brombeere, Senf, Zwiebel, Paprika, Geranie, Geißblatt, Zaubernuss, Rosmarin, Majoran, Knoblauch, Merrettich, Schlüsselblume.

Stier (Venus): Damastrosen, Veilchen, Primel, Wein, Rose, Mohnblume, Fingerhut, Minze, Thymian, Rainfarn, Huflattich, Liebstöckel.

Zwillinge (Merkur): Maiglöckchen, Ehrenpreis, Lavendel, Petersilie, Dill, Fenchel, Kümmel, Majoran.

Krebs (Mond): Alle Wasserpflanzen, Vergissmeinnicht, Steinbrech, weißer Mohn, Akanthus, Ackermennig, Melisse, Gänseblümchen, Blattsalat, Gurke, Wildblumen.

Löwe (Sonne): Sonnenblumen, Dahlie, Johanniskraut, Raute, Ringelblume, Rosmarin, Borretsch, Kamille.

Jungfrau (Merkur): Maiglöckchen, Ehrenpreis, Lavendel, Petersilie, Dill, Sandelholz, Bohnenkraut, Fenchel.

Waage (Venus): Große Damastrosen, Veilchen, Primel, Wein, blau blühende Blumen, Löwenzahn, Schafgarbe, Poleiminze.

Skorpion (Mars): Distel, Brennnessel, Brombeere, Zwiebel, Senf, Paprika, Basilikum, Estragon, Berberitze.

Schütze (Jupiter): Rote Rosen (keine Damastrosen), Mädesüß, Jasmin, Hauswurz, Spargel, Nelke, Löwenzahn, Salbei, Meerfenchel, Kerbel.

Steinbock (Saturn): Stiefmütterchen, Bilsenkraut, Schierling, Tollkirsche, Zwiebel, Efeu, Beinwell, Rote Bete, Sauerampfer, Salomonssiegel.

Wassermann (Uranus): Orchidee, Goldregen, Holunder, Erdrauch, Königskerze, Gerste.

Fische (Jupiter und Neptun): Rote Rosen (keine Damastrosen), Mädesüß, Jasmin, Hauswurz, Wasserlilie, Feige, Blaubeere, Hagebutte, Lungenkraut.

Apotheke und Kräuterkammer

Im späten Mittelalter entwickelte sich aus dem Beruf des Quacksalbers (ursprünglich ein einfacher Kaufmann, der mit Arzneien und Kräutern handelte) der des Apothekers, der eine höhere Stellung als der Kaufmann einnahm. In ganz Europa begannen die Apotheker ihre eigenen medizinischen Gärten anzulegen, die eine Verbindung zwischen dem Gartenbau und der Medizin darstellten und zum Anbau von Kräutern dienten. Die Apotheker zogen nicht nur Heilpflanzen, sondern kauften auch Kräuter und Wurzeln von kräuterkundigen Männern und Frauen und importierten Arzneimittel und Gewürze aus dem Ausland.

In einer typischen Apotheke des 17. Jahrhunderts waren die Wände mit hohen Schränken, die kleine Schubladen enthielten, verkleidet. Die Regale standen voll mit Flaschen und Gläsern aller Farben und Formen, mit Töpfen, Mörsern, Brennern und einer Apothekerwaage. Hier stellte der Apotheker zwischen dem 15. und 17. Jahrhundert seine Diagnose, um anschließend die erforderlichen Arzneien herzustellen.

Destillation

Im 4. Jahrhundert verbesserten arabische Alchemisten den Destillationsvorgang, bis sie schließlich Duftwässer und Alkohol fachmännisch destillieren konnten. Eine Überlieferung besagt, dass einst ein Arzt während einer Mahlzeit zu einem Patienten gerufen wurde. Als er zurückkam, war der Teller, mit dem er sein Essen zugedeckt hatte, mit Wasserperlen überzogen. Das brachte ihn dazu, auf dem Gebiet der Destillation Versuche durchzuführen.

Der Destillierapperat besteht aus einem Kolben, in dem die Substanzen erhitzt werden, einem Kühler, wo die Dämpfe kondensieren, und einem Sammelgefäß für das Destillat. „Im Allgemeinen gilt, dass bei der Destillation nur das Feine vom Groben und das Grobe vom Feinen getrennt wird, wobei beides gereinigt wird, mit der Absicht, das Verderbliche unverderblich und das Materielle immateriell zu machen." So beginnt die erste große Abhandlung über Destillation, die 1500 von Brunschwig, einem Arzt aus Straßburg, verfasst worden war. Ein Rezept aus dem 17. Jahrhundert beschreibt ein Duftwasser, das aus den Blüten von Jasmin, Geißblatt, Veilchen und Lilie destilliert wurde, um „den Duft der Blüten zu bewahren". Heute werden hauptsächlich Destillate aus Blättern sowie Rinden- und Holzstückchen hergestellt und mit Lavendel-, Rosmarin- und Minzeöl sowie Rosen- und Orangenblütenwasser angereichert, das aus den Blüten gewonnen wird.

Die Kräuterkammer

Während die ländliche Bevölkerung mit einfachen Destillationsapparaten Präparate aus Gartenkräutern und Blüten herstellte, hatten die Reichen in ihren Landhäusern oft eigene Kräuterstuben, die unter der Obhut einer Magd standen, die auch den Kräuter- und Obstgarten führte und darauf achtete, dass zur rechten Zeit geerntet wurde. Ihre Kenntnisse über medizinische Kräuter reich-

ten aus, um den Haushalt mit einfachen Heilmitteln zu versorgen. Meist konnte sie auch Essig, Sirup und Eingemachtes sowie Bonbons und Parfüm herstellen. Aus den Blüten und Kräutern fertigte sie Potpourris für die eleganten Salons an und Rosenöl, mit dem das Baby nach dem Bad eingeölt wurde. Ihre Lotionen verschönten die Dame des Hauses, und ihre selbstgemachten Weine bereicherten die Tafel der Bediensteten. Außerdem war es ihre Aufgabe, in den Schlafzimmern und Toiletten duftende Kräuter und Blüten zu verteilen und kleine Sträußchen zu binden, welche die Herrschaften auf der Straße vor unangenehmen Gerüchen und ansteckenden Krankheiten schützen sollten. Diese intensiv riechenden Sträußchen wurden sogar für den Kirchengang angesteckt, um unangenehme Gerüche abzuwehren und die Sinne während der Messe wach und frisch zu halten.

Diese Magd hatte sicherlich stets ein Kräuterhandbuch mit traditionellen Rezepten im Regal stehen, umringt von Flaschen mit Quellwasser, Töpfen, Trichtern, Mörser und Stößel. Die Kräuterkammer war ein faszinierender Ort, voller zum Trocknen aufgehängter Kräutersträußchen und Rosenblüten, die zur Herstellung von Duftbeuteln, wie sie hier in einem alten Rezept aus dem 18. Jahrhundert beschrieben werden, dienten.

Duftbeutel für Melancholie und Schlaflosigkeit

Man nehme trockene Rosenblüten, die man in einem geschlossenen Glas aufbewahrt, damit ihr Duft erhalten bleibt, sowie Pulver von Minze und Nelken, das man zu den Rosenblüten gibt. Dann füllt man alles in einen Beutel, den man mit ins Bett nimmt, um leichter einschlafen zu können. Auch zu anderen Gelegenheiten ist sein Duft wohltuend.

Natürliche Düfte für das Haus

Einen Teil meiner Kindheit verbrachte ich in einem alten Haus im englischen Cambridge. Meine Mutter hatte einen Blick für Elegantes und erweiterte ihr Repertoire auf selbstgemachte Düfte aus Kräutern und Blumen. Ich half ihr immer beim Trocknen der Blütenblätter und Kräuter und liebte es, beim Mischen der Düfte zu experimentieren, um zu sehen, welche Kombinationen am besten dufteten. Hier sind einige der Rezepte, die wir verwendeten.

Duftkugeln

Duftkugeln wurden traditionell an einem Faden befestigt und mitgeführt, um auf der Straße vor üblen Gerüchen sicher zu sein, oder, wie die Leute damals glaubten, den Träger vor Infektionen zu schützen. Die Kugeln, die oft in eine perforierte Schatulle aus Elfenbein, Silber oder gar Gold gegeben wurden, galten als modisches Accessoire.

Mit Duftkugeln kann man einen Raum oder Schrank parfümieren und Motten von Kleidern bzw. Textilien fern halten.

1 Orange
Gewürznelken mit ganzen Köpfen
Schwertlilienwurzel (Iris germanica)
Gemahlener Zimt

Die Gewürznelken in die Orange stecken. Eventuell die Löcher mit einer dünnen Stricknadel vorbohren. Zwischen den einzelnen Nelken jedoch ein wenig Platz lassen.

Schwertlilienwurzel und Zimt mischen und die Duftkugel darin wenden. 2 Wochen an einem warmen, trockenen Platz aufbewahren, danach an einem Band befestigen und aufhängen.

Duftbeutel

Meine Mutter parfümierte den Wäscheschrank mit Duftbeuteln, die auch Motten abhalten. Man kann die Beutel auch über einen

Duftkugel mit Gewürznelken

Blüten-Potpourri

Stuhl hängen oder um die Kleiderbügel schlingen. Sie enthalten getrocknete Blüten oder Kräuter und ein paar Tropfen ätherisches Öl. Nähen Sie die Beutel aus Musselin oder feiner Baumwolle und befestigen Sie sie an einem Band.

Auch mit Lavendel gefüllte Duftbeutel sind etwas Herrliches. Ich nähe dafür kleine quadratische Wildseidebeutel, die ich mit Bändern zusammenbinde. Sie halten etwa 1 Jahr.

Kräuter-Potpourri

Man mischt getrocknete Blätter von Pfefferminze, Süßdolde, Salbei, Basilikum, Rosmarin, Engelwurz, Zitronenthymian, Zitronenmelisse, Rote Bergamotte, Liebstöckel, Estragon, Majoran oder Rosenpelargonien, verstärkt den Duft mit gemahlenem Koriander und Muskat und füllt die Mischung in Beutelchen (siehe oben).

Kräuterkissen

Es ist bekannt, dass mit Hopfen gefüllte Kissen bei Schlaflosigkeit helfen – der englische König Georg III. konnte ohne ein solches nicht einschlafen. Auch Lavendel ist hervorragend, und Rosmarin, sagt man, vertreibe schlechte Träume. Man kann auch Pfefferminze, Salbei oder Zitronenmelisse und zusätzlich eine Auswahl an Dill, Majoran, Thymian, Zitronenthymian, Estragon, Waldmeister, Rosenpelargonie, Engelwurz, Rosmarin, Zitronenstrauch oder Bergamotte verwenden. Die Blätter trocknen. Ein 20 cm großes, quadratisches Kissen aus feinem Leinen oder Baumwolle nähen und mit den Kräutern füllen.

Blüten-Potpourri

Schalen mit Potpourri verbreiten einen angenehmen Duft. Man kann dafür Blätter, Blüten, Blütenblätter und Kräuter verwenden: Orangenblüten, Zitronenstrauch, Geißblatt, Maiglöckchen, Levkojen, Lavendel, Nelken, Rosen, Geranien, Bergamotte, Veilchen, Jasmin, Zitronenschale, Rosmarin und Lorbeer sind hervorragend geeignet. Auf Zeitungspapier oder Musselin an einem warmen Platz etwa 7–10 Tage trocknen.

Getrocknete Blüten (ein 1-l-Gefäß voll)
25 g getrocknete Schwertlilienwurzel oder Benzoinpulver (Fixiermittel)
1 TL gemahlene Gewürze, z. B. Muskatnuss, Muskatblüte, Gewürznelken und Zimt
1 EL ganze Gewürze, z. B. Gewürznelken, Zimtstange, Piment und Kreuzkümmel
10–12 Tropfen ätherisches Öl, z. B. Lavendel, Rosmarin, Pelargonie, Zitrone

Die getrockneten Blüten in eine Schüssel legen, dabei immer wieder mit Fixiermittel bestreuen. Gemahlene und ganze Gewürze hinzufügen und zuletzt das Öl hineintropfen. Ein- bis zweimal pro Woche wenden. Etwa 2 Jahre haltbar.

Exotisches Potpourri

Je 15 g getrocknete Lavendelblüten, Rosenblütenblätter und Zitronenstrauch
Je 15 g ganze Gewürznelken und Zimtstange, im Mörser zerstoßen
25 g Schwertlilienwurzelpulver
15 g Benzoeharz
Je 8–10 Tropfen ätherisches Öl von Orange, Gewürznelke, Bergamotte und Rose

Getrocknete Blüten, Gewürze, Schwertlilienwurzelpulver und Benzoeharz gut mischen. Das Öl darüber träufeln und nochmals mischen. Zudecken und 2 Wochen dunkel lagern. In einem Metallgefäß auf den Heizkörper stellen. Ein wunderbarer Duft!

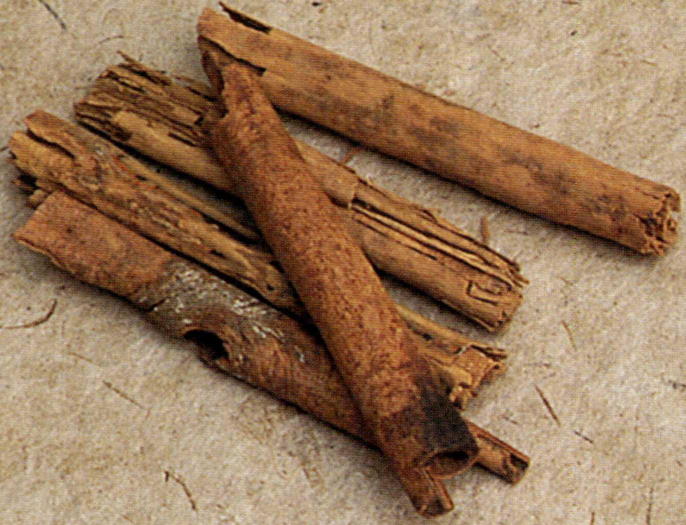

Heilmittel aus der Küche

„Man ist, was man isst", lautet eine bekannte Redensart, die angeblich auf eine chinesische Weisheit zurückgeht. Es gibt tatsächlich zahlreiche Lebensmittel mit heilender Wirkung. Die enge Verbindung zwischen Nahrung und Gesundheit bildet die Grundlage des indischen Ayurveda, diese Erkenntnis taucht jedoch unabhängig davon auch in anderen Kulturkreisen auf. Magdalena, eine Frau vom Stamm der Nahuatl-Indianer, die im nordöstlichen Mexiko beheimatet sind, genoss aufgrund ihrer heilenden Kräfte große Anerkennung. Ihrer Meinung nach sind die wichtigsten Nahrungsmittel Zwiebeln, Zitronen und Knoblauch. Diese Pflanzen dienen nicht nur zur Nährstoffaufnahme, sondern werden auch zum Vorbeugen und Heilen von Krankheiten eingesetzt. Zwiebeln reinigen das Blut. Die in der Pflanze enthaltenen Schwefelverbindungen regen das Verdauungssystem an, und die natürlichen Antibiotika der Zwiebel fördern eine gesunde Darmflora. Zitronen haben eine ähnliche Wirkung: Sie sind verdauungsfördernd, wirken antiseptisch, stärken den Kreislauf und entgiften den Körper. Der schon seit jeher als Heilmittel bekannte Knoblauch hat stark antibiotische und antiseptische Wirkung. Er senkt den Cholesterinspiegel, ist schleimlösend und verdauungsfördernd.

Magdalenas Allheilmittel lautete, vor dem Frühstück auf nüchternen Magen ein paar rohe Knoblauchzehen zu essen.

Die Tante meiner indischen Freundin Rafath lieh mir ihr Ayurveda-Buch, in dem sie die besten Mittel angezeichnet hatte. Einige davon werden hier wiedergegeben. Diese indische Lehre bietet eine Fülle an nützlichen Ratschlägen, die auf Kräutern, Gewürzen und essbaren Pflanzen basieren. Das Buch ist so umfassend, dass die Fertigstellung 16 Jahre in Anspruch nahm. In der Einleitung des Ayurveda wird Sokrates zitiert: „Nahrung ist Gesundheit, Nahrung ist Medizin." Der Leser wird informiert, dass das griechische Wort für Ernährung, „diaita", „Lebensweise" bedeutet.

Der Ayurveda ist reich an einfachen Heilmitteln, wie die Verwendung von Essig bei Gürtelrose und Impetigo sowie warmem Tee bei Geschwüren. Bei Nervosität sollte man täglich 1 Apfel mit Honig und Milch essen; bei Wadenkrämpfen dreimal täglich 1 Glas Wasser mit einem ½ Teelöffel Salz trinken. Zum Abnehmen trinkt man 2 Monate lang jeden Morgen auf nüchternen Magen frischen Limonensaft, gemischt mit 1 Glas kaltem Wasser und Honig, oder isst jeden Morgen auf nüchternen Magen 2 Tomaten. Täglich 1 Gewürznelke kann die Lebensdauer verlängern. Fettleibigkeit kann geheilt werden, wenn man regelmäßig im Schatten eines Muskatnussbaums sitzt.

Kopfschmerzen Rafaths Mutter trank stets einen Tee aus Kardamom, Fenchel und Zitronengras, legte sich hin und schloss die Augen.

Eine Ingwerpackung löst Verspannungen, heilt und beruhigt. 2 Teelöffel Ingwerpulver und ein wenig Wasser zu einer Paste verrühren und in einem Topf langsam erwärmen. Auf einen Verband aus Leinen und Watte streichen und auf die Stirn legen. Anschließend sollten Sie sich hinlegen und sich entspannen.

Husten, Erkältungen

In Rafaths Familie trinkt man schwachen Tee mit Ingwer und Honig und bei tiefsitzendem Husten mit Zitrone. Ingwer ist krampflösend, lindert den Hustenreiz und wird häufig bei Erkältungen eingesetzt. Im Frühstadium einer Erkältung oder Bronchitis nimmt man dreimal täglich 1 Teelöffel Zwiebelsaft mit 1 Esslöffel Honig ein. Bei Halsschmerzen kaut man eine Gewürznelke mit etwas Salz.

Hippokrates empfiehlt, Husten mit Essig zu behandeln: Nehmen Sie ein paar

Teelöffel mit heißem Wasser ein. Man kann auch Knoblauchsaft verwenden: Ein paar Knoblauchzehen in dünne Scheiben schneiden, mit Honig bedecken und 2–3 Stunden stehen lassen. Den so entstandenen Saft, der auch aus gehackten, rohen Zwiebeln hergestellt werden kann, mehrmals täglich teelöffelweise einnehmen.

Halsschmerzen Bei Husten verabreichte mir meine Nanny ein heißes Gebräu aus Essig, Honig und braunem Zucker. Manchmal gab sie Gewürznelken oder Knoblauch dazu. Sehr oft wird Husten einfach nur mit Honig und Zitrone behandelt: Je 1 Esslöffel in eine Tasse mit warmem Wasser geben. Für Erwachsene eventuell etwas Whisky hinzufügen.

Beryl, die Großtante eines Freundes, die in Greenwich lebt, empfahl bei Halsschmerzen gefrorene Weintrauben zu essen. Mein Freund meinte, sie würden nicht nur herrlich schmecken, sondern auch helfen, die Schmerzen zu lindern.

Ein altes Hausmittel ist es, bei Halsschmerzen mit Salzwasser zu gurgeln.

Grippe Ein altindisches Rezept empfiehlt, gemahlenen Zimt mit 1 Prise Pfeffer und ein wenig Honig zu mischen, heißes Wasser hinzuzufügen und das Ganze in kleinen Schlucken zu trinken. Pfeffer ist schleimlösend, und Zimt wird schon seit jeher bei Erkältungen eingesetzt. Laut einem Hausmittel aus Wales sollte man bei Bronchitis die Brust mit Gänsefett einreiben und mit einem roten Wolltuch abdecken.

Frostbeulen
Eine russische Freundin riet mir, bei großer Kälte Cayennepfeffer in die Socken zu streuen. In Nord- und Südamerika, Südostasien, Indien und Europa wird Cayennepfeffer schon seit langem wegen seiner wärmenden und anregenden Wirkung geschätzt. Eine einfache Salbe aus einem Basisöl und Cayennepfeffer oder Chili verbessert die Durchblutung und eignet sich besonders zur Behandlung von Hexenschuss und Muskelschmerzen.

Arthritis Rafaths Tante rieb sich die Hände mit Senföl ein. Dieses Mittel wird sowohl in Indien als auch in westlichen Ländern für Pferde gebraucht. Senf wirkt äußerst kreislaufanregend. Bei schmerzenden oder steifen Gelenken riet die Tante außerdem, Limonensaft und Rizinusöl zu gleichen Teilen zu mischen und 1 Teelöffel davon in warmem Honigwasser aufzulösen. Das Rizinusöl wirkt entschlackend und reinigt den Körper von Giftstoffen.

Ein tolles Mittel gegen Arthritis ist das Apfelessig-Honig-Rezept von Seite 111.

Ohrenschmerzen Rafaths Mutter wärmte etwas Olivenöl und tauchte eine mit einer Nadel angestochene Knoblauchzehe darin ein. Anschließend steckte sie die Knoblauchzehe in das entzündete Ohr und deckte dieses mit Watte ab. Eine Frau aus England, die noch nie von den Lehren des Ayurveda gehört hatte, kannte ein beinahe identisches Rezept, jedoch mit gedünsteten Zwiebeln.

Magenbeschwerden Eine 90-jährige Freundin, die jahrelang in Südafrika gelebt hatte, musste als Kind bei Magenbeschwerden Essig und Salz essen, damit der Körper durch Erbrechen von Infektionen und Giftstoffen gereinigt wurde. 1 Teelöffel Senfpulver, in 1 Tasse heißem Wasser aufgelöst, erregt Brechreiz. Das Gleiche gilt für Salzlösungen. Der Ayurveda rät, bei Gallenbeschwerden Kokosmilch zu trinken. Bei Magenschmerzen sollte man Zitronen- oder Limonensaft gemischt mit Wasser, Salz und Pfeffer trinken.

Hafer beruhigt den Verdauungsapparat und hilft bei Gastritis, Verstopfung und irritablem Grimmdarm. Die beruhigende Wirkung von Ingwer ist vorteilhaft bei Seekrankheit und morgendlicher Übelkeit. Trinken Sie Ingwertee oder kauen Sie eine Ingwerwurzel – im Notfall reichen auch Ingwerkekse oder ein Glas Ginger Ale.

Sie können bei Magenschmerzen auch eine Tasse schwarzen Tee trinken.

Kater Scharfe rote Chilischoten veranlassen den Körper zur Freisetzung der schmerzstillenden Endorphine. Man mischt 3 Chilischoten mit 500 ml Tomatensaft und 1 Spritzer Sojasauce.

Folgendes Rezept stammt von einem afrikanischen Arzt und regt aufgrund seines Zucker- und Kohlenhydratgehalts die Produktion des beruhigenden Serotonins an: 1 Banane mit 500 ml Sojamilch und 2 Esslöffeln Fruchtkonzentrat mischen, 30 Minuten kalt stellen und trinken.

Gelbsucht Herr Leeroy, der schon über 80 ist und auf Harbour Island (auf den Bahamas) lebt, glaubt an die heilende Wirkung natürlicher Produkte. Als man bei ihm eine schwere Gelbsucht diagnostizierte, behandelte er sich selbst mit einer Mischung aus Wassermelonensamen, Süßdolden, gelben Limonen, Backpulver und Wasser. Das Getränk (drei Tassen täglich) heilte ihn angeblich von der Gelbsucht.

Harnleiterinfektionen
Preiselbeersaft gilt als besonders gutes Mittel zur Vorbeugung und Behandlung von Harnleiterinfektionen und wird in Nordamerika bereits seit Generationen bei Blasenentzündung und Nierenbeschwerden verwendet. Man nimmt an, dass Preiselbeeren eine Substanz enthalten, welche die Vermehrung der Bakterien hemmt. In Israel stellten Forscher fest, dass Heidelbeersaft eine ähnliche Wirkung hat.

Preiselbeeren in der Küchenmaschine mixen und ein wenig Wasser hinzufügen, damit sie flüssig werden. Gut rühren und dreimal täglich trinken.

Arteriosklerose In Russland heißt es im Volksmund, dass jeder über 40 vor dem Frühstück eine geriebene, rohe Kartoffel essen sollte, um Arteriosklerose vorzubeugen.

Zwiebeln sollen den Blutdruck senken und enthalten ein antiseptisches Öl, das den Cholesterionspiegel reduziert, wodurch das Risiko für Erkrankungen der Herzkranzgefäße wesentlich verringert wird. Es genügt, wenn Sie 1 Teelöffel gehackte Zwiebel – gekocht oder roh – zu sich nehmen.

Auch Hafer soll angeblich den Cholesterinspiegel senken, indem sich die Faserr mit dem Cholesterin verbinden, das dadurch ausgeschieden wird. Essen Sie daher möglichst viel Haferbrei!

Kleine Wunden und Schnitte
Knoblauch ist äußerst antibiotisch und bekämpft die verschiedensten Infektionen. Essen Sie möglichst viel davon – roh oder gekocht. Die alten Ägypter gaben den Sklaven, die die Pyramiden bauten, Knoblauch zu essen. Im Ersten Weltkrieg wurde er sogar zur Behandlung von Tuberkulose, Ruhr und Typhus verwendet. Auch Zwiebeln wirken stark antibakteriell und wurden daher im Zweiten Weltkrieg als antiseptisches Mittel verwendet. Es war üblich, im Krankenzimmer eine aufgeschnittene Zwiebel stehen zu lassen, um die Luft von Bakterien zu reinigen. Gibt man Lavendelöl auf eine Schnitt- oder Brandwunde, heilt sie ab, ohne zu vernarben.

„Mach deine Speisen zur Medizin und die Medizin zu deiner Speise", sagte Hippokrates. Hafer hat beruhigende Wirkung auf das Verdauungssystem.

Honig

Honig war und ist Bestandteil vieler Hausmittel. Schon seit jeher galt Honig als ausgezeichnete Arznei, die Schleim löste, antiseptische Wirkung hatte und bei Verbrennungen sowie Abschürfungen das Abheilen der Wunde beschleunigt. Sogar der Götterkönig Zeus stärkte sich angeblich mit Milch und Honig, und die römischen Soldaten, so sagt man, behandelten ihre Wunden mit Honig. Die alten Ägypter verwendeten ihn zum Einbalsamieren, da er aufgrund des Zuckergehalts auch konservierende Wirkung hat. Die Griechen rieben bei Zahnschmerzen das Zahnfleisch mit Honig ein – ein altes Hausmittel, das in vielen Ländern noch immer verwendet wird. Das im Honig enthaltene Vitamin K verhindert Säurebildung und schützt so die Zähne. Der Koran empfiehlt Honig für die Schwachen und Kranken: Er wird schnell vom Körper aufgenommen, da er aus einfachen Kohlenhydraten wie Fructose und Glucose besteht.

Heuschnupfen und andere Beschwerden

Ein Nachbar, dessen Bienen jeden Sommer in meinem Garten nach Nektar suchten, meinte, dass man Heuschnupfen mit Pollen behandeln könne. Kauen Sie, bevor die Heuschnupfenzeit beginnt, 1 Monat lang täglich eine Honigwabe, und die im Wachs enthaltene Pollen wirken wie eine immunisierende Impfung.

Honig ist auch ein gutes Mittel gegen Akne. Obwohl diese Wirkung nicht wissenschaftlich bewiesen ist, wird die Haut durch regelmäßiges Auftragen von Honig reiner.

Ein schottischer Heilpraktiker gab mir den Tipp, alle 20 Minuten 6 Teelöffel Honig zu essen, um einen Kater zu vertreiben. Honig ist außerdem eine gute Kaliumquelle und bekämpft daher Heißhunger, der oft ein Zeichen für Kaliummangel ist, besonders Heißhunger auf Süßes. Auf Prellungen wird zu gleichen Teilen Honig und Glyzerin aufgetragen.

Apfelessig mit Honig

Ein altes Hausmittel zur Behandlung von Arthritis.

2 TL Honig *2 TL Apfelessig*

In einer großen Tasse mischen, mit heißem Wasser auffüllen und umrühren. Zweimal täglich trinken.

Ein alter Bienenkorb

ALTWEIBERGESCHICHTEN

Elsie, eine alte Frau, die auf den Bahamas lebt, kennt viele traditionelle Heilmittel: Weißer Salbei hilft bei Masern, der Saft junger Kokosnüsse wird angewendet bei Gelbsucht und Okra erleichtert die Entbindung. Solche Altweibergeschichten existieren auf der ganzen Welt. Es ist erstaunlich, wie sich die Heil- und Wundermittel, die in den unterschiedlichen Kulturen seit Jahrhunderten von Generation zu Generation weitergegeben werden, oft gleichen. Die meisten dieser Rezepte und Ratschläge, die ein wichtiger Teil des Volksglaubens sind, sind eine Mischung aus gesundem Menschenverstand und Aberglauben und keine Medizin. Ich möchte Ihnen hier dennoch einige dieser Wundermittel, die Sie nicht immer für bare Münze nehmen sollten, vorstellen.

Bienenstiche: Ein Rezept der Aborigines besteht darin, Erde mit Speichel zu vermischen und auf den Stich zu streichen

Bindehautentzündung: Eine Schottin empfahl, die Augenlider mit frischem Gartentau einzureiben.

Erkältungen: Dieser Tipp stammt von meiner Freundin Mineke aus Holland: Eine Zwiebel halbieren, mit der angeschnittenen Seite nach oben neben das Bett stellen und die Erkältung verschwindet.

Gelbsucht: Einer alten Legende nach sollte man die Medizin gegen Gelbsucht aus einem goldenen Kelch trinken.

Halsschmerzen: Angeblich soll man ein rotes Tuch um den Hals binden. Meine Nachbarin band immer einen schwarzen Strumpf um den Hals – am nächsten Morgen waren die Schmerzen verschwunden.

Hühneraugen: Eine Frau aus Kalifornien empfahl, ein Stück Knoblauch auf die Hühneraugen zu legen, diese lose mit Mull zu umwickeln und 10 Tagen abzuwarten.

Kater: Ein Heilpraktiker aus Schottland riet mir, in einem Abstand von 20 Minuten 6 Teelöffel Honig zu essen und die Anwendung mehrmals zu wiederholen.

Knochen einrenken: Schmiede der dritten Generation haben spezielle Heilkräfte und können angeblich besonders gut Knochen einrenken.

Krämpfe: Honig essen oder ein Handtuch in heißes Wasser tauchen und auf die betroffene Stelle legen. Manche älteren Leute stecken einen Weinkorken in den Kopfkissenbezug. Ein abergläubischer Mensch riet mir, Schuhe und Strümpfe vor dem Zubettgehen kreuzförmig hinzulegen oder eine Schüssel mit kaltem Wasser unter dem Bett aufzustellen, um den Krampf anzulocken. In Teilen Großbritanniens führte man früher einen „Krampfknochen" von einem Schaf oder einem Hasen mit sich.

Kropf: Ein sehr alter Tipp ist, aus den Schweifhaaren eines Zuchthengstes einen Zopf flechten und um den Hals tragen.

Muskelzerrung: Von einer Chinesin, die in Singapur lebt, erhielt ich den Rat, die betroffene Stelle einige Minuten mit Essig einzuweichen.

Nasenbluten: Eine Frau aus Carolina, USA, wusste ein traditionelles Mittel gegen Nasenbluten: Auf der Seite, an der die Nase blutet, einen Tropfen Essig ins Ohr geben. Ein englisches Rezept empfiehlt, dem Betroffenen einen kalten Schlüssel auf den Rücken zu legen. In Deutschland legt man ein nasses, kaltes Tuch in den Nacken. Meine Nachbarin verwendete Brennnesselsaft, den sie auf Mull tropfte und in die Nasenlöcher steckte.

Rheumatismus: Es gibt verschiedene Überlieferungen, z. B. aus Frankreich und Holland: Waschleder über den Gelenken oder ein Strumpfband aus Aalhaut tragen. Auch eine gestohlene Kartoffel in der Tasche soll gegen Rheuma helfen. Ein Armband aus Kupfer tragen oder stets eine Kastanie in der Tasche mitführen, sind ebenfalls traditionelle Mittel.

Schlaflosigkeit: Die Mutter meiner indischen Freundin riet ihrer Tochter, abends Zwiebeln zu essen.

Schlechtes Gedächtnis: Aus Griechenland stammt der Ratschlag, mit Honig gesüßten Salbeitee zu trinken.

Schnittwunden: Ein pensionierter Farmarbeiter aus East Anglia in England erinnerte sich, dass die Arbeiter das Blut mit Spinnweben stillten, wenn sie sich bei der Arbeit in der Scheune schnitten.

Schwangerschaft: Eine Freundin, die eine Zeit lang in Südafrika gelebt hatte, berichtete, dass Paupau-Samen in Südafrika als „Pille danach" verwendet werden.

Sonnenbrand: Eine Brasilianerin empfahl, die betroffene Stelle mit einer aufgeschnittenen rohen Kartoffel einzureiben.

Verbrennungen: Eine italienische Freundin riet mir, die Brandwunde mit Zahnpasta zu bestreichen – der Schmerz wird sofort gelindert, und die Verbrennung heilt ohne zu vernarben.

Zahnschmerzen: Die exzentrische Tante meiner holländischen Freundin, die in einem einsamen Dorf bei Maastricht lebte, steckte sich bei Zahnschmerzen immer ein eingerolltes Storchschnabelblatt ins Ohr und ließ es den ganzen Tag über drinnen. Ruprechtskraut (*Geranium robertianum*), ein Storchschnabel, wirkt beruhigend und entzündungshemmend.

Eine aufgeschnittene Zwiebel, die neben dem Bett aufgestellt wird, hilft angeblich bei Erkältungen.

KRÄUTER ALS HEILMITTEL

Die Hausapotheke nahm schon seit jeher eine wichtige Rolle im Haushalt ein und ist auch heute noch, besonders in ländlichen Gegenden, wo ärztliche Betreuung nicht immer sofort möglich ist, von großer Bedeutung. Die Verwendung der richtigen Heilpflanzen beruht auf einer langjährigen Erfahrung: Packungen mit Immergrün (*Vinca* sp.) wurden im englischen Suffolk schon vor 200 Jahren zur Behandlung von Brustkrebs verwendet. Heute sind die Alkaloide des Madagaskar-Immergrüns *Vinca rosea* ein wichtiger Bestandteil von Präparaten, die zur Behandlung von Leukämie verwendet werden. Schraubenalgen (*Spirogyra*) wurden schon von den Mayas und Azteken als Stärkungsmittel verwendet. Heute bringt das Multivitamin- und Mineralpräparat „Spirolina", das auf derselben Alge basiert, Riesenumsätze. Die Indianer Nordamerikas verwendeten Chili zur Vorbeugung und Behandlung von Tumoren: Das in den Samen enthaltene Capsaicin wird auch heute noch im Anschluss an eine Chemotherapie eingenommen. Die Indianer verwendeten außerdem den wild wachsenden Pilz *Grifola frondosa* als Nahrungs- und Arzneimittel. Dieser wird heute als *maitake* von den Japanern auf dem internationalen Markt vertrieben, da der Pilz aufgrund seiner immunstärkenden Wirkung zur Behandlung von HIV eingesetzt wird.

Die Welt der Kräuter ist so groß, dass wir hier leider nicht alle vorstellen können, sondern nur die am stärksten verbreiteten Pflanzen. Wenn Sie sie nach eigenem Gutdünken verwenden, sollten Sie vorsichtig sein: Achten Sie darauf, dass sie die richtigen Pflanzen sammeln und waschen sie diese vor dem Gebrauch. Falls Sie sich nicht sicher sind, ob die Pflanze zur Anwednung geeignet ist, sollten Sie auf jeden Fall in einem guten Kräuterbuch nachsehen oder am besten in einer Apotheke nachfragen. Kräuter enthalten starke Substanzen und für viele gibt es Gegenanzeigen. Sie sollten deshalb nur mit äußerster Sorgfalt und Fachkenntnis eingesetzt werden.

Ampfer (*Rumex crispus*): Der in Eurasien heimische Ampfer wächst heute als Unkraut in fast allen gemäßigten und subtropischen Zonen. Die lange Pfahlwurzel entzieht dem Boden Eisen und ist daher ein hervorragendes Mittel gegen Anämie. Die zerriebenen Blätter wirken schmerzlindernd bei Brennnesselverbrennungen und Brandwunden, und die Indianer Nordamerikas legten sie auf Furunkel auf. Auch Scherpilzflechten und Krätze heilen dadurch besser ab. Die entgiftende Wirkung des Ampfers ist weniger bekannt: Bereits die alten Griechen verwendeten einen Absud zur Behandlung von Hautkrankheiten und Verdauungsproblemen. In China ist auch die fiebersenkende Wirkung bekannt, und Ampfersamen sind ein traditionelles europäisches Hausmittel zur Behandlung von Ruhr und Durchfall. Die in der Wurzel enthaltenen bitteren Glykoside regen die Tätigkeit der Leber an.

Links: Veilchen   Unten: Römische Kamille

Augentrost (*Euphrasia rostkoviana*): Diese Pflanze, die in ganz Europa heimisch ist, galt bereits im antiken Griechenland als ein gutes Mittel für die Augen, das die Sicht schärft und Infektionen bekämpft. Die getrockneten Pflanzen mit Blüten werden aufgrund ihrer entzündungshemmenden Wirkung in Form eines Aufgusses verwen-

Huflattich

det. Als milde Lotion wird Augentrost zur Behandlung von Bindehautentzündung eingesetzt.

Beinwell (*Symphytum officinale*): Diese Heilpflanze wird seit Jahrhunderten für verschiedene Zwecke verwendet. Man fand aber inzwischen heraus, dass ihre krebserzeugenden Alkaloide in großen Mengen verabreicht die Leberzellen von Ratten zerstörten, sofern diese nichts anderes zu fressen bekamen. Einige Forscher argumentieren, dass diese Alkaloide bei der Aufbereitung der Pflanze zerstört und vom menschlichen Verdauungssystem nicht aufgenommen werden, andere bleiben skeptisch. Beinwell hat einen hohen Proteingehalt (35 %) und enthält Vitamin B12. In Afrika dient er als Futterpflanze. Er enthält außerdem Allantoin, das die Bildung von Bindegewebe fördert, und wird deshalb seit Jahrhunderten zur Heilung von Brüchen und Zerrungen verwendet. Beinwell kann auch bei Pferden eingesetzt werden: Wickelt man die Blätter um die rissigen Hinterfüße, heilen sie rascher. Der ursprünglich in Europa und Asien heimische Beinwell ist heute auf der ganzen Welt verbreitet.

Brennnessel (*Urtica dioica*): Brennnesseln sind so nützlich, dass sie einst in Schottland, Dänemark und Norwegen als medizinische Pflanze und zur Herstellung von Chlorophyll kultiviert wurden, obwohl sie eigentlich eine weit verbreitete Unkrautpflanze sind. Im Zweiten Weltkrieg wurden sie zum Verbinden infizierter Wunden verwendet, um den Heilungsprozess zu beschleunigen. Traditionelle Hausmittel sind Brennnesselsuppe oder -tee. Die Heilpflanze regt die Tätigkeit von Leber und Nieren an und wirkt entschlackend. Ihre harntreibenden Eigenschaften helfen bei Arthritis und Gicht, regen das Verdauungssytem an und lindern Infektionen der Atemwege. Brennnesseltinktur stillt das Blut bei Schnittwunden. Verwendet man die pulverisierten, getrockneten Blätter wie Schnupftabak, kann man Nasenbluten stoppen.

Eukalyptus

Meine französische Freundin Françoise meint, dass Brennnesseln nicht brennen, wenn man den Atem anhält, während man sie berührt.

Eukalyptus (*Eucalyptus globulus*): Diese in Australien und Tasmanien beheimatete Pflanze wird von den Aborigines in Form eines Aufgusses zur Behandlung von Fieber, Ruhr und Entzündungen verwendet. Eine Frau aus Simbabwe trank Eukalyptusblättertee bei Erkältungen und gurgelte damit, um Halsschmerzen zu kurieren.

Die traditionelle chinesische Medizin empfiehlt bei Arthritis, die schmerzenden Gelenke mit verdünntem Eukalyptusöl einzureiben. Man kann daraus auch Kompressen zur Behandlung von Wunden und Verbrennungen herstellen. Bei Kopfschmerzen die Schläfen damit einreiben. Eukalyptus mit Teebaumöl mischen, einem Basisöl verdünnen und Hände und Füße damit einreiben. Das wirkt belebend.

Holunder (*Sambucus nigra*): Diese Pflanze wurde schon von den alten Ägyptern verwendet und ist in Europa, Nordafrika und Vorderasien heimisch. Alle Teile des Holunders können für medizinische Zwecke genutzt werden: Blüten, Blätter, Beeren, Rinde und Wurzel. Holunderblütentee (siehe S. 123) manchmal gemischt mit Schafgarbe, wird zur Behandlung von Erkältungen und zum Gurgeln bei Halsschmerzen verwendet. Die nordamerikanischen Indianer tranken ihn auch bei Koliken und Kopfschmerzen. Die Beeren enthalten viel Vitamin C und beugen daher Erkältungen und Infektionen vor. Sie haben eine leicht abführende Wirkung und können zu Kompott verarbeitet werden.

Dieses Rezept hilft bei Bronchitis und bringt den Körper zum Schwitzen:

2 kg reife Holunderbeeren
400 g Zucker
Einige Gewürznelken
Whisky (nach Belieben)

Beeren, Zucker und Gewürznelken köcheln, bis sie dickflüssig sind. Abseihen und in Flaschen füllen. 1–2 Esslöffel in heißem Wasser auflösen, eventuell 1 Esslöffel Whisky hinzufügen und trinken.

Huflattich (*Tussilago farfara*): Blüten und Blätter werden schon seit Jahrhunderten zur Behandlung von Bronchitis geraucht. Diesen Ratschlag gab im 2. Jahrhundert n. Chr auch der römische Schriftsteller Plinius der Jüngere, und bei den Griechen war der Huflattich als „Hustenpflanze" bekannt. Die getrockneten Blätter wurden zu Zigaretten gerollt und geraucht. Heute wird der Huflattich eher als Tee getrunken. Er ist schleimlösend und entzündungshemmend und hilft bei Bronchitis, Katarrh, Asthma, starkem Husten und Kehlkopfentzündung. Der Huflattich ist in Europa, Nord- und Westasien, Nordafrika und Nordamerika heimisch.

Kamille (Echte K.: *Chamomilla recutita*, Römische K.: *Chamaemelum nobile*): Die Kamille enthält Substanzen, welche die Muskeln entspannen, den Magen beruhigen, Augenentzündungen lindern und bei Menustrationsbeschwerden helfen. Kamillenöl schafft Erleichterung bei Ischias und Arthritis und kann auch bei Kopfschmerzen, Migräne und Nervenschmerzen verabreicht werden.

Lavendel (*Lavandula officinalis*): Der berühmte Lavendelduft ist äußerst angenehm, und das aromatische Öl wird auch in der Medizin verwendet. Da es beruhigende Wirkung hat, sorgen ein paar Tropfen davon im abendlichen Bad für eine angenehme Nachtruhe. In einigen Krankenhäusern verbrennt man in den Schlafräumen Lavendelöl, anstatt den Patienten Schlaftabletten zu verabreichen. Es wirkt auch antidepressiv und kann emotionale Spannungen lösen. Bei Kopfschmerzen Lavendelöl auf Hals und Schläfen reiben oder Lavendelblütentee trinken. Lavendelöl hilft bei Muskelschmerzen und Rheumatismus.

Lorbeerbaum (*Laurus nobilis*): Als Küchenkraut bekannt; wirkt verdauungsfördernd. Das antiseptische Öl des Lorbeerbaums wird bei Rheuma, Zerrungen und Prellungen zum Einreiben verwendet.

Lavendel

Löwenzahn (*Taraxacum officinale*): Löwenzahnblättertee (siehe S. 123) ist besonders bei Zellulitis, Harnverhaltung und Harnleiterinfektionen zu empfehlen. Er entgiftet und eignet sich daher zur Behandlung von Krankheiten der Leber und Gallenblase. Durch die harntreibende Wirkung wird Harnsäure abgeführt, was sehr hilfreich bei Rheumatismus und Arthritis ist. Angeblich verschwinden Warzen, wenn man ein paar Wochen lang den milchigen Saft aufträgt. Der ursprünglich in Zentralasien beheimatete Löwenzahn ist eine äußerst wertvolle Pflanze, die sich auch für Salate eignet.

Mädesüß (*Filipendula dalmatia*): Die von dem schwedischen Botaniker Carl von Linné im 18. Jahrhundert als *Spiraea* klassifizierte Pflanze führte zum Markennamen „Aspirin". Die aus den Blütenknospen gewonnene Salicylsäure wurde erstmals 1839 entdeckt und um 1890 zur Herstellung

Rosmarin

von Aspirin verwendet. Aufgrund der entspannenden Wirkung wird Mädesüß als pflanzliches Schlafmittel verwendet. Ein Aufguss aus Blättern und Blüten wirkt gegen Erkältung, Grippe und Fieber. Mädesüß lindert nicht nur Gastritis und Verdauungsstörungen, sondern ist auch die beste pflanzliche Arznei bei Übersäuerung des Magens und wurde erfolgreich bei Arthritis und Rheumathismus eingesetzt. Diese herrlich duftende Pflanze, die einst zum Würzen von Honigwein (siehe S. 170) verwendet wurde, war ursprünglich in Europa und Asien beheimatet, wächst heute jedoch auch in Nordamerika.

Diese Kompresse eignet sich hervorragend zur Behandlung von Kopfschmerzen:

300 ml Wasser
50 g frische Mädesüßblüten

Das kochende Wasser über die Blüten gießen, zudecken und 10 Minuten ziehen lassen. Einen Streifen Watte mit Leinen abdecken, in die warme Flüssigkeit tauchen und ausdrücken. Legen Sie nun die Kompresse auf die Stirn und entspannen Sie.

Majoran (*Origanum* sp.): Majorantee hilft bei Erkältungen oder Verdauungsstörungen. Ätherisches Majoranöl wird in der Aromatherapie zur Behandlung von Magenkrämpfen und Menustrationsschmerzen verwendet. Neueste wissenschaftliche Untersuchungen haben ergeben, dass Majoran vorzeitige Zellalterung verhindert.

Mutterkraut (*Tanacetum parthenium*): Heute zählt das Mutterkraut als wirksames, pflanzliches Mittel gegen Migräne. Man hat festgestellt, dass 70 % aller Migränepatienten nach der Einnahme von Mutterkraut

Salbei

eine Besserung spüren. Die in Südosteuropa heimische, aber auch in anderen Ländern verbreitete Pflanze mit den gefiederten Blättern und margaritenähnlichen Blüten kann leicht im Garten angebaut werden. Vorbeugend gegen Kopfschmerzen und Migräne kann man täglich 1–2 Blätter kauen oder als Brotbelag essen. Achtung: Die Blätter sind sehr bitter und können im Mund Bläschen oder Hautreizungen hervorrufen.

Ringelblume (*Calendula officinalis*): Diese ursprünglich im Mittelmeerraum heimische Pflanze ist sowohl für medizinische als auch für kulinarische Zwecke geeignet (siehe S. 59–60), liefert einen gelben Farbstoff und ist Bestandteil vieler Kosmetika. Traditionell wird sie aufgrund ihrer adstringierenden, antiseptischen, pilz- und entzündungshemmenden Wirkung geschätzt und auch bei Menustrationbeschwerden und Verdauungsproblemen eingesetzt. Die deutsche Mystikerin Hildegard von Bingen empfahl im 12. Jahrhundert, Darm und Leber mit Ringelblumen zu behandeln. Äußerlich aufgetragen hilft die Pflanze bei Soor, kleineren Schnitten und Schrammen sowie Frostbeulen und Geschwüren. Man kann auch Insektenstiche damit einreiben. Ringelblumentee hilft bei Hitzewallungen während der Wechseljahre. Schon die Römer kannten die fiebersenkende Wirkung der Ringelblume, und im Amerikanischen Bürgerkrieg sowie im Ersten Weltkrieg wurde die Pflanze zur Behandlung von Verletzungen verwendet.

Rosmarin (*Rosmarinus officinalis*): Rosmarin wirkt antiseptisch und soll das Gedächtnis stärken. Tatsächlich wird mehr Blut zum Gehirn transportiert, so dass er für zahlreiche Beschwerden eingesetzt wird, angefangen von Nervosität, Überanstrengung und Menustrationsbeschwerden bis zu Fieber und Infektionen des Brustraums. 1–2 Tropfen Rosmarinöl auf den Schläfen lindert Kopfschmerzen.

Salbei (*Salvia officinalis*): Der Salbei zählte zu den wertvollsten Kräutern der Antike. Er soll verjüngende und gedächtnisstärkende Wirkung haben und ist als hervorragendes Mittel bei Mandelentzündung, Asthma, Katarrh und Nebenhöhlenentzündung bekannt. Er wirkt schleimlösend, stärkt das Immunsystem und hilft bei Magen- und Leberbeschwerden. Außerdem ist Salbei harntreibend und wirkt adstringierend, wodurch er Krämpfe, z. B. bei Menstruationsbeschwerden, zu lösen vermag. Bei Halsschmerzen sollte man mit Salbeitee gurgeln.

Schafgarbe (*Achillea millefolium*): Wird seit Jahrhunderten zur Behandlung von Wunden verwendet. Im Ersten Weltkrieg hatten die Soldaten eine Salbe aus Schafgarben im Gepäck, mit der sie bei Verletzungen Erste Hilfe leisteten. Die Pflanze wirkt blutdruck- und fiebersenkend. Aufgrund der harntreibenden Wirkung wird sie bei Harnleiterinfektionen verwendet. Als Aufguss gemischt mit Holunderblüten und Pfefferminze hilft sie bei Erkältungen. Während der Schwangerschaft sollte man keine Präparate aus Schafgarbe gebrauchen. Bei unregelmäßiger Menstruation kann Schafgarbe Abhilfe schaffen. Um Zahnschmerzen zu lindern, kaut man die süßen Blätter. Die Indianer verwendeten die Schafgarbe zur Beruhigung der Nerven sowie bei Fieber und Erkältungen.

Thymian

Thymian (*Thymus vulgaris*): Thymian ist ein sehr wirkungsvolles Antiseptikum. Bei Halsschmerzen hilft Thymiantee, den man zum Gurgeln verwendet und trinkt. Als Hausmittel wird Thymian bei Verdauungsstörungen, Pilzinfektionen, Angstzuständen, Schlaflosigkeit, Harnleiterentzündungen und Gicht verwendet.

Veilchen (*Viola odorata*): Veilchenblätter werden in verschiedenen europäischen Kräuterbüchern zur Behandlung von Katarrh, Bronchitis und gelegentlich auch von Rheumatismus empfohlen. Ein pharmazeutisches Buch von 1983 berichtet, dass das Duftveilchen sowohl innerlich als auch äußerlich zur Behandlung von Krebs verwendet wurde. In einem alten Buch von 1901 fand ich dieses Rezept, das Krebs heilen soll: 1 Hand voll frische, grüne Veilchenblätter mit 500 ml kochendem Wasser übergießen, zudecken und 12 Stunden stehen lassen. Anschließend abseihen, ein Stück Leinen in die Flüssigkeit tauchen, als Kompresse auflegen und immer wieder erneuern. Ich stieß auf einen alten Zeitungsausschnitt aus der *Times* (1900), in dem folgende Geschichte erzählt wird: Lady M. litt an schwerem Rachenkrebs und stand kurz vor dem Tod, als ihr eine Freundin eben dieses Rezept empfahl. Binnen einer Woche war die Schwellung zurückgegangen und die Schmerzen hatten aufgehört. Nach einer weiteren Woche war sie geheilt.

Lavendel ist schon seit Jahrhunderten für seine beruhigende Wirkung bekannt.

FÜR EINEN GESUNDEN SCHLAF

Die einschläfernde Wirkung von Wein – natürlich in der richtigen Menge genossen – war bereits den alten Griechen bekannt. Bier erfüllt denselben Zweck, da der darin enthaltene Hopfen den Körper beruhigt. Man kann auch ein Kissen mit getrockneten Blättern des Wiesenfrauenmantels füllen oder auf einer mit Haferspelzen gefüllten Matratze schlafen. Früher trank man vor dem Schlafengehen Apfelessig mit Honig und im Mittelalter auch Weißdorntee. Im Prinzip gibt es jedoch sechs Heilpflanzen, die schon seit Jahrhunderten zur Behebung von Schlafstörungen verwendet werden:

Kamille (Echte K.: *Chamomilla recutita,* Römische K.: *Chamaemelum nobile*): Wurde bereits im alten Ägypten verwendet. Die ursprünglich in Europa und dem nördlichen Asien beheimatete Pflanze ist auch in den USA heimisch. Der englische Kräuterkundige Culpeper schrieb, dass „Baden mit einem Kamillenaufguss Müdigkeit und Schmerzen beseitigt". Er empfahl, die Blüten in heißer Milch zu trinken (siehe S. 171). Die Kamille hat besonders auf ruhelose und übersensible Menschen eine beruhigende und entspannende Wirkung. Kamillenöl hat einen herrlichen Duft, entspannt die Muskeln und regt die Verdauung an.

Kamillentee

2 Esslöffel Kamillenblüten mit 500 ml kochendem Wasser aufgießen. 15 Minuten ziehen lassen, abseihen. Mit Honig süßen.

Hopfen (*Humulus lupulus*): Hopfen gedeiht besonders gut in gemäßigten Zonen und wird in Europa, Chile und den USA kultiviert. Getrocknete Hopfenblüten, weibliche Zapfen, die einen starken Duft verströmen, werden schon seit Generationen für sogenannte Hopfenkissen verwendet, welche die Muskeln entspannen und wie ein leichtes Beruhigungsmittel wirken. Trinken Sie vor dem Schlafengehen eine Tasse Hopfentee. Bereiten Sie ihn ebenso zu wie den Kamillentee.

Lavendel (*Lavandula angustifolia*): Das beliebteste aromatische Kraut war ursprünglich im Mittelmeerraum heimisch, ist heute jedoch auch in anderen Gegenden verbreitet. Es kann ebenso wie

Hopfen zur Herstellung eines Kissens verwendet werden. Sie können auch ein wenig Hopfen, einige Kamillenblüten sowie Lindenblüten hinzufügen. Bevor das Kissen zugenäht wird, träufelt man ein paar Tropfen Lavendelöl über die Blüten.

John Parkinson, Arzt und Apotheker des englischen Königs James I., beschrieb den betörenden Duft des Lavendels:

Eine Hand voll Lavendelblüten mit Wasser bedecken, aufkochen und 10 Minuten kochen lassen. Abseihen, ins Badewasser gießen und ein langes Bad nehmen. Um die Wirkung zu verstärken, kann man einige Tropfen Lavendelöl oder hochwertiges Lavendelwasser auf das Kissen träufeln – binnen kürzester Zeit werden Sie einschlafen.

Giftlattich (*Lactuca virosa*): Er hat schon seit jeher den Ruf, ein Schlafmittel zu sein. Im 18. Jahrhundert wurde er wegen des weißen Stengelsaftes kultiviert, der Lactucanum enthält und giftig ist. Diese Substanz wurde bis zum Ende des 19. Jahrhunderts als Beruhigungsmittel verwendet. Das sogenannte „Salatopium" wurde seit 1771 für medizinische Zwecke verwendet und sogar mit echtem Opium gemischt als Beruhigungsmittel eingenommen.

Ein chinesischer Freund erzählte mir, dass das Schlafmittel „Ku-chin-kan" aus dem weißen Saft der Salatpflanze, die mit dem Giftlattich verwandt ist, hergestellt wird, und in anderen Ländern der Saft von wildem Salat vor der Erfindung der Anästhetika auch als Schmerzmittel verwendet wurde.

Daher kann man nur empfehlen, am Abend Kopfsalat (*Lactuca capitata*) zu essen, um in den Genuss der beruhigenden und entspannenden Wirkung zu kommen, die zu gutem Schlaf verhilft.

Winterlinde (*Tilia cordata*): Bei den Germanen und Slawen spielte die Linde eine bedeutende Rolle. Der intensive Duft der gelblichen Blüten lockt zahlreiche Bienen an und wird zur Herstellung des Lindenblütentees verwendet. Dieses milde Heilgetränk mit Honiggeschmack hat eine äußerst beruhigende Wirkung auf den Magen und hilft bei Schlaflosigkeit. Außerdem wirkt es schweißtreibend und fiebersenkend. In Osteuropa gilt es als Hausmittel zur Senkung des Bluthochdrucks.

Man kann entweder vor dem Schlafengehen eine Tasse Lindenblütentee trinken oder den Aufguss für ein beruhigendes Bad verwenden (siehe Rosmarinbad S. 92).

Baldrian (*Valeriana officinalis*): Baldrian wurde schon früh von arabischen Ärzten als Heilmittel verwendet. Er ist nach wie vor sehr bedeutend für die Pharmazie, wo er als nicht süchtig machender Tranquilizer empfohlen wird, der in zahlreichen Produkten enthalten ist. Baldrian wirkt blutdrucksenkend und eignet sich bei Stress und Schlafstörungen sowie zur Behandlung typischer Symptome, die während den Wechseljahren auftreten. In vielen Beruhigungsmitteln ist Baldriansäure enthalten.

Die zerdrückten Wurzeln haben einen unangenehmen Geruch, der Katzen anlockt.

Baldrian sollte nur auf Anraten des Arztes eingenommen werden, da große Dosen schädlich sein können und Baldrian mit einigen anderen Präparaten schlecht verträglich ist. Auf jeden Fall ist er ein ideales Schlafmittel, hat auf gereizte oder ängstliche Menschen beruhigende Wirkung und wird erfolgreich bei Nervosität und Angstzuständen eingesetzt. Baldriantinktur wurde zum Beispiel im Ersten Weltkrieg zur Behandlung von Kriegsneurosen verwendet.

Ein kleines selbstgemachtes Kissen mit Hopfenblüten sorgt für tiefen Schlaf.

KRÄUTER- UND HEILTEES

Frische oder getrocknete Kräuter mit kochendem Wasser aufzugießen ist eine der besten Methoden, um Wirkstoffe freizusetzen.

Zubereitung von Kräutertees

Verwenden Sie nur hochwertige Kräuter: Abgepackte getrocknete Kräuter verlieren manchmal ihr Aroma.

Verwendung von getrockneten Kräutern

Im Allgemeinen nimmt man 1 Teelöffel pro Tasse. In eine Teekanne geben, mit kochendem Wasser aufgießen, zudecken und 5–8 Minuten ziehen lassen. Nicht zu lange ziehen lassen, damit der feine Geschmack erhalten bleibt. Bei milden Kräutern empfiehlt es sich, mehr zu verwenden und den Tee kürzer ziehen zu lassen.

Verwendung von frischen Kräutern

3 Teelöffel Kräuterblätter mit einem sauberen Tuch leicht zerdrücken und in eine Teekanne aus Porzellan geben. Mit kochendem Wasser aufgießen, zudecken und 5–8 Minuten ziehen lassen.

Verwendung von Samen (z. B. Fenchel, Dill, Kümmel)

Die Samen mit einem Tuch zerdrücken, in einen Topf geben, mit 500 ml Wasser pro Teelöffel aufgießen und 5–8 Minuten leicht köcheln lassen. Abseihen und mit etwas Honig süßen.

Für Eistees die Kräuter wie oben zubereiten, abseihen und im Kühlschrank kühlen. Sie sind im Sommer herrlich erfrischend. Man kann sie mit kalter Milch oder Eis als Shake servieren.

Brombeerblätter (*Rubus fruticosus*): Im Frühling die jungen Blätter sammeln. Hervorragend bei Geschwüren und zum Gurgeln bei Halsschmerzen. Sie können auch mit anderen jungen Blättern gemischt werden: Probieren Sie Brombeerblätter mit wilden Erdbeerblättern und Waldmeister. Gibt man noch 1 Prise Thymian dazu, erhält man ein durstlöschendes und leicht harntreibendes Getränk.

Gemeiner Frauenmantel (*Alchemilla vulgaris*): Wird in ganz Europa bei Unterleibsschmerzen und Menustrationsbeschwerden angewendet. Wirkt adstrinigierend und entzündungshemmend. Besonders in den Wechseljahren zu empfehlen.

Holunderblüten (*Sambucus nigra*): Eine alte Dame in meinem Dorf verwendete bei Erkältungen Holunderblütentee. Manchmal mischte ihre Großmutter Lindenblüten dazu, die schweißtreibend wirken. Man kann Holunderblüten auch in gewöhnlichen Tee geben, um ihm ein köstliches Muskataroma zu verleihen.

Indianernessel (*Monarda didyma*): Liefert einen intensiv duftenden Tee, der aufgrund seiner beruhigenden und entspannenden Wirkung am besten vor dem Schlafengehen getrunken wird. Die nordamerikanischen Oswego-Indianer tranken den Tee, und die Amerikaner lernten ihn schätzen, als sie während des Unabhängigkeitskrieges britischen Tee boykottierten.

Für einen Schlummertrunk gießt man 300 ml Milch über 1 Esslöffel zerkleinerte Indianernesselblätter und lässt diese mindestens 5 Minuten ziehen. Den Tee mit Honig süßen und warm trinken.

Kamille (Echte K.: *Chamomilla recutita*; Römische K.: *Chamaemelum nobile*): Dieser Tee, einer der bekanntesten, wirkt beruhigend auf Magen und Darm. Man süßt ihn nach Belieben mit Honig. Kamille ist entzündungshemmend und eignet sich auch gut zur Behandlung alternder Haut.

Löwenzahn (*Taraxacum officinale*): Löwenzahnblättertee wirkt stark harntreibend, verbessert Leber- und Gallenfunktion und hilft auch bei Rheumatismus (siehe S. 117). Frische Blätter verwenden.

Pfefferminze (*Mentha piperita*): Pfefferminze wird aus frischen Pfefferminzblättern zubereitet. Wirkt krampflösend, beruhigt den Magen und ist auch bei nervösen Kopfschmerzen und Erkältungen zu empfehlen. Ganze Blätter ergeben einen feineren Geschmack. Wenn man 1 Esslöffel Pfefferminzblätter 7–10 Minuten in 300 ml heißer Milch ziehen lässt, anschließend abseiht und heiß serviert, erhält man ein köstliches Getränk.

Ähnliche Tees können Sie aus Rosenpelargonie (*Pelargonium graveolens*), Hundsrose (*Rosa canina*), Salbei (*Salvia officinalis*), Thymian (*Thymus vulgaris*) und Zitronenstrauch (*Aloysia triphylla*) zubereiten. Die einzelnen Kräuter können auch kombiniert werden, z. B. Melisse und Lavendel, Weißdorn und Salbei sowie Schafgarbe und Holunderblüten.

Wacholderbeeren (*Juniperus communis*): Wacholder ist auf der ganzen Welt verbreitet. Aufgrund seiner antiseptischen Eigenschaften eignet er sich zur Behandlung von Blasenentzündung. Er wirkt harntreibend und lindert Magenschmerzen. Nicht während der Schwangerschaft oder bei Nierenbeschwerden verwenden.

Pro Tasse werden 12–18 Wacholderbeeren mit kochendem Wasser aufgegossen. 10 Minuten ziehen lassen und bei Bedarf mit etwas Honig süßen.

Zitronenmelisse (*Melissa officinalis*): Ich bereite diesen Tee im Frühsommer aus einem großen Bund junger Blätter zu, die ich 10 Minuten in heißem Wasser ziehen lasse und in der Sonne sitzend trinke. Das Getränk schmeckt leicht, erfrischend und aromatisch. Bei den alten Griechen galt die Zitronenmelisse als Allheilmittel. Das Kraut beruhigt Magen und Darm und wird seit jeher bei Depressionen, Übermüdung, Angstzuständen und Kopfschmerzen verwendet.

Sagen, Legenden und Kräuter

Alte Sagen und Legenden, bei denen Kräuter eine wichtige Rolle spielen, sind in vielen Kulturen bekannt. Manche Anekdoten sind bis heute erhalten geblieben und wurden durch Literatur und Poesie verbreitet.

Basilikum (*Ocimum basilicum*): Jeder gute Hindu trägt ein Basilikumblatt auf der Brust, wenn er zur letzten Ruhe gebettet wird. Die Hindus glauben, dass es Glück bringt, ein Haus an einer Stelle zu bauen, wo vorher wildes Basilikum wuchs. Basilikum aus der Erde zu reissen, gilt sowohl in dieser als auch in der nächsten Welt als unverzeihlich.

In Italien gelten die Basilikumblätter als Liebesbeweise. Ein Basilikumtopf im Fenster ist ein Zeichen dafür, dass das Mädchen auf ihren Geliebten wartet. Auch auf Kreta gilt Basilikum als Liebespflanze. In Frankreich hingegen bedeutet „semer le basilic" jemanden in Verruf bringen. Von Basilikum zu träumen ist ein Zeichen für Unglück und Trauer.

Dill (*Anethum graveolens*): Dill wurde von Hexen für Verwünschungen und Zaubersprüche verwendet. Er wurde jedoch auch zum Schutz vor dem bösen Blick in Türen und Fenster gehängt. Im Allgemeinen gilt der Dill als glücksbringende Pflanze: Im ländlichen England trugen die Frauen an ihrem Hochzeitstag einen Dillzweig.

Fenchel (*Foeniculum vulgare*): Laut einer griechischen Sage versteckte Prometheus das Feuer der Sonne in einem hohlen Fenchelstiel, um es vom Himmel auf die Erde zu bringen. Das Wissen wurde den Menschen von den Göttern im Olymp in Form einer glühenden Kohle in einem Fenchelstiel überbracht. Fenchel schützte angeblich vor Hexerei, und Fenchelzweige, die an den Dachbalken aufgehängt wurden, sollten böse Geister fern halten. Früher wurde Fenchel Jungvermählten vor die Füße gestreut. Das sollte Glück bringen.

Lavendel (*Lavandula angustifolia*): Der Lavendel ist Hekate, der Göttin des Mondes, geweiht, die von Hexen und Zauberern verehrt wurde. Er wurde aber auch verwendet, um den bösen Blick abzuwehren. In der Sprache der Blumen steht der Lavendel für Misstrauen, da man annahm, er wäre der bevorzugte Schlupfwinkel der Viper. Eine Legende besagt, dass man mit Hilfe von Lavendelduft Löwen und Tiger besänftigen kann.

Rosmarin (*Rosmarinus officinalis*): Es gibt mehr Legenden über Rosmarin als über jedes andere Kraut. Die blauen Blüten erhielten ihre Farbe angeblich vom blauen Umhang der Jungfrau Maria, den sie während der Flucht nach Ägypten zum Trocknen über einen Rosmarinbusch warf. Rosmarin wird nicht älter als Jesus Christus wurde, 33 Jahre. Er wächst nach dem Volksglauben nur in den Gärten aufrichtiger Menschen. Bei Hochzeiten auf dem Land tauchte man Rosmarinzweige in den Wein, bevor er von den Jungvermählten getrunken wurde. Das sollte immerwährende Liebe garantieren. Rosmarin ist ein Symbol für die Erinnerung.

Salbei (*Salvia officinalis*): Salbei galt als lebensverlängerndes Kraut. Für ein langes Leben sollte man besonders im Mai viel Salbei essen:

> *He that would live for aye*
> *Must eat sage in May*

Ein gut gedeihender Salbeistrauch steht für Reichtum der Familie; verwelkt er, schwindet auch das Vermögen. In der Sprache der Blumen steht der Salbei für Hochachtung. Die Pflanzen waren so wertvoll, dass sie vor der Kröte, der Gehilfin des Teufels, geschützt werden mussten. Daher pflanzte man neben Salbei oft Rauten an, um die Kröten von dem wertvollen Salbei fern zu halten.

Zitronenmelisse (*Melissa officinalis*): Zitronenmelisse ist das Kraut der Wissenschaftler, das den Studenten gegeben wurde, um ihren Verstand und ihr Erinnerungsvermögen zu schärfen. In der Sprache der Blumen steht die Zitronenmelisse für die Fröhlichkeit. Laut John Evelyn, einem Schriftsteller des 17. Jahrhunderts, hat sie herzlich und fröhlich stimmende Wirkung. Trägt man einen Beutel mit Zitronenmelissenblätter am Herzen, wird man attraktiv, glücklich und gesund. Die Bauersfrauen fütterten die Kühe mit Zitronenmelisse, damit sie mehr Milch gaben.

Salvia officinalis
Anethum graveolens
Lavandula stoechas

LÄNDLICHE TAFELFREUDEN

Trotz unterschiedlicher Sitten und Bräuche wird auf der ganzen Welt in der einen oder anderen Form Erntedank gefeiert. In Japan begeht man die Reisernte mit traditionellen Festen, die der Reisgöttin Inari gewidmet sind. In Indien werden Vishnu und Lakshimi Schüsseln mit Reis, *idli* – gedünsteten Reiskuchen – oder frisch geerntetem Getreide, das mit Cashewnüssen und Rohrzucker zubereitet wird, dargebracht. In Nyons in Südfrankreich wird die Olivenernte mit dem prachtvollen Fest „Les Olivades" gefeiert, wo *pan bagna* – in Olivenöl eingelegtes Brot – gegessen wird. Auch in der Fischerei wird die Fangzeit von Festlichkeiten begleitet: An der Wolga in Masleniza im Süden Russlands feiert man Mitte Juni den Fang von Brassen und Stör. Im italienischen Tarent wird im September ein Fest zu Ehren von Stella Maris, dem Stern des Meeres, begangen, der die Fischer beschützen soll. Bei ciesen Feierlichkeiten wird am Strand Fisch gegrillt. In New Mexico in den USA wird einmal im Jahr das Chilifest gefeiert, bei dem die für diese Gegend typische Pflanze im Mittelpunkt steht. In Gilroy in Kalifornien feiert man dem Knoblauch zu Ehren das Fest der „silbernen Perle", bei dem Tausende zusammenkommen. Am 1. November, an Allerheiligen, finden in Südfrankreich traditionelle Kastanienmärkte und in vielen anderen Ländern Honigmärkte statt. Die russische Pilzernte ist ein nationales Ereignis, das bereits von Tolstoi beschrieben wurde. Und beim jährlichen Apfelbaumfest in Finistère in der Bretagne bilden ein großer Markt und ein Feuerwerk den Höhepunkt der Cidre-Saison.

Vor der Mechanisierung der Landwirtschaft bedeutete das Ende der Getreideernte und das damit verbundene Erntedankfest in vielen Ländern Europas und in den USA den krönenden Abschluss des Arbeitsjahres. Mein englischer Nachbar Wilf erzählte mir, dass die letzte Garbe immer triumphierend auf einem mit Blüten sowie Eichen- und Eschenzweigen geschmückten Erntewagen eingebracht wurde. Dieser wurde von vier bis sechs starken Pferden gezogen, die ebenfalls mit Blütengirlanden geschmückt waren. Am selben Abend fand in der großen Scheune ein Erntemahl für alle Arbeiter statt, das aus einem traditionellen Braten, gefolgt von Apfelkuchen und dem typisch englischen Plumpudding bestand und mit reichlich Bier oder Apfelwein hinuntergespült wurde. Dabei wurde selbstverständlich gesungen und getanzt. Ein Amerikaner, der auf der Farm seines Vaters in South Dakota gearbeitet hatte, erinnerte sich an den Gottesdienst, den sie vor einem ähnlichen Festmahl besuchten. Auch in Deutschland und in vielen anderen Ländern Europas wird in den Kirchen mit einem Gottesdienst Erntedank gefeiert.

Früchte können auf vielfältige Weise konserviert werden – in Form von Kompott, Marmelade, Gelee, Eingelegtem oder Chutney – und bereichern den winterlichen Speiseplan. Die Pilzernte liefert zahlreiche köstliche Gerichte, und die Honigernte füllt Ihr Regal mit dem wertvollen Nektar auf, mit dem Sie leckere Süßspeisen zubereiten können. Als köstliche Zutat zu Kuchen und Soufflees, Torten und Puddings gelangen die Früchte der Natur direkt auf Ihren Tisch.

GROSSMUTTERS REZEPTE

Frische Eier und Milch zählten zu den wichtigsten Zutaten, die für die Zubereitung der Mahlzeiten in Hallington Hall, einem Sommerhaus, wo wir als Kinder immer unsere Ferien verbrachten, zählten. Noch warm gelangte die Milch vom benachbarten Bauernhof in eleganten Krügen auf den Tisch des Speisezimmers. Die Früchte, die z. B. zum Backen verwendet wurden, stammten aus dem großen Garten mit seinen langen Gewächshäusern und Spalierobstbäumen, die täglich von Sidney, dem Gärtner, gepflegt wurden. Meine Mutter verstand sich gut mit der Köchin, Mrs Thomas, die köstliche Kuchen und Puddings zauberte, und ließ sich häufig von ihr Rezepte geben, die sie notierte. Nach ihrem Tod fand ich diese köstlichen Rezepte in einem kleinen Schulheft. Ich habe sie teilweise hier für Sie wiedergegeben.

Zitronencreme

Zitronencreme

Einfach köstlich. Diese herrlich erfrischende Creme für heiße Sommertage kann auch mit Wein anstatt Sherry zubereitet werden, damit sie leichter wird.

FÜR 6 PERSONEN
500 ml Crème fraîche
50 g gemahlene Mandeln
3 Gläser Sherry
Abgeriebene Schale und Saft von 1 Zitrone
3–4 EL extrafeiner Zucker
2 EL Rohrzuckersirup zum Garnieren
Zitronenschale zum Garnieren

Crème fraîche mit den Mandeln vermengen und in einen Krug geben. Sherry, abgeriebene Zitronenschale und Zitronensaft in einen anderen Krug füllen und mit Zucker abschmecken. Mehrmals rasch von einem Krug in den anderen schütten, bis sich Schaum bildet, und dann in Weingläser gießen. Kalt stellen. Zum Garnieren den Sirup mit der Zitronenschale 1–2 Minuten erhitzen und über die einzelnen Portionen gießen.

Gebackener Apfelpudding

Äpfel sind ein Symbol für Fruchtbarkeit. Freunde in der Normandie meinen, den letzten Apfel am Baum zu lassen, bringe Glück. Dieses Dessert ist ein herrlicher, ungewöhnlicher Pudding, der marmoriert aussieht, da sich die Äpfel und die Vanillecreme nicht miteinander verbinden. Kalt mit Sahne servieren.

FÜR 4 PERSONEN
6 große Äpfel
Etwas kaltes Wasser
Brauner Zucker zum Abschmecken
Abgeriebene Schale von ½ Zitrone
1 TL Zimt
300 ml Milch
4 Eier
100 g extrafeiner Zucker
1 kleiner Apfel (Cox Orange)
25 g Butter

Backofen auf 180 °C (Gas Stufe 4) vorheizen. Die Äpfel schälen, vom Kerngehäuse befreien und in einem Topf mit Wasser erhitzen. Sobald sie weich sind, pürieren. Mit braunem Zucker süßen, Zitronenschale und Zimt hinzufügen und abkühlen lassen. Das Apfelmus in eine Auflaufform füllen. Milch stark erhitzen, aber nicht aufkochen. Die Eier und den Zucker schäumig rühren und langsam über die heiße Milch gießen. Das Ganze über das Apfelmus gießen und im Ofen 25–35 Minuten überbacken. Den Cox Orange in Würfel schneiden, diese kurz in Butter dünsten und zum Auflauf servieren.

Iles flottantes

Ich habe schon immer den muskatähnlichen Duft von Holunderblüten geliebt und verwende diese oft für Konfitüren und Getränke. Folgendes Rezept ist den französischen Iles flottantes nachempfunden:

FÜR 4 PERSONEN	*100 g extrafeiner Zucker*
Blüten von 2 Holunderstielen	*1 Prise Salz*
1 l Milch	*4 Eier, getrennt*
2 EL Grieß	*Zimt*

Blüten von den Stielen zwicken und bei schwacher Hitze 10 Minuten in Milch ziehen lassen. (Damit die Milch nicht überkocht, kann man eine saubere Murmel in den Topf legen). Milch abseihen, dann den Grieß, die Hälfte des Zuckers und das Salz einrühren. Eigelbe in einer Schüssel schlagen und über die Milch gießen. Im Wasserbad unter Rühren langsam erhitzen, bis die Creme eindickt. Zum Abkühlen in eine Glasschüssel gießen.

Kurz vor dem Anrichten die Eiweiße steif schlagen, den restlichen Zucker hinzufügen und nochmals schlagen, bis die Mischung wie Schaumgebäck aussieht. Die Eiweißmischung esslöffelweise auf die Creme geben und zum Garnieren mit ein wenig Zimt bestreuen.

Haselnusseis

Haselnüsse sind schön knusprig, die Eiscreme ist jedoch herrlich weich. Das ergibt eine köstliche Kombination.

FÜR 6 PERSONEN	*10 g Butter*
100 g Haselnüsse, in der Küchenmaschine gemahlen	*75 g extrafeiner Zucker*
500 ml Milch	*4 Eier, getrennt*

Die Nüsse in der Milch 20 Minuten in einer Bratpfanne köcheln. Butter, Zucker und Eigelbe in eine Schüssel geben, ins Wasserbad stellen und schlagen. Langsam Milch und Nüsse hinzufügen und zu einer dicken Creme schlagen. Die Mischung nicht aufkochen lassen, da sie sonst gerinnt. In einen Behälter gießen und nach dem Abkühlen 1 Stunde im Gefrierfach gefrieren. Die Eiweiße steif schlagen, unter die Eiscreme heben und nochmals gefrieren.

Gebackener Apfelpudding

Englische Vanillecreme

Als Kinder wünschten wir uns, dass Mrs Thomas, unsere Köchin, jeden Abend für uns diese Creme zubereitete. Manchmal verwendete sie dafür Enteneier und ab und zu sogar Sahne, wodurch die Creme besonders reichhaltig wurde.

FÜR 8 PERSONEN	*Schale von ½ Zitrone*
500 ml Milch	*Eine paar Tropfen Vanilleessenz*
50 g Kristallzucker	*5 Eier*

Milch mit Zucker, Zitronenschale und Vanille in einen Topf geben und bei schwacher Hitze 30 Minuten ziehen lassen. Kurz aufkochen und dann in eine Schüssel seihen. Eier schlagen und in die abgekühlte Milch rühren. In eine Schüssel seihen und im Wasserbad rühren, bis die Mischung eindickt. Die Vanillecreme nicht mehr aufkochen, da sie sonst gerinnt. Mit Kuchen und anderen Süßspeisen servieren.

EIER

Eine meiner frühesten Kindheitserinnerungen ist, wie meine Mutter abends die Hühner im Garten zusammentrieb. Stets entkam ein Huhn in den Nachbargarten. Der Geschmack dieser Eier und ihre intensive Farbe waren einzigartig. Als Kind wusste ich noch nicht, dass auch die Eier von Tauben, Gänsen, Kiebitzen, Moorhühnern, Straußen, Rebhühnern, Fasanen, Tauben, Wachteln, Truthähnen und Perlhühnern gesammelt und verspeist werden können.

Doch Hühnereier werden auf der ganzen Welt gegessen und geschätzt, angefangen von den schon 1000 Jahre alten chinesischen Eiern, die mit Salz, Holzkohle und Kalk konserviert wurden, bis zu dem Omelett, das in einem kleinen Dorf in den französischen Alpen zubereitet wird, sobald die Sonne nach 100 Wintertagen wieder hinter dem Berg hervorkommt. Das Ei gilt als Symbol der Fruchtbarkeit und Lebenskraft und wird in der christlichen Welt bei den Osterfesten, ob nun gekocht, bemalt, ausgeblasen oder als Schokoladenei, zur Dekoration verwendet und verschenkt.

Apfelschnee

Meine Mutter bereitete dieses Dessert oft für die Familie zu. Ich verwende noch heute das Rezept, das sie von Mrs Thomas aus Northumberland bekommen hatte.

FÜR 4 PERSONEN

5 Äpfel, geschält, ohne Kerngehäuse und geviertelt
Abgeriebene Schale von ½ Zitrone
4 Eiweiße
100 g extrafeiner Zucker

Äpfel, abgeriebene Zitronenschale und etwas Wasser in einen Topf geben und etwa 20 Minuten kochen. Die Äpfel pürieren und abkühlen lassen.

Eiweiße schlagen, Zucker hinzufügen und weiter schlagen, bis sie steif sind. Vorsichtig unter das Apfelmus heben und in eine große Glasschüssel füllen. Passt hervorragend zu Vanillecreme (siehe S. 131).

Gebackene Holunderblüten

Hochsommer ist für mich Holunderblütenzeit. Ich verwende sie zum Abschmecken von Stachelbeerkonfitüre und -kuchen und stelle jedes Jahr Holunderlikör selbst her. Die gebackenen Holunderblüten schmecken besonders köstlich. Sie werden nur mit etwas Zucker und Zimt bestreut.

FÜR 4 PERSONEN

Teig:
100 g Mehl
1 Prise Salz
3 EL Pflanzenöl
150 ml warmes Wasser
1 Eiweiß, steif geschlagen
Blüten von 8 Holunderstielen
Etwas Zucker und Zimt
Pflanzenöl zum Frittieren

Mehl und Salz sieben, dann das Öl einrühren. Nach und nach Wasser hinzufügen und rühren, bis die Konsistenz glatt und cremig ist. 2 Stunden stehen lassen. Kurz vor dem Braten das geschlagene Eiweiß unterheben.

Blüten in den vorbereiteten Teig tauchen und in heißem Öl 1 Minute knusprig backen. Auf Küchenpapier abtropfen lassen, mit Zucker und Zimt bestreuen und servieren.

Haselnuss-Schokolade-Meringen

In der Nähe eines Dorfes in Nordfrankreich, wo eine Freundin ihr Landhaus vermietet, wachsen üppige Haselnusssträucher. Durch ein Essen im Dorfgasthaus inspiriert, probierte ich dieses köstliche Dessert aus. Es ist leicht und nussig mit einem Hauch von Schokolade. Sie können die Meringen auch mit Sahne füllen.

FÜR 6–8 PERSONEN

100 g Haselnüsse
5 Eiweiße
200 g extrafeiner Zucker
Je 75 g weiße und braune Schokolade, grob gehackt
1 TL Zimt oder gemahlene Gewürzmischung
300 ml Schlagsahne
Puderzucker zum Bestäuben
Einige Himbeeren (nach Belieben)

2 große Backbleche mit Backpapier auslegen. Backofen auf 140 °C (Gas Stufe 1) vorheizen.

Haselnüsse rösten und fein hacken. Eiweiße steif schlagen, Zucker zugeben und weiterschlagen. Nun die Haselnüsse und die Schokolade unterheben. Die Hälfte der Mischung mit einem Löffel kreisförmig auf das eine Backblech, die andere Hälfte auf das andere geben und 2–2 1/2 Stunden backen. Backofen abschalten und die Meringen darin auskühlen lassen.

Sahne sehr steif schlagen und eine der Meringenhälften damit bestreichen. Dann mit der zweiten Hälfte abdecken. Zum Schluss die Meringen mit Puderzucker bestäuben und eventuell mit ein paar Himbeeren garnieren.

Eingelegter Rotkohl

Eingelegtes

Der stechende Essiggeruch von Eingelegtem erinnert an die ersten kühlen Herbsttage nach dem Sommer, an denen der kommende Winter erstmals seine Aufwartung macht. Zum Einlegen eignen sich viele verschiedene Obst- und Gemüsesorten, exotische ebenso wie traditionelle: Die Palette reicht von Blumenkohl, Schalotten, Artischocken und Roter Bete über Melonen, Pfirsiche und Birnen bis hin zu orientalischen Gemüsesorten.

Zum Einlegen sollte man ausschließlich hochwertigen Essig verwenden. Billiger Essig wirkt sich auf den Geschmack des eingelegten Gemüses bzw. Obstes aus. Vergewissern Sie sich, dass er einen Säuregehalt von mindestens 5 % hat, und verwenden Sie klaren Essig, der die Farben der eingelegten Früchte besser zur Geltung bringt. Lagern Sie Eingelegtes in Gläsern mit Drehverschlüssen aus Plastik; Metalldeckel verrosten.

In Russland werden traditionell Pilze eingelegt, und in China gibt es ebenfalls eingelegtes Gemüse, das für den Verzehr im Winter gedacht ist. Gemüse nach Szechuan Art wird in Salz und Chili eingelegt und roh gegessen oder zu Kurzgebratenem verwendet. Die japanischen Gemüse-Pickles, die *tsukemono*, sind knackig und scharf und werden oft zusammen mit Reis als kleine Mahlzeit gegessen.

Pikanter Essig für Eingelegtes

1 l Essig
Je 15 g ganze Gewürznelken, Pimentkörner, Ingwerwurzel, Zimtstange und ganze Pfefferkörner

Essig in einem Aluminiumtopf erwärmen. Gewürze hinzufügen, zudecken, bei schwacher Hitze 2 Stunden ziehen lassen und dann abkühlen lassen. Den Essig in Flaschen füllen und luftdicht verschließen.

Eingelegter Rotkohl

Dieses aus Irland stammende Rezept ist eine großartige Ergänzung für die Speisekammer.

FÜR 4 GLÄSER
1 Rotkohl
4 EL Salz
1 l pikanter Essig für Eingelegtes (siehe links)

Den Kohlkopf waschen und die äußeren Blätter entfernen. Dann den Kopf in 6 Teile schneiden. Das Herz entnehmen und die Blätter fein raspeln. In eine große Schüssel geben und mit Salz bestreuen. Zugedeckt 1–2 Tage an einem kühlen Platz stehen lassen.

Den Kohl entwässern, aber nicht waschen. In Gläser geben und diese mit dem Essig auffüllen. Luftdicht verschließen und vor dem Verzehr etwa 3 Wochen kühl und trocken lagern. Innerhalb von 3 Monaten aufbrauchen.

Stachelbeeressig nach traditionellem Rezept

Dieser Essig schmeckt besonders gut, wenn man ihn etwa 1 Jahr lang reifen lässt. Dann erhält man einen köstlichen Essig, der eine hervorragende Abwechslung z. B. zum Himbeeressig bietet. Sie können die Menge an Stachelbeeren beliebig variieren, so lange Sie genügend Wasser und Zucker verwenden. Ich nehme 1,5 kg Früchte und so viel Wasser, dass diese gerade bedeckt sind.

1,5 kg reife Stachelbeeren, gewaschen und geputzt
Lauwarmes Wasser
Brauner Zucker

Stachelbeeren in einer Küchenmaschine zerkleinern, aber nicht pürieren. In eine Schüssel geben, mit lauwarmem Wasser bedecken und 24 Stunden stehen lassen. Abseihen, dabei die Flüssigkeit auffangen und abmessen. Pro 500 ml Flüssigkeit nimmt man 150 g Zucker. Die Flüssigkeit gut verrühren, in ein großes Fass füllen und zudecken. Täglich zwei- bis dreimal umrühren, bis sich der Zucker vollständig aufgelöst hat. Danach das Spundloch mit einem Leinentuch verschließen. 9 Monate an einem warmen Platz stehen lassen und dann in Flaschen umfüllen. Vor der Verwendung mindestens 12 Monate lagern.

Eingelegte Brombeeren

Sie schmecken hervorragend zu Brot, Frischkäse und Käse. Nach dem 12. Oktober sollte man keine Brombeeren mehr pflücken, denn eine alte Legende besagt, dass an diesem Tag der Teufel aus dem Himmel vertrieben wurde und in einen Brombeerstrauch fiel, den er daraufhin verfluchte. Nach diesem Tag schmecken Brombeeren sauer, heißt es.

ERGIBT 2 KG

450 g Gelierzucker
300 ml Weißweinessig
1 TL Pimentkörner
1 TL Gewürznelken
2 Zimtstangen, je 7 cm
1 kg Brombeeren

Zucker mit dem Essig in einen Topf geben und bei schwacher Hitze langsam zergehen lassen. Die Gewürze in einen Musselinbeutel geben und 5 Minuten in den köchelnden Essig hängen. Brombeeren hinzufügen und nochmals 10–15 Minuten köcheln lassen. Gewürzbeutel entfernen, die Brombeeren durch ein Nylonsieb abgießen und die Flüssigkeit beiseite stellen. Warme Gläser zu $^2/_3$ mit den Beeren füllen. Die Flüssigkeit zurück in den Topf geben und stark kochen, bis ein dicker Sirup entsteht. Die Gläser mit dem Sirup auffüllen und luftdicht verschließen.

Eingelegte Brombeeren kann man zum Abendbrot oder zum traditionellen englischen Ploughman's Lunch, einem Imbiss mit Brot und Käse, essen.

Indisches Chutney (siehe S. 139)

CHUTNEYS

Sie werden traditionsgemäß aus Äpfeln, Zwiebeln, Tomaten sowie getrockneten Früchte, wie z. B. Sultaninen, Rosinen und Datteln, hergestellt. Man kann auch Knoblauch und Schalotten hinzufügen, und oft werden Chutneys zusätzlich mit Chili, Pfeffer- oder Senfkörnern gewürzt. Die Bedeutung des Wortes stammt vom Hindi-Wort „chatni", das eine süße Speise aus Obst oder Gemüse bezeichnet, die mit Essig und scharfen Gewürzen zubereitet wird. Einige indische Chutneys bestehen aus rohen Zutaten und werden als Beilage zu anderen Speisen serviert.

Chutneys gehörten schon immer zu einem traditionellen Ploughman's Lunch, einem „Bauernvesper" mit Brot und Käse. Sie werden feststellen, dass Chutneys auch hervorragend zu Curry- und Reisgerichten schmecken und eine herrliche Beilage zu Brathuhn sind. Eine Auswahl an verschiedenen Chutneys wertet jedes Buffet auf, da sie kalten Speisen und Salaten einen speziellen Geschmack verleihen.

Ein praktischer Tipp: Verwenden Sie keine Gläser mit Metalldeckeln, da diese durch den Essig angegriffen werden.

Traditionelles Tomaten-Apfel-Chutney

Brot, Käse und Eingelegtes war der traditionelle Imbiss der englischen Bauern, die für die Arbeit auf dem Feld viel Energie brauchten. Dieser heute als englische Pub-Mahlzeit recht berühmte Ploughman's Lunch ist auch zu Hause eine herrliche Mahlzeit, wenn man guten Käse, frisches Brot und natürlich selbstgemachtes Chutney verwendet.

Traditionelles Tomaten-Apfel-Chutney

Für dieses Chutney können Sie entweder reife oder grüne Tomaten verwenden. Wenn Sie im Garten oder Gewächshaus selbst Tomaten ziehen und die Ernte reichhaltig ausfällt, können Sie so die Früchte sinnvoll verwerten.

ERGIBT 5,5 KG

3 kg Tomaten, in Scheiben geschnitten
450 g Äpfel, ohne Kerngehäuse
450 g Zwiebeln, geschält
50 g Korianderkörner
15 g getrocknete Chilischoten
1½ EL Salz
25 g gemahlener Ingwer
450 g Demerara-Zucker
450 g Sultaninen
Saft von 1 Zitrone
4 EL Rohrzuckersirup
750 ml Malzessig

Aufgeschnittene Tomaten, Äpfel und Zwiebel in einen Kochtopf geben. Korianderkörner und Chilis in einen Musselinbeutel füllen und in den Topf legen. Mit Salz bestreuen und über Nacht stehen lassen. Am nächsten Tag die restlichen Zutaten hinzufügen und aufkochen. Bei mittlerer Hitze 2 Stunden eindicken lassen. In vorgewärmte Gläser füllen und verschließen.

Indisches Chutney

Dieses traditionelle Rezept, das ich von einer indischen Köchin erhielt, ist nichts für zarte Geschmacksnerven.

ERGIBT 3,5 KG	*250 g Rosinen*
15 große Kochäpfel	*450 g Demerara-Zucker*
250 g Zwiebeln, gehackt	*2 l Malzessig*
100 g Knoblauch, gehackt	*50 g Senfkörner*
2 frische Chilischoten, zerkleinert	*50 g gemahlener Ingwer*

Die Äpfel bei 180 °C (Gas Stufe 4) im Ofen 25–30 Minuten braten. Fruchtfleisch von der Schale lösen, Kerngehäuse entfernen.

In der Zwischenzeit gehackte Zwiebeln und Knoblauch in einen Topf geben und mit Wasser bedecken. 20 Minuten bei schwacher Hitze weich kochen und abseihen.

Äpfel und Zwiebeln mit den restlichen Zutaten in einen Kochtopf geben. Aufkochen und 20–30 Minuten köcheln lassen, bis der Großteil der Flüssigkeit verdunstet ist.

In vorgewärmte Gläser füllen, abkühlen lassen und luftdicht verschließen.

Herbstliches Chutney

Dieses Chutney probierte ich erstmals auf einer Wohltätigkeitsveranstaltung. Es macht sich die Fülle der herbstlichen Ernte zu Nutze.

ERGIBT 3 KG	*1 große Knoblauchzehe, gehackt*
500 g Pflaumen, halbiert und entsteint	*500 g Sultaninen*
	500 ml Malzessig
500 g Äpfel, geschält und ohne Kerngehäuse	*¼ TL gemahlene Muskatblüten*
	¼ TL gemahlene Gewürzmischung
500 g Tomaten, gehackt	*15 g gemahlener Ingwer*
500 g Zwiebeln, in Ringe geschnitten	*500 g Demerara-Zucker*

Alle Zutaten mit Ausnahme des Zuckers in einen Kochtopf geben. 30–40 Minuten köcheln, dann den Zucker hinzufügen und unter Rühren zergehen lassen. Unter ständigem Rühren leicht köcheln, bis die Mischung eindickt. Das Chutney abkühlen lassen, in Gläser füllen und luftdicht verschließen. Die Gläser kühl und trocken lagern.

Feines Stachelbeer-Chutney

Von der Konsistenz ähnlich wie ein Püree, ist dieses Chutney voller interessanter Geschmacksrichtungen und hervorragend zu warmem oder kaltem Fleisch. Schmeckt auch zu Käse oder Salaten.

500 g Stachelbeeren	*15 g Salz*
250 g Zwiebeln, gehackt	*1 EL gemahlener Ingwer*
300 ml Chili- oder Kräuteressig	*½ EL Cayennepfeffer*
	300 ml Essig
500 g feiner brauner Zucker	*300 ml Wasser*

Stachelbeeren in Wasser dünsten, 5 Minuten zugedeckt stehen lassen und abseihen. Mit den gehackten Zwiebeln und dem Essig pürieren. Nun die restlichen Zutaten in den Topf geben und aufkochen lassen. 15–20 Minuten einkochen lassen, bis das Chutney dickflüssig ist. Abkühlen lassen und in sterilisierte Gläser füllen.

Damaszenerpflaumen-Chutney

Ganz in meiner Nähe wächst ein wilder Damaszenerpflaumenbaum. Wenn er viele Früchte trägt, bereite ich daraus Gelees und Konfitüren zu – und dieses unvergleichliche Chutney.

ERGIBT 1,5 KG	*500 ml Malzessig*
500 g wilde Damszenerpflaumen, ohne Stiele	*Je 10 g Gewürznelken und Ingwerwurzel*
1 großer Kochapfel, geschält, ohne Kerngehäuse und gehackt	*½ getrocknete Chilischote*
	1 TL Salz
1 große Zwiebel, gehackt	*1 Prise Senfpulver*
100 g Sultaninen	*350 g Zucker*

Die Pflaumen vorsichtig in etwas Wasser weich kochen. Sie sollten nicht aufplatzen. Die Pflaumen abseihen, entsteinen und mit den restlichen Zutaten mit Ausnahme des Zuckers in einen Kochtopf geben. Die Gewürze vorher in einen Musselinbeutel füllen. 20–30 Minuten leicht köcheln. Zucker hinzufügen und unter ständigem Rühren stark kochen, bis die Flüssigkeit dickflüssig wird. Ein wenig abkühlen lassen, in Gläser füllen und luftdicht verschließen.

Konfitüren und Gelees

Das Einkochen von Früchten war für unsere Großmütter eine Selbstverständlichkeit. Auf äußerst kreative Weise verwendeten sie die unterschiedlichsten Früchte, die ihnen die Natur in Wald, Wiese oder Garten zu bieten hatte, zur Herstellung von Konfitüren und Gelees. Im Lauf der Zeit habe ich zahlreiche alte Rezepte gesammelt. Bauernmärkte sind eine großartige Quelle für Ideen und hochwertige Produkte. Ich erstand dort eine herrliche Auswahl an Einmachgläsern für meine Speisekammer und bekam viele nützliche Tipps – z. B. gehackte Nüsse in eine Konfitüre zu mischen.

Einige wertvolle Tipps möchte ich Ihnen hier weitergegeben: Pflücken Sie die Früchte nur an trockenen Tagen, damit sie keinen Schimmel ansetzen, und verwenden Sie niemals überreife oder beschädigte Früchte. Zum Einkochen eignet sich am besten Würfel-, Gelier- oder Kristallzucker (in dieser Reihenfolge). Sie benötigen einen Einkochtopf oder einen großen Kochtopf mit schwerem Boden, in dem die Konfitüre stark aufgekocht werden kann, ohne überzukochen, einen langen Holzlöffel und ein Thermometer (siehe rechts). Lagern Sie Eingemachtes immer kühl, dunkel und trocken.

Am besten pflückt man die Früchte bei trockenem Wetter, nach Möglichkeit am Morgen, wenn sie von der Sonne beschienen werden und ihr Geschmack am intensivsten ist. Für Konfitüren sollte man über- oder unreife Früchte aussortieren und diese für andere Zwecke verwenden. Für Gelees und Chutneys kann man auch beschädigte und abgefallene Früchte nehmen, so lange sie noch nicht ganz reif sind und die beschädigten Stellen weggeschnitten werden. Auf diese Art kann man die Schätze der Natur – Pflaumen oder Damaszenerpflaumen, Brombeeren oder Quitten, Äpfel oder Holzäpfel –, die schon seit jeher ein wichtiger Bestandteil der herbstlichen Ernte sind, für den Winter konservieren.

Das Gelieren der Früchte ausprobieren

Früchte einkochen ist unglaublich einfach. Schwieriger ist es jedoch, den richtigen Zeitpunkt des Gelieren zu bestimmen. Je nach Wassergehalt der Früchte benötigen einige Konfitüren mehr Zeit zum Gelieren als andere. Diese Zeit kann von weniger als 10 Minuten bis über 20 Minuten dauern. Die Früchte beginnen zu gelieren, sobald die Mischung dick und sirupähnlich wird. Diesen Zeitpunkt können Sie so bestimmen: Sobald die Konfitüre oder das Gelee dicker wird, gibt man 1 Teelöffel davon auf eine kalte Untertasse und lässt die Probe ein paar Minuten abkühlen. Zieht sich die Konfitüre ein wenig zusammen, ohne zu verlaufen, wenn man die Untertasse kippt, ist sie fertig. Ist sie noch flüssig, kocht man sie noch etwas. Man kann auch ein spezielles Thermometer verwenden, das die richtige Temperatur für das Gelieren anzeigt. Außerdem brauchen Sie ein großes Stück Musselin zum Abseihen.

Kürbiskonfitüre

Schon seit Jahren stelle ich diese ungewöhnliche Konfitüre her, die sich hervorragend für den Frühstückstoast sowie zum Füllen von Biskuitkuchen eignet. Die goldfarbenen, durchsichtigen Kürbisstückchen sehen zudem noch hübsch aus.

ERGIBT 4,5 KG

2,7 kg Kürbis, geschält, Samen entfernt und in Würfel geschnitten
2,7 kg Zucker
600 ml Zitronensaft
600 ml Wasser
Rund 100 g kandierten Ingwer zum Abschmecken (nach Belieben)

Kürbis in eine tiefe Schüssel geben und mit dem Zucker vermengen. Mit Zitronensaft übergießen und über Nacht stehen lassen. Nun den Kürbis mit dem Wasser in einen Einkochtopf geben und rund 30–40 Minuten weich kochen. Über Nacht stehen lassen. Die Flüssigkeit abgießen, in einem Topf aufkochen, bis sie eindickt und den Schaum abschöpfen. Den noch kochenden Sirup über den Kürbis gießen. In kleine Würfel geschnittenen Ingwer hinzufügen. Konfitüre in Gläser füllen und luftdicht verschließen.

Traditionelle Stachelbeerkonfitüre

Ein herrliches Sommerrezept, bei dem zum Einkochen Johannisbeersaft statt Wasser verwendet wird. An der Oberfläche entstehender Schaum kann entfernt werden, indem man ein wenig Butter einrührt, sobald die Konfitüre zu gelieren beginnt, oder die Innenseite des Topfes vorher mit Butter einstreicht. Sie können auch 2 Esslöffel Essig in das Wasser geben, in dem die Gläser sterilisiert werden.

Goldfarbene Kürbiskonfitüre mit Ingwerstücken

ERGIBT 3 KG

450 g Rote oder Schwarze Johannisbeeren, geputzt

600 ml Wasser

3 kg rote Stachelbeeren, geputzt

1,5 kg Zucker

Johannisbeeren mit dem Wasser in einen Topf geben und 10 Minuten köcheln lassen. Abkühlen lassen, abseihen und den Saft beiseite stellen.

Stachelbeeren mit 600 ml Johannisbeersaft in einen Einkochtopf geben und stark kochen, damit die Stachelbeeren aufplatzen. Zucker hinzufügen und langsam köcheln lassen, bis die Konfitüre zu gelieren beginnt. In die vorgewärmten Gläser füllen und luftdicht verschließen.

Rhabarber-Zitronen-Konfitüre

Sie sollten den Einkochtopf nur bis zur Hälfte füllen, da Konfitüren leicht überkochen. Hier ist eine herrliche, frühsommerliche Konfitüre mit gehackten Mandeln.

ERGIBT 1,5 KG

1,5 kg Rhabarber, in größere Stücke geschnitten

1 kg Zucker

Abgeriebene Schale von 2 Zitronen

25 g Mandeln, abgezogen und fein gehackt

Rhabarber mit Zucker in einen Topf geben. Unter ständigem Rühren 30 Minuten bei schwacher Hitze kochen. Zitronenschale und gehackte Mandeln hinzufügen und kochen, bis die Flüssigkeit geliert. In vorgewärmte Gläser füllen und luftdicht verschließen.

Urgroßmutters Erdbeerkonfitüre

Das Erfolgsgeheimnis bei Erdbeerkonfitüre ist, sie nicht zu lange zu kochen und nicht zu viel Zucker zu verwenden, da sonst der zarte Geschmack dieser herrlichen Sommerfrucht verloren geht. Falls die Früchte nicht gelieren, kann man pro 500 g Obst 1–2 Teelöffel frischen Zitronensaft dazugeben und das Ganze nochmals aufkochen. Dieser Tipp gilt auch für andere Konfitüren. Das in den Zitronen enthaltene Pektin ist ein natürliches Geliermittel.

ERGIBT 2,5 KG

2 kg Erdbeeren

1,5 kg Zucker

Die Erdbeeren an einem sonnigen Tag pflücken und bis zur Verwendung in der Sonne liegen lassen. Dadurch bleibt die Farbe der Früchte besonders gut erhalten. Die Früchte sollten so frisch wie möglich sein und behutsam gewaschen werden. Die Erdbeeren von den Stielansätzen befreien, ohne sie zu beschädigen.

Erdbeeren und Zucker in einen Topf geben und 15–20 Minuten stark kochen. Nun die Früchte herausnehmen und auf flachen Schalen in die Sonne stellen. Den Sirup kochen, bis er dick und klar wird. Danach die Erdbeeren zurück in den Topf geben. In vorgewärmte Gläser füllen und luftdicht verschließen.

Im Herbst Früchte einzukochen ist die beste Methode, um diese im Winter zu genießen.

Birnen-Orangen-Walnuss-Konfitüre

Diese Konfitüre schmeckt einfach köstlich. Das Rezept erhielt ich vor vielen Jahren von einer Frau aus Burgund in Frankreich. Ich habe es schon mehrmals zubereitet und werde nie vergessen, wie herrlich die Konfitüre schmeckte, als ich sie erstmals zum Frühstück auf frischem Baguette mit Kaffee probierte.

ERGIBT 2,5 KG

2 Orangen, geschält und in feine Würfel geschnitten
1,5 kg Birnen, geschält, ohne Kerngehäuse und in dünne Scheiben geschnitten
1,5 kg Zucker
450 g Sultaninen oder Rosinen
300 ml Wasser
175 g Walnüsse, grob gehackt

Früchte mit Zucker, Sultaninen und Wasser in einen Einkochtopf geben und 1 ½ Stunden köcheln lassen. Gehackte Walnüsse hinzufügen und nochmals 15 Minuten kochen. In Gläser füllen und luftdicht verschließen.

Pflaumengelee

Für dieses köstliche Gelee verwende ich meistens die Pflaumen meiner Nachbarin, da sie manchmal so viele davon hat, dass sie nicht mehr weiß, wohin damit. Es schmeckt hervorragend und passt besonders gut zu Scones, einer englischen Spezialität. Eines der Probleme bei der Herstellung von Konfitüren ist, dass der Holzlöffel mit dem man umrührt, in den Topf rutscht. Eine Amerikanerin gab mir folgenden Tipp: Befestigen Sie eine Wäscheklammer aus Holz am Griff des Löffels, und Sie können ihn mühelos am Topfrand fixieren

ERGIBT 3,5 KG

3 kg Pflaumen, Stiele entfernt
Saft von 1 Zitrone
Wasser und Zucker

Die Pflaumen halbieren, entsteinen und zusammen mit dem Zitronensaft in einen Topf geben, mit Wasser bedecken und in rund 30 Minuten vorsichtig weich kochen. Ein Stück Musselin über eine große Schüssel legen und den Inhalt des Topfes hineingießen. Anschließend 1–2 Stunden abtropfen lassen. Den Stoff nicht ausdrücken, da sonst Verunreinigungen in das Pflaumengelee gelangen können.

Den abgeseihten Saft abmessen und pro 600 ml Saft 400 g Zucker verwenden. Den Saft zurück in den gereinigten Einkochtopf geben und aufkochen lassen. Nun von der Flamme nehmen und den Zucker einrühren. Zucker bei schwacher Hitze zergehen lassen und anschließend vorsichtig kochen, bis die Flüssigkeit zu gelieren beginnt (siehe S. 140).

Den Topf von der Flamme nehmen, den Schaum abschöpfen und das Gelee in vorgewärmte, saubere Gläser füllen. Das Gelee abkühlen lassen und luftdicht verschließen.

Gelee aus Japanischer Quitte

An der Vorderseite meines Landhauses wächst eine Japanische Quitte, die mich im Frühjahr mit eleganten, rosafarbenen Blüten und im Oktober mit einer überraschend großen Anzahl an gelben Früchten erfreut. Daher ist es jedes Jahr eine Tradition, Quittengelee für den Frühstückstisch zu kochen: Es schmeckt unvergleichlich auf Toast oder Croissants. Das Ergebnis ist ein herrliches rosafarbenes Gelee.

Früchte von einer Japanischen Quitte
Wasser
Zucker

Früchte waschen. Dabei sollten überreife oder beschädigte Früchte entfernt werden. Die Quitten halbieren oder vierteln, in einen Einkochtopf geben und mit Wasser bedecken. Anschließend etwa 45 Minuten kochen.

Nun den Saft durch einen großen Musselinstoff abseihen, der über eine große Schüssel gespannt wird. Den Stoff über einer Schüssel abtropfen lassen, bis er trocken ist. Das kann 2 Stunden oder auch die ganze Nacht dauern. Sie sollten den Stoff nicht ausdrücken, da sonst Verunreinigungen in das Quittengelee gelangen.

Nun den Quittensaft abmessen und in den sauberen Einkochtopf füllen. Pro 600 ml Saft rechnet man 350 g Zucker, den man bei schwacher Flamme zergehen lässt. Dann den Quittensaft aufkochen und gelieren lassen (siehe S. 140). Das Gelee in vorgewärmte, saubere Gläser füllen und luftdicht verschließen. Die Gläser kühl und trocken lagern.

Eine Alternative zu reiner Möhrenmarmelade ist diese schmackhafte Rhabarber-Möhren-Marmelade.

MARMELADEN

Die englische *marmalade* wird aus Zitrusfrüchten hergestellt. In Deutschland und Österreich wird Marmelade aus Fruchtfleisch gekocht und enthält im Gegensatz zur Konfitüre keine Fruchtstückchen. Die Bezeichnung stammt aus dem Portugiesischen, denn „marmelo" bedeutet „Quitte". Früher wurde im ganzen Mittelmeerraum süße Quittenpaste gegessen, die eine gewisse Ähnlichkeit mit Cotignac (siehe rechts) hatte. Kochbücher aus dem 16. und 17. Jahrhundert enthalten zahlreiche Rezepte für Marmeladen aus Quitten und anderen Früchten.

Erst im 18. Jahrhundert tauchten in englischen Rezepten erstmals Orangen auf: Die Familie Keiller – auch heute noch ein bekannter britischer Markenname – hatte die Idee, ihre Konfitüre mit Orangenschalen zu verfeinern. 1870 begann die Frau eines Lebensmittelhändlers aus Oxford selbstgemachte Orangenmarmelade zum Verkauf anzubieten und schuf damit das Produkt, das zu einem der Symbole für ein typisches englisches Frühstück geworden ist.

Viele Familien haben ihre eigenen traditionellen Rezepte. Ich stelle hier einige sehr alte Rezepte vor, die ungewöhnliche Zutaten und sogar Gemüse enthalten.

Cotignac

Als Kind saß ich besonders gerne in den Ästen eines Quittenbaumes in unserem Garten in Cambridge. Meine Mutter nutzte die Früchte dieses Baumes, und jedes Jahr wurde das Regal in der Speisekammer mit Gläsern von Quittenmarmelade gefüllt. Die Quitten brauchen nicht geschält zu werden.

ERGIBT 4,5 KG

2,7 kg Quitten, in Stücke geschnitten
Etwa 300 ml Wasser
Etwa 2 kg Kristallzucker
100 g ganze Mandeln
450 g Sultaninen
100 g glasierte Kirschen
50 g gemischte Zitrusschalen, gehackt
50–75 g frischer Ingwer, in Würfel geschnitten (nach Belieben)

Quitten in einen Einkochtopf geben und mit Wasser bedecken. Bei schwacher Hitze in ca. 1 Stunde weich kochen. Von Zeit zu Zeit umrühren. Die gekochten Früchte abseihen und abwiegen. Für 450 g Früchte nimmt man 350 g Zucker. Früchte mit dem Zucker zurück in den Topf geben, Mandeln und Sultaninen hinzufügen und das Ganze zu einem dicken Püree verkochen. Aufkochen lassen, bis das Quittenpüree geliert (siehe S. 140). Kirschen und Zitrusschalen hinzufügen, nach Belieben Ingwerwürfel einrühren. Die noch heiße Marmelade in Gläser füllen und nach dem Abkühlen luftdicht verschließen. Kühl und dunkel lagern.

Möhrenmarmelade

Eine leckere Marmelade, die gut auf Vollkorntoast passt.

ERGIBT 1,5 KG

1 kg Möhren, gerieben
700 g Zucker
2 Zitronen, geviertelt und in Scheiben geschnitten
2 TL gemahlener Ingwer

Möhren in etwas Wasser weich kochen. Zucker hinzufügen und unter Rühren zergehen lassen. Die Zitronenscheiben dazugeben und das Ganze langsam kochen, bis die Flüssigkeit geliert. In vorgewärmte Gläser füllen und luftdicht verschließen. Dunkel, kühl und trocken lagern.

Aprikosenmarmelade

Diese dicke Aprikosenmarmelade enthält auch die Steine der Früchte, die ihr einen nussigen Geschmack verleihen und das Ganze knusprig machen. Ein großartiges Sommerrezept, das besonders gut zu heißen Croissants schmeckt. Ich habe keine Mengen angegeben, achten Sie deshalb auf das richtige Verhältnis von Zucker und Früchten.

Reife Aprikosen
Zucker

Aprikosen halbieren und die Steine entfernen. Die Früchte abwiegen und für 500 g Aprikosen 500 g Zucker verwenden. Zucker über die Früchte streuen und 12 Stunden stehen lassen. Die Steine mit einem Nussknacker öffnen und die Kerne 3–4 Minuten in etwas Wasser kochen.

Aprikosen, Zucker und die Kerne in einen Einkochtopf geben und 45 Minuten leicht köcheln, bis die Aprikosen gelieren. Schaum abschöpfen und die Marmelade in vorgewärmte Gläser füllen. Die Einmachgläser luftdicht verschließen und dunkel, kühl und trocken lagern.

Tomaten-Zitronen-Marmelade

Diese äußerst ungewöhnliche Kombination ergibt überraschenderweise eine köstliche Marmelade.

ERGIBT 1,5 KG

12 mittelgroße, reife Tomaten, geschält und in dünne Scheiben geschnitten
450 g Zucker
1½ Zitronen, geviertelt und in dünne Scheiben geschnitten

Tomaten in einen Einkochtopf geben und köcheln lassen, bis sie weich sind. Nun den Zucker hinzufügen und unter Rühren zergehen lassen. Zitronen dazugeben und langsam weiterkochen, bis die Mischung dickflüssig wird. Dabei gelegentlich mit einem Holzlöffel umrühren. Die gelierte Marmelade in vorgewärmte Gläser gießen und luftdicht verschließen.

Cotignac ist eine reichhaltige, dunkle Quittenmarmelade.

BIENEN UND HONIG

Man fängt mehr Fliegen mit Honig als mit Essig.
Holländisches Sprichwort

Bereits im Altertum war der Honig ein beliebtes Nahrungsmittel, zum Beispiel im klassischen Griechenland der Honig aus wild wachsenden Kräutern der Hymettos-Berge. Für 500 g Honig muss eine Biene 37000 Mal nach Nektar ausfliegen, was einer Reise von rund 237000 Kilometern entspricht! Kein Wunder, dass die Menschen die emsige Biene bewundern.

Heute wird fast in jedem Land der Erde Honig produziert. Die USA, Russland, China sowie Mittel- und Südamerika sind die wichtigsten Produzenten; die gesamte Weltproduktion beträgt etwa 500000 Tonnen. Auch Australien und Neuseeland sind für ihren Honig bekannt: Schwarze Bienen gelangten angeblich auf dem Sträflingsschiff *Isabella* 1822 von Europa nach Australien, und Missionare nahmen sie 1839 nach Neuseeland mit. Die einzige in den USA heimische Biene, die stachellose *Meliponinae*, wurde von den Mayas domestiziert. Der Bundesstaat Utah trägt den Beinamen „Beehive State", und das Wappen der Mormonen stellt einen Bienenstock umgeben von Blüten dar, über dem das Wort „Industry", „Fleiß", geschrieben steht.

Honig wird für Salben und Kosmetika, zur geschmacklichen Verbesserung von Arzneimitteln und als Desinfektionsmittel verwendet. Bis zum 18. Jahrhundert wurden Speisen hauptsächlich mit Honig gesüßt, im Nahen Osten wurde Feigen- oder Dattelsirup verwendet. Honig war und ist ein gutes Konservierungsmittel: Aufgrund des hohen Zuckergehalts kann er nicht verderben. Met bzw. Honigwein hatte den Ruf, ungeahnte Kräfte zu verleihen und zu einem langen Leben zu verhelfen. Bienenwachs wird für Kerzen, Kosmetika und industrielle Zwecke verwendet, während man es im Haushalt zum Polieren und Imprägnieren einsetzt. Sogar die berühmten Figuren aus Madame Tussauds Wachsfiguren-Kabinett sind aus Bienenwachs.

Honig, der vom menschlichen Organismus leicht aufgenommen wird, ist ein guter Energielieferant.

Baklava

Dieses herrlich duftende türkische oder (als Baklavas) griechische Gebäck selbst herzustellen, ist überhaupt nicht schwierig. (Ersatzweise kann man Strudelteig verwenden.)

FÜR 8 STÜCK
75 g Butter oder Margarine
75 g Honig
250 g Walnüsse, fein gehackt
250 g Phyllo-Teig oder kataifi *(Teigplatten)*
Geschmolzene Butter
Zimt

SIRUP
125 ml Honig
125 ml Wasser
Saft von ½ Zitrone

Backofen auf 180 °C (Gas Stufe 4) vorheizen. Butter oder Margarine mit dem Honig in einem Topf erhitzen und gehackte Walnüsse hinzufügen.

Eine mit Butter gefettete rechteckige Backform mit 3 Lagen Teig auslegen und jedesmal mit der geschmolzenen Butter bestreichen. Eine dünne Schicht der Füllung auf dem Teig verteilen, mit Zimt bestreuen und mit 2 Lagen mit Butter bestrichenem Teig abdecken. Den Vorgang wiederholen. Mit 3 Lagen Teig abschließen. Am Rand einschlagen, damit die Füllung nicht auslaufen kann. Die Oberseite mit geschmolzener Butter bestreichen und mit einem scharfen Messer kleine Quadrate einzeichnen.

In 25–30 Minuten goldgelb backen. Für den Sirup Honig, Wasser und Zitronensaft aufkochen und heiß über das Gebäck gießen. Abkühlen lassen und servieren.

Honigkekse

Das englische Wort für Flitterwochen, „honeymoon" geht darauf zurück, dass bei Hochzeiten viel Honigwein getrunken wurde. Der Hunnenkönig Attila trank bei seiner Hochzeitsfeier zu viel davon und starb. Das folgende Rezept ist jedoch harmlos:

FÜR 18–20 STÜCK
50 g Margarine
50 g Demerara-Zucker
50 g Honig, geschmolzen
50 g Vollkornmehl
25 g Mehl
1 Prise Salz
½ TL gemahlener Ingwer
1 Spritzer Zitronensaft

Backofen auf 160 °C (Gas Stufe 3) vorheizen. Margarine, Zucker und Honig in einen Topf geben und bei schwacher Hitze rühren,

Honigkekse

bis die Margarine geschmolzen ist. Von der Flamme nehmen, Mehl, Salz und Ingwer einrühren. Nun den Zitronensaft hinzufügen.

Mit einem Teelöffel auf einem gut eingefetteten Backblech aus dem Teig kleine Kekse formen, dazwischen etwas Platz lassen, damit die Kekse nicht zusammenbacken. 8–10 Minuten backen.

1–2 Minuten abkühlen lassen, danach vorsichtig abnehmen und auf einem Gitterrost auskühlen lassen.

Honigfeigen

Das folgende türkische Rezept erinnert an die heiße Mittelmeersonne. Besonders köstlich sind in Weißwein, Honig und ein wenig Zitronensaft gebackene Feigen. Die hier beschriebenen werden mit Schlagsahne und gerösteten Mandeln kalt serviert.

FÜR 4–6 STÜCK
450 g frische Feigen
300 ml Weißwein
4 EL klarer Honig
2 TL Zitronensaft
Streifen Zitronenschale
300 ml Schlagsahne
25 g geröstete Mandelsplitter

Backofen auf 200 °C (Gas Stufe 6) vorheizen.

Die Feigen dicht nebeneinander in eine flache, feuerfeste Form legen. Wein, Honig, Zitronensaft und -schale in einen Topf geben und langsam erhitzen, bis der Honig geschmolzen ist. Über die Feigen gießen, zudecken und je nach Reife der Feigen etwa 10–15 Minuten im Ofen backen.

ERNTE-KALENDER

Die Erntezeit für Pflanzen und Früchte aus der freien Natur beginnt im Frühjahr mit Blüten, jungen Blättern und den ersten Pilzen. Im Sommer kann man eine Vielzahl an Grünpflanzen, Kräutern und Blüten pflücken, die man zu Salaten, Likören, Kuchen und Eiscremes verarbeiten kann. Im Herbst wird das Angebot noch reichhaltiger: Große Mengen an Beeren, Nüssen, Pilzen und Früchten aus Wald und Wiese warten darauf, geerntet zu werden. Dieser Kalender bietet einen Anhaltspunkt für die Ernte und optimale Nutzung der Pflanzen und Früchte, die durch verschiedene Konservierungsmethoden haltbar gemacht werden können.

Zum Einfrieren

Suppen, Kuchen, Torten, Eiscremes, Kekse, Saucen, Sorbets und Gratins.

Als Vorrat

Liköre, Kompotte mit Brandy, Essig, Tees und getrocknete Pilze.

Für die Speisekammer

Konfitüren, Gelees, Chutneys, Ketchups, Weine, Käse und Butter, Eingelegtes, Quark und Sirup.

Frühling

Beinwell
Birke
Brennnessel
Feldsalat
Gelbdolde
Holzapfel-Blüten
Lauchhederich
Löwenzahn
Natterwurz
Pilze
Veilchen
Vogelmiere
Weißdornblüten
Wilder Knoblauch

Sommer

Beinwell
Borretsch
Brennnessel
Brunnenkresse
Engelwurz
Fetthenne
Guter Heinrich
Holunderblüten
Kamille
Kapuzinerkresse
Kleiner Wiesen-knopf
Lindenblüten
Mädesüß
Majoran
Malve
Meerfenchel
Muskatellersalbei
Minze
Pisang
Portulak
Rainfarn
Ringelblume
Rosenblüten
Sägedistel
Sauerampfer
Schafgarbe
Schaumkraut
Schnittlauch
Seekohl
Taubnessel
Thymian
Wiesenfrauen-mantel
Wilde Erdbeere
Wilde Himbeere

Herbst

Blaubeere
Brombeere
Champignon
Eberesche
Kastanie
Kirsche
Haselnuss
Himbeere
Holundebeere
Holzapfel
Moltebeere
Mispel
Pflaumenschlehe
Preiselbeere
Schlehe
Wacholder
Walnuss
Winterkresse

Brombeer-Apfel-Torte

WILDKRÄUTER UND FRÜCHTE

Die alte Tradition, Wildkräuter und Früchte in der freien Natur zu sammeln, wird normalerweise im Herbst gepflegt, wenn die Beeren reif und die Wälder voller Pilze sind. Es gibt jedoch auch viele Frühjahrs- und Sommerpflanzen, die sich hervorragend als Zutaten eignen. Auf Landspaziergängen findet man zu allen Jahreszeiten körbeweise Pflanzen und Früchte, die interessant und ungewöhnlich schmecken. Ich entdeckte diese Produkte erstmals, als ich als junge Frau von der Stadt aufs Land zog. Ein Traum wurde wahr, als ich statt zwischen Supermarktregalen über Felder und Wiesen wanderte. Die folgende Auswahl an süßen und pikanten Gerichten zählt zu den besten Rezepten, die ich im Lauf der Jahre ausprobierte, um die Schätze von Wald und Wiese zu verwerten.

Brombeer-Apfel-Torte

Brombeeren und Äpfel werden sehr häufig gemeinsam in Kuchen verwendet. Diese umgestürzte Torte geht auf ein klassisches französisches Rezept zurück und schmeckt einfach köstlich.

FÜR 4 PERSONEN

500 g Brombeeren

250 g Äpfel, geschält, ohne Kerngehäuse und in Scheiben geschnitten

50 g extrafeiner Zucker

1 Prise Zimt

250 g Blätterteig

Milch zum Bestreichen

Backofen auf 220 °C (Gas Stufe 7) vorheizen.

Brombeeren mit Äpfeln, Zucker und 1 Prise Zimt mischen und in eine runde Tortenform geben. Blätterteig kreisförmig ausrollen, bis er 1 cm über den Rand der Tortenform hinausragt, und auf die Früchte legen. Mit Milch bestreichen. 25–30 Minuten backen, bis der Teig aufgegangen und goldfarben ist.

Zum Servieren verkehrt auf einen Tortenteller stürzen. Aufschneiden und sofort anrichten. Dazu griechischen Jogurt reichen.

Gebäck aus Beinwell und Wildpilzen

Der majestätische Beinwell mit den herrlichen glockenförmigen Blüten enthält Vitamin B12 und hat einen hohen Proteingehalt. Man kann ihn ab Juni pflücken. Er wächst an feuchten, schattigen Plätzen. Wildpilze findet man von Frühjahr bis Herbst:

FÜR 4 PERSONEN (ergibt 8 Dreiecke)

1 kg frische Beinwellblätter, gekocht und abgeseiht
300 ml Béchamelsauce (Zubereitung siehe unten)
225 g Wildpilze (Pfifferlinge, Boviste, Steinpilze), in Scheiben geschnitten
50 g Butter
2 Knoblauchzehen, gepresst
2 TL getrocknete Kräutermischung
450 g Blätterteig

Beinwell kochen, abseihen und mit der Béchamelsauce mischen. Die aufgeschnittenen Pilze in Butter kurz anbraten und anschließend den gepressten Knoblauch und die Kräuter einrühren. 5 Minuten abkühlen lassen und abseihen. Pilze zur Beinwellsauce geben.

Backofen auf 200 °C (Gas Stufe 6) vorheizen. Den Teig ausrollen und 8 x 12 cm große Dreiecke schneiden. In die Mitte jedes Dreiecks 1 Esslöffel Füllung geben. Die Teigränder anfeuchten und so über eine Ecke ziehen, dass erneut ein Dreieck entsteht. Die Ränder mit einer Gabel festdrücken. Mit geschlagenem Ei bestreichen und 25 Minuten backen, bis das Gebäck aufgeht und goldbraun wird.

Vogelmieren-Sandwich

Es ist überraschend, wie gut die Vogelmiere schmeckt. Diese üppig wachsende Pflanze ist das ganze Jahr über fast in der ganzen Welt zu finden – von Grönland bis Feuerland, von Lappland bis Kapstadt und von Sibirien bis Tasmanien. Sie eignet sich hervorragend für eine sommerliche Suppe ebenso wie für Salate und kann zu einem äußerst nahrhaften Saft verarbeitet werden, wie mir Freunde in Pennsylvania erzählten. Auf belegten Broten schmeckt sie ähnlich wie Brunnenkresse, nur zarter.

Die Blätter waschen und grob hacken. Frisches Vollkornbrot dünn mit einer Creme aus Frischkäse und weicher Butter bestreichen, mit den Vogelmieren-Blättern belegen und eventuell ein wenig Zitronensaft darüber träufeln. Die Rinde abschneiden, die Brote zu einem Sandwich zusammenlegen und in vier Teile schneiden.

Queller mit geschmolzener Butter

Queller oder Glasschmalz (*Salicornia europaea*) ist eine fleischige, einjährige Pflanze, die an europäischen Küsten und Flussmündungen wächst. Ausgerüstet mit Gummistiefeln und großen Plastiktüten kann man dieses äußerst üppig wachsende Kraut mit seinen Wurzeln bei Ebbe sammeln. Mit geschmolzener Butter serviert stellt es eine herrliche Mahlzeit dar.

Queller mitsamt den Wurzeln gut waschen und 10 Minuten in Wasser kochen. Da er rasch auskühlt, auf vorgewärmten Tellern anrichten. An der Wurzel halten, die fleischigen Blätter in geschmolzene Butter tauchen – man kann auch ein wenig gepressten Knoblauch oder ein paar Tropfen frischen Zitronensaft hinzufügen – und den fleischigen Teil vom Stengel ablösen. Man kann die Blätter auch kochen, abkühlen lassen und für Salate und belegte Brote verwenden.

Béchamelsauce

ERGIBT 500 ML

50 g Butter oder Margarine
50 g Mehl
500 ml Milch
Salz und weißer Pfeffer
1 Prise geriebene Muskatnuss (nach Belieben)

Butter erhitzen, das Mehl und die Milch mit dem Schneebesen einrühren, bis die Sauce eindickt und glatt wird. Zum Kochen bringen und 5 Minuten köcheln lassen, dabei mit dem Holzlöffel umrühren. Mit Salz und Pfeffer und 1 Prise Muskatnuss abschmecken.

Knoblauchauflauf mit Brennnesseln und Pilzen

Brennnesseln wachsen fast überall und werden schon seit Generationen sowohl für kulinarische als auch für medizinische Zwecke verwendet. Man kann daraus eine köstliche Suppe zubereiten. Brennnesseln sind so häufig zu finden, dass man sie ab dem Frühjahr getrost in großen Mengen pflücken kann. Dabei sollten Sie Gummihandschuhe tragen. Nehmen Sie nur die obersten Blätter der Pflanze, denn diese haben den zartesten Geschmack.

FÜR 4 PERSONEN
1 kg Brennnesselspitzen
250 g Pilze, in Scheiben geschnitten
3 EL Olivenöl
300 ml Béchamelsauce (siehe S. 151)
Salz, Pfeffer, Muskatnuss

STREUSEL
100 g Paniermehl
2 Knoblauchzehen, gepresst
50 g geriebener Käse
25 g Butter, in kleine Würfel geschnitten
Salz und Pfeffer

Backofen auf 180 °C (Gas Stufe 4) vorheizen.

Brennnesselspitzen waschen und die feuchten Spitzen ohne Wasser im Topf garen. Gut abseihen. Pilze in Öl anbraten und mit den Brennnesseln unter die vorbereitete Béchamelsauce heben und gut mischen. Mit Salz, Pfeffer und geriebener Muskatnuss abschmecken und in eine Backform geben.

Die Zutaten für die Streusel mischen, abschmecken und über den Auflauf streuen. 40 Minuten backen, bis die oberste Schicht knusprig ist, und heiß servieren.

Preiselbeersauce

Dieses Rezept von einer Freundin aus New York zeigt den Einfluss anderer Kulturen auf die nordamerikanische Küche: Mexikanische, kanadische, indische und mediterrane Zutaten verfeinern diese Preiselbeersauce. Dieses Rezept ergibt eine riesige Menge, die für eine große Party reicht, aber auch eingefroren werden kann.

500 g Preiselbeeren
Abgeriebene Schale von 1 Orange
1 Orange, geschält und zerteilt
2 Jalapeño-Chilis, Samen entfernt
2 EL Ahornsirup
2 EL geriebene Ingwerwurzel

Preiselbeeren mit den restlichen Zutaten in einer Küchenmaschine pürieren. Zu gebratenem Truthahn oder Knabbereien servieren.

Mandel-Pflaumen-Torte

Meine Nachbarin hat einen Pflaumenbaum, dessen Früchte ich im Herbst immer wieder gerne für dieses Rezept verwende. Der leichte Backteig mit den Pflaumen und der goldbraunen Mandelkruste ergibt ein unwiderstehliches Dessert. Wenn man kein Nudelholz besitzt, kann man den Teig auch mit einer mit kaltem Wasser gefüllten Weinflasche ausrollen – er wird dadurch besonders leicht.

FÜR 6 PERSONEN
150 g gemahlene Mandeln
75 g extrafeiner Zucker und ein wenig Zucker zum Bestreuen
225 g Blätterteig
1 Eiweiß, leicht geschlagen
450 g Pflaumen, halbiert und entsteint
1 Prise Zimt
Etwas Butter oder Margarine

Backofen auf 200 °C (Gas Stufe 6) vorheizen.

Gemahlene Mandeln und Zucker mischen. Den Blätterteig ausrollen und damit eine runde Backform auslegen, die zuvor mit leicht geschlagenem Eiweiß bestrichen wurde. 1/3 der Mandel-Zucker-Mischung dick auf den Teig streuen. Die Pflaumen darauf verteilen, mit ein wenig Zucker und Zimtpulver bestreuen. Die restliche Mandel-Zucker-Mischung darüber streuen und mit etwas Butter oder Margarine betupfen.

Die Torte im Backofen auf der untersten Schiene 35–40 Minuten backen. Nach 10–15 Minuten die Form mit Alufolie abdecken, damit die Mandeln nicht verbrennen. Die Torte so lange backen, das der Teig noch knusprig ist.

Du Zeit voll Rauch und mildem Früchtefall,
Getreu im Bunde mit gekröntem Licht,
Belädst und segnest mächtig überall
Den Wein am Dach mit pfundigem Gewicht.
Du beugst die Apfelbäume vor dem Tor,
Füllst jede Frucht mit Saft bis an den Rand,
Du blähst den Kürbis, sprengst der Haselnuss
Gehäuse auf und spendest unverwandt
Den braunen Immenvölkern Flor um Flor –
Die süße Zeit kommt ihnen endlos vor:
Schon triefen Stock und Stand vom Überfluss.

John Keats, *An den Herbst* (1819)

Wild wachsender Sauerampfer kann für ein köstliches, sommerliches Soufflee verwendet werden.

Französisches Sauerampfer-Soufflee

Sauerampfer wächst auf Wiesen und an Ufern. In Lappland wird er anstelle von Lab verwendet, da die im Sauerampfer enthaltene Säure Milch gerinnen lässt. Häufig ist er Bestandteil von erfrischenden Saucen als Beilage zu reichhaltigen Fleischspeisen. Man kann daraus hervorragende Suppen oder Soufflees herstellen. Hier ist ein klassisches französisches Rezept.

FÜR 4 PERSONEN

350 g frischer Sauerampfer
150 ml Béchamelsauce (siehe S. 151)
50 g geriebener Greyerzer
Schwarzer Pfeffer
Ein wenig Meersalz
4 große Eier, getrennt

Backofen auf 190 °C (Gas Stufe 5) vorheizen. Den Sauerampfer waschen und den noch feuchten Sauerampfer ohne Zugabe von Wasser in einem Topf garen. Gut abseihen und in die vorbereitete Béchamelsauce geben, mit Käse mischen und abschmecken. Nun ein wenig abkühlen lassen. Die Eigelbe gut schlagen und in die Sauce einrühren. Eiweiße sehr steif schlagen und vorsichtig unterheben. In eine mit Butter bestrichene Souffleeform füllen und 25–30 Minuten backen, bis der Teig aufgeht und goldgelb wird. Das Soufflee sollte in der Mitte noch etwas feucht sein, wenn man ein sauberes, scharfes Messer hineingleiten lässt. Aus dem Ofen nehmen und sofort servieren.

WILD WACHSENDE PILZE

Die Spannung beim Pilzesammeln ist nur mit einer Schatzsuche zu vergleichen. Der Ort ist meist ein stiller Herbstwald oder ein Feld, auf das die ersten Sonnenstrahlen durch den morgendlichen Nebel treffen. Fallende Blätter, der Geruch von feuchter Erde und der erste Frost kündigen den Winter an.

Auf der ganzen Welt werden Pilze gesammelt. Sie gedeihen überall, wo günstige Bedingungen gegeben sind – sei es in russischen, amerikanischen, chinesischen oder europäischen Wäldern. Zur Freude des enthusiastischen Pilzsammlers wachsen sie stets an versteckten Plätzen. Pilze gedeihen sogar in der Wüste, in der Kalahari in Botswana wachsen z. B. Trüffeln.

Pilze gibt man beim Sammeln am besten in glatte Körbe – richtige Pilzkörbe sind flach, damit das zarte Fleisch nicht beschädigt wird. Möchten Sie wild wachsende Pilze frisch essen, bedecken Sie diese, sobald Sie zu Hause sind, mit feuchtem Papier, und bewahren Sie sie bis zu ihrer Verwendung im Kühlschrank auf.

Süßsaure Pilze

Im russisch-orthodoxen Kalender sind 200 fleischlose Tage vorgeschrieben. Dies ist die Zeit für Pilze – frisch oder getrocknet, eingelegt oder gepökelt ersetzen Pilze sowohl den Eiweißgehalt als auch den Geschmack von Fleisch. Bei Freunden in Moskau aß ich erstmals dieses Gericht, für das sie frische Austernpilze aus dem Garten ihrer Datscha verwendeten. Ein hervorragendes Pilzrezept, das als Vorspeise oder kleiner Imbiss kalt serviert werden kann.

FÜR 2 PERSONEN

200 g Wildpilze, z. B. Pfifferlinge, Steinpilze oder Wiesenchampignons
Je 3 EL Olivenöl und Estragonessig
2 EL Zucker
2 Gewürznelken
1 Lorbeerblatt
1 Prise Salz
150 ml saure Sahne

Die Pilze mit einem Küchentuch abreiben und in Scheiben schneiden. Öl mit Essig, Zucker, Gewürznelken, Lorbeerblatt und einer Prise Salz erhitzen und bei schwacher Hitze 5 Minuten köcheln. Pilze hinzufügen und zugedeckt nochmals 3 Minuten dünsten. Dabei ab und zu umrühren. Abkühlen lassen und saure Sahne einrühren. Mit *blinis*, kleinen russischen Pfannkuchen, servieren.

Einfaches Pilz-Curry

Wenn Sie so viele Wiesenschampignons gefunden haben, dass Sie nicht mehr wissen, was Sie damit kochen sollen, bietet sich dieses Rezept an. Ich würde keine Pfifferlinge oder Steinpilze verwenden, da sie im Geschmack zu zart sind, sondern Champignons, Boviste oder Austernpilze, möglicherweise sogar Leberpilze (siehe S. 156). Dieses Gericht, für das Garam-Masala-Paste verwendet wird, ist einfach in der Zubereitung und wärmt an einem kühlen Herbstabend.

Bevor man wild wachsende Pilze isst, sollte man sie anhand eines Handbuchs identifizieren oder am besten den Rat eines Experten einholen.

FÜR 3–4 PERSONEN

50 g Butter
2 große Zwiebeln, geschält und gehackt
2 TL Garam-Masala-Paste
Je 1–2 TL gemahlener Ingwer und Gelbwurz
1 großes Bund Koriandergrün
4 Tomaten aus der Dose mit Saft
450 g Wildpilze, gehackt
1 Prise Salz
1 EL Zitronensaft

Butter in einer Pfanne schmelzen, Zwiebeln und Gewürze hinzufügen, zudecken und bei schwacher Hitze etwa 10 Minuten dünsten. Gehacktes Koriandergrün und Tomaten im Saft hinzufügen und gut verrühren. Pilze dazugeben und gut vermischen. Mit Salz und Zitronensaft würzen und 8–10 Minuten braten.

Mit Basmati-Reis und den Papadams genannten Fladenbroten (indisch *papads*) servieren.

Fungi alla Crema

Dieses Rezept erhielt ich von einer Italienerin, die im toskanischen Hügelland in der Nähe von Florenz lebt. Sie erzählte mir, dass ihr Vater ihr die Plätze gezeigt hatte, wo schon ihre Großeltern Steinpilze und Pfifferlinge gesammelt hatten. Traditionsgemäß werden die besten Sammelplätze geheim gehalten. Die Italiener, meinte sie, würden die Pilzernte entsprechend würdigen. In den Dörfern und Städten werden zahlreiche Feste gefeiert, bei denen jeder seine Schätze zur Schau stellen kann. Viele verschiedene Arten wild wachsender Pilze werden in sorgfältig aufgereihten Körben präsentiert, die mit Maroniblättern dekoriert sind.

FÜR 4–6 PERSONEN

75 g Butter
1 kg gemischte Wildpilze
1 mittelgroßes Bund frischer Estragon, fein gehackt
Meersalz und schwarzer Pfeffer aus der Mühle
300 ml Sahne

Butter in einem Topf schmelzen, Pilze hinzufügen und bei schwacher Hitze zugedeckt 10 Minuten dünsten. Den Estragon – 1 Esslöffel gehackten Estragon zurückhalten – hinzufügen und abschmecken. Die Hitze etwas verstärken, so dass ein Teil der Flüssigkeit verdampfen kann. Sahne einrühren und die Flamme wieder kleiner drehen. Weitere 2 Minuten köcheln lassen, die Pilze auf Tellern anrichten und mit dem Estragon bestreuen.

Dazu passt warmes Ciabatta-Brot, das die Sauce aufnimmt.

Austernpilze

Pilze erkennen

Auf der ganzen Welt gibt es Menschen, die sehr stolz darauf sind, verschiedene Pilzarten unterscheiden zu können. Viele Naturvölker haben umfassende Kenntnisse über Wildpilze und wissen genau, welche davon nicht essbar sind. Bevor Sie einen Pilz pflücken, müssen Sie sich ganz sicher sein, dass es sich um den Richtigen handelt. Man kann gar nicht vorsichtig genug sein, da manche Pilze sehr giftig sind und ihr Genuss tödlich sein kann. Essen Sie niemals einen Pilz, von dem Sie nicht mit Sicherheit wissen, dass es sich um einen essbaren handelt. Folgende Pilze sind leicht zu erkennen und essbar. Sehen Sie vor dem Verzehr immer in einem Handbuch nach oder befragen Sie einen Experten.

Leberpilz (*Fistulina hepatica*)
Violetter Rötelritterling (*Lepista nuda, lepista saevum*)
Steinpilz (*Boletus edulis*)
Pfifferling (*Cantharellus cibarius*)
Wiesenchampignon (*Agaricus campestris*)
Parasol (*Macrolelepiota procera*)
Bovist (*Lycoperdon* spp.)
Austernpilz (*Pleurotus ostreatus*)
Schopftintling (*Coprinus comatus*; kein Alkoholgenuss)

Panierte Boviste

Wenn Sie das Glück haben, im Spätsommer Boviste auf den Feldern zu entdecken, sollten Sie dieses herrliche Rezept versuchen, mit dem die Pilze besonders knusprig werden. Die fertigen Pilze mit ein wenig Sojasauce servieren.

FÜR 4 PERSONEN
1 mittelgroßer Bovist
Teig für Panade (siehe S. 132)

Den Pilz mit einem Küchentuch säubern und in 1 cm große Würfel schneiden. In die Panade tauchen und in heißem Öl frittieren, bis die Panade braun und knusprig ist. Auf Küchenpapier abtropfen und ein wenig abkühlen lassen. Dann servieren.

Gefüllte Champignons

Dieses Gericht bereitete ich nach einem Ausflug an die walisische Grenze zu. Ich fand dort ein Feld, das voll mit Champignons war. Am Abend zuvor war noch kein einziger davon zu sehen gewesen. Ich füllte meinen Korb mit ihnen und bereitete zum Abendessen dieses einfache Gericht zu, das mit knackigem Salat, warmem Vollkornbrot und einem Glas Rotwein einfach köstlich schmeckt.

FÜR 4 PERSONEN
4 sehr große oder 8 mittelgroße flache Champignons
50 g Paniermehl
3 EL Milch
40 g Butter
1 Zwiebel, geschält und gehackt
1 große Knoblauchzehe, gepresst
2 EL Petersilie, gehackt
Salz, Pfeffer und 1 Prise Cayennepfeffer (nach Belieben)
Geriebener Parmesan

Backofen auf 220 °C (Gas Stufe 7) vorheizen.

Von den Champignons die Stiele entfernen und fein hacken. Paniermehl in Milch einweichen. Butter in einem Topf schmelzen, Zwiebeln hinzufügen und zugedeckt 10 Minuten glasig dünsten. Gepressten Knoblauch und die gehackten Stiele hinzufügen, gut verrühren und noch ein paar Minuten braten lassen. Anschließend Paniermehl und Petersilie hinzufügen und mit Salz, Pfeffer und Cayennepfeffer abschmecken. Die Champignonhüte mit dieser Mischung füllen, mit Parmesan bestreuen und 15–20 Minuten im Ofen überbacken.

Wildpilze bieten vom Frühjahr bis zum Herbst zahlreiche kulinarische Erlebnisse.

KUCHEN, KEKSE UND SÜSSSPEISEN

Herbstliche Kuchen und Süßspeisen, welche die Fülle der Ernte ausschöpfen, haben einen ganz eigenen Reiz. Auf der ganzen Welt werden Beeren, Wildfrüchte oder Fallobst verwendet, die meist gratis sind. Mr Williams, der Gärtner meiner Mutter, pflegte zu sagen, dass die Ernte nach einem kalten Winter besonders gut sei. Außerdem schwor er darauf, dass um einen Apfelbaum gepflanzter Goldlack für bessere Früchte sorgen würde.

Fallobstkuchen mit Nüssen

Es heißt, wenn man jeden Tag einen Apfel isst, würde man nie einen Arzt brauchen. Eine gute Ausrede, um diesen köstlichen Kuchen zu essen, der hauptsächlich aus Fallobst zubereitet wird. Damit sich dieser – und die meisten anderen saftigen Kuchen – unversehrt aus der Form löst, legt man in die Form einen Streifen Alufolie, ehe man den Teig hineingibt. Der Streifen schützt beim Stürzen die Kuchenmitte.

FÜR 8–10 PERSONEN

250 g mit Backpulver gemischtes Mehl
1 Prise Salz
200 g Butter oder Margarine
100 g extrafeiner Zucker
100 g Hasel- oder Walnüsse, gehackt
350 g Äpfel (Fallobst), geschält, ohne Kerngehäuse und in Würfel geschnitten
2 Eier, geschlagen
Extrafeiner Zucker zum Bestreuen

Backofen auf 180 °C (Gas Stufe 4) vorheizen.

Mehl und Salz in eine große Schüssel sieben und die Butterflocken darauf verteilen. Dann den Zucker und die Nüsse einrühren und die Äpfel untermengen. Die geschlagenen Eier mit einem Metalllöffel sorgfältig unterheben. Die Mischung in eine gefettete Backform füllen. Etwa 50 Minuten backen, bis an einem hineingestochenen Stäbchen kein Teig hängen bleibt. In der Form 10–15 Minuten abkühlen lassen und auf einen Rost stürzen. Die Form entfernen und noch 30 Minuten stehen lassen. Mit extrafeinem Zucker bestreuen und warm servieren.

Fallobstkuchen mit Nüssen

Brombeer-Brot-Auflauf

Dies ist die herbstliche Variante eines Sommergerichts, das einfach köstlich schmeckt.

FÜR 6 PERSONEN
675 g Brombeeren
1 Spritzer Zitronensaft
75–100 g Zucker zum Abschmecken
1 TL Zimt
10–12 Schnitten Brot, ohne Rinde
Butter zum Einfetten

Brombeeren mit wenig Wasser bei schwacher Hitze kochen, bis sie Saft verlieren. Zitronensaft, Zucker und Zimt hinzufügen und die Brombeeren weich kochen. Abkühlen lassen.

Das Brot auf einer Seite mit Butter bestreichen. Eine Schüssel mit den mit der Butterseite nach unten gedrehten Brotschnitten auskleiden und mit Brombeeren und genügend Saft, um das Brot anzufeuchten, auffüllen. Oben mit Brotschnitten bedecken. Mit einem Teller beschweren und einige Stunden im Kühlschrank kalt stellen.

Den Auflauf auf einen Teller stürzen und aufschneiden. Mit cremigem Jogurt oder Schlagsahne servieren.

Walnusskuchen

Weicht man frische Walnüsse über Nacht in Salzwasser ein, lassen sie sich leichter knacken und das Innere bleibt ganz. Verwendet man getrocknete, geschälte Nüsse, die nicht mehr so frisch schmecken, kann man diese mit kochendem Wasser bedecken, abseihen und 20 Minuten bei schwacher Hitze ins Rohr stellen.

FÜR 10–20 PERSONEN
200 g Mehl
1 TL Backpulver
200 g ungesalzene Butter
200 g extrafeiner Zucker
3 große Eier
75 g Walnüsse, gehackt

Backofen auf 170 °C (Gas Stufe 3) vorheizen.

Mehl und Backpulver sieben. Butter und Zucker cremig rühren, dann nach und nach die Eier hineinschlagen und weiterrühren. Mehl und gehackte Walnüsse unterheben und gut mischen.

In einer gefetteten Backform 30–40 Minuten backen. 10 Minuten auf einem Rost abkühlen lassen, aus der Form nehmen und auskühlen lassen. Mit Kaffeeglasur bestreichen und servieren.

Apfelknödel

Ein Tipp meiner Nachbarin, um Äpfel reifen zu lassen: Ein paar Löcher in eine braune Papiertüte bohren, die unreifen Äpfel zusammen mit einem reifen Apfel hineingeben und 24 Stunden kühl und trocken lagern.

FÜR 4 PERSONEN
4 Kochäpfel
250 g Brombeeren
Zucker zum Abschmecken
Je ½ TL Zimt und gemahlener Ingwer
450 g Blätterteig
1 Ei, geschlagen

Backofen auf 190 °C (Gas Stufe 5) vorheizen.

Die Äpfel vom Kerngehäuse befeien, so dass sie ganz bleiben. Brombeeren mit ein wenig Zucker und den Gewürzen abschmecken und in die Äpfel füllen. Blätterteig ausrollen und in 4 große Quadrate schneiden. In die Mitte jedes Quadrats einen Apfel legen und die gegenüberliegenden Ecken zusammenfalten. Mit kaltem Wasser anfeuchten und die Ecken zusammendrücken. Bei den beiden anderen Ecken ebenso vorgehen. Die Ecken gut zusammendrücken und den Teig mit dem geschlagenen Ei bestreichen. 25–30 Minuten backen, bis die Äpfel weich sind. Schmeckt hervorragend mit cremigem Jogurt oder Vanillecreme (siehe S. 131).

Haselnusskekse

Diese knusprigen Kekse stammen von einer Amerikanerin, die in der Normandie lebt, wo besonders viele Haselnüsse reifen.

FÜR 12–14 STÜCK
225 g Mehl
75 g extrafeiner Zucker
150 g Margarine oder Butter
Butter zum Einfetten
100 g Haselnüsse, fein gehackt

Mehl und Zucker sieben. Die weiche Butter oder Margarine als Flocken in das Mehl geben, kneten bis der Teig krümelig ist. Nüsse hineinmischen und das Ganze auf einem Holzbrett zu einem glatten Teig kneten. Den Teig zu einer 5 cm dicken Wurst rollen und 1–2 Stunden kalt stellen.

Backofen auf 180 °C (Gas Stufe 4) vorheizen.

Die Teigrolle in 5 mm dicke Kekse schneiden und diese auf ein gefettetes Backblech legen. 15 Minuten backen und auf einem Rost abkühlen lassen.

Pflaumen-Cobbler

Cobbler ist eine traditionelle nordamerikanische Süßspeise, bei der Obst mit Teig überbacken wird.

FÜR 6 PERSONEN
50 g Butter oder Margarine
50 g feiner brauner Zucker
1 kg Pflaumen
Abgeriebene Schale von ½ Zitrone

Butter oder Margarine in einem Topf schmelzen. Das zerlassene Fett in eine Backform gießen und mit Zucker bestreuen. Die Pflaumen entsteinen, vierteln und mit der Zitronenschale in der Backform verteilen.

TEIG
75 g Butter oder Margarine
150 g Zucker
1 Ei, geschlagen
225 g Mehl
2 TL Backpulver
1 TL Zimt
1 Prise Salz
250 ml Milch

Backofen auf 180 °C (Gas Stufe 4) vorheizen.

Für den Teig Butter und Zucker cremig rühren und das geschlagene Ei hinzufügen. Mehl, Backpulver, Zimtpulver und Salz hineinsieben und mit der Milch langsam unter die Butter heben, bis ein glatter Teig entsteht. Den Teig über die Pflaumen streichen und etwa 30–35 Minuten backen. Aus dem Ofen nehmen, auf einem Rost abkühlen lassen und mit cremigem Jogurt oder Vanillesauce servieren.

Erdbeer- oder Himbeer-Meringen

Ihr überaus zarter Geschmack macht die wilde Erdbeere zu einer der beliebtesten Früchte aus der freien Natur. Auch wenn man wild wachsende Himbeeren findet, kann man sie für diese Meringen ausprobieren.

FÜR 6 PERSONEN
MERINGEN
2 Eiweiße
100 g extrafeiner Zucker
Ein paar Tropfen Vanilleessenz
1 Spritzer Zitronensaft

FÜR DIE FÜLLUNG
250 g wilde Erd- oder Himbeeren, geputzt
300 ml Crème fraîche
2 EL extrafeiner Zucker
1 Eiweiß

Backofen auf 130 °C (Gas Stufe 0,5) vorheizen.

Für die Meringen die Eiweiße steif schlagen und nach und nach Zucker, Vanille und Zitrone einrühren, bis der Eischaum glänzt und in Form bleibt. Mit einem Esslöffel 12 Meringen auf ein gut gefettetes Blech setzen und 1 Stunde backen. Über Nacht im Backofen bei geöffneter Türe abkühlen lassen.

Erdbeeren pürieren und zusammen mit dem Saft unter die Crème fraîche heben. Zucker einrühren. Eiweiß steif schlagen und unterheben.

Zum Servieren 2 Meringen auf einen Teller legen und dazwischen die Füllung geben. Sofort servieren.

Pikante Pekannusskekse

Pekannussbäume sind in den östlichen Staaten der USA heimisch. Ihre Nüsse zählen zu den reichhaltigsten und öligsten Nüssen – manche meinen, auch zu den köstlichsten. Auf einer Reise nach New Orleans stieß meine Tochter auf dieses typisch amerikanische Rezept: Eiscreme mit gehackten Pekannüssen und Ahornsirup. Ein leckeres Dessert, das mit diesen Keksen serviert wird.

FÜR 12–14 STÜCK
100 g Mehl
75 g extrafeiner Zucker
65 g weiche Butter
1 TL Gewürzmischung
3 EL Haferflocken
50 g halbe Pekannüsse

Backofen auf 180 °C (Gas Stufe 4) vorheizen.

Mehl in eine Schüssel sieben und Zucker, Butter und Gewürze hinzufügen. Mit den Fingerspitzen vermengen, bis der Teig krümelig ist, und anschließend auf einem Holzbrett zu einem glatten Teig kneten. In 12–14 Stücke teilen und Kekse formen. Haferflocken auf einen Teller leeren, und die Kekse darin wenden. Je mit 2 halben Pekannüssen verzieren und 15–18 Minuten backen. Vom Blech nehmen und auf einem Rost abkühlen lassen.

Mississippi Sundae

PRO PERSON
3 Kugeln Vanilleeis
1 EL Pekannüsse, gehackt und geröstet
3–4 EL Ahornsirup

Eiskugeln in ein hohes Glas geben und mit den Nüssen bestreuen. Vor dem Anrichten mit Ahornsirup übergießen.

Blaubeerauflauf (oben) und Blaubeerschnitten (unten)

Blaubeerauflauf

Blaubeeren und Heidelbeeren (*Vaccinium myrtillus* und *V. angustifolium*) gehören zu den ersten Früchten der Erntesaison. Das folgende Dessert stammt aus den Bergen von Maryland in den USA. Ich erhielt das Rezept von einer Frau, die dort eine Frühstückspension führt und für ihre Gäste auch Abendessen kocht. Dieses Gericht schmeckt einfach köstlich.

FÜR 8 PERSONEN

250 g Weißbrot mit abgeschnittener Rinde, in kleine Würfel geschnitten
Butter zum Einfetten
200 g leichter Frischkäse, in kleine Würfel geschnitten
4 große Eier
150 ml Ahornsirup
300 ml Milch
2 TL Zimt
1–2 EL Zucker

Die Hälfte der Brotwürfel in eine gefettete Auflaufform geben. Erst den Frischkäse und anschließend die Blaubeeren darüber streuen. Nun die restlichen Brotwürfel darauf verteilen.

Die Eier schaumig schlagen und mit Ahornsirup und Milch weiterschlagen. Dann den Zimt hinzufügen. Die Mischung gleichmäßig über das Brot verteilen und mit einem Teller beschweren. Einige Stunden kalt stellen, damit das Brot den Saft aufsaugen kann. Backofen auf 180 °C (Gas Stufe 4) vorheizen. Vor dem Backen den Teig dick mit Zucker bestreuen und 1 Stunde goldbraun backen. Mit Schlagsahne oder Jogurt entweder warm oder kalt servieren.

Blaubeerschnitten

In Europa findet man eher Heidel- statt Blaubeeren, für dieses Rezept kann man jedoch beide Arten verwenden. Blaubeeren sind größer und saftiger und in vielen Gegenden der USA stark verbreitet. Man kann damit herrliche Kuchen, Muffins, Sorbets und Pies zubereiten. Diese köstliche Torte wird am besten mit cremigem Jogurt serviert.

FÜR 6 PERSONEN

150 g weiche Butter oder Margarine
150 g feiner brauner Zucker
200 g Haferflocken
75 g Mehl
Butter zum Einfetten
250 g Blaubeeren

Backofen auf 190 °C (Gas Stufe 5) vorheizen. Butter, Zucker, Haferflocken und Mehl in eine Schüssel geben und miteinander verrühren. Die Hälfte des Teiges auf dem Boden einer gefetteten Kastenform verteilen und leicht andrücken. Mit Blaubeeren bedecken. Dann die restliche Teigmischung einfüllen und leicht andrücken. In 30–35 Minuten hellbraun backen und auf einem Rost abkühlen lassen.

GETRÄNKE UND ALTE BRÄUCHE

Wein ist gleichbedeutend mit dem Genuss des Lebens, wie Edward Fitzgerald in *Die Vierzeiler Omar Chajjams* betont:

Erwachet meine Lieben und füllet das Glas,
Bevor der Saft des Lebens euch entschwind'.

Traditionsgemäß ist die Weinrebe ein Symbol für Frieden und Wohlstand. Schon die alten Perser zogen Wein und auch die Ägypter genossen den Rebensaft und verwendeten ihn in ihren Tempelritualen. Die Griechen entwickelten die Kunst der Weinerzeugung weiter; mit ihnen gelangte das Getränk in die westliche Welt. Platon empfahl ihn als „angenehme Medizin gegen das Alter, mit der wir unsere Jugend wiedererlangen können". Die Römer verbreiteten den Weinstock schließlich in ganz Europa. Schon im Altertum galt der Wein als spirituelles Getränk, das den Toten dargeboten wurde, um sie wiederzubeleben. Der Wein dient noch heute in der christlichen Kirche als Symbol für das Blut Christi. Heute sind Italien, Frankreich, Spanien, Deutschland, Argentinien, Algerien, Chile, Australien, Neuseeland, Südafrika, die USA und Portugal führend in der Weinerzeugung.

Die „Frucht des Dionysos", der Wein, gilt in der Mythologie häufig als Symbol für ein glückliches Leben im Jenseits. Dionysos, der griechische Gott des Weines, steht für den Überfluss und die berauschende Kraft der Natur, er soll die Menschen von ihrem grauen Alltag und ihren Sorgen ablenken. Bei den Römern wurde Bacchus als Gott des Weines verehrt. Die Hebräer schrieben Noah die Entdeckung des Weins zu und meinten, dass er die Freuden der Traube kannte und so einige junge Rebstöcke auf der Arche mitführte. Angeblich glaubte Noah, dass der Mensch, bevor er Wein trinkt, so sanft wie ein Lamm ist, trinkt er mäßig, wird er tapfer und stark wie ein Löwe, trinkt er jedoch im Übermaß, stellt er sich auf eine Stufe mit dem Schwein.

Die Weinlese wird auf der ganzen Welt mit Festen gefeiert, wobei jedes Land seine eigene Tradition hat. In Frankreich findet die *vendange* Ende September mit Leiharbeitern statt, die ein einfaches Mahl erhalten: *pot au feu* und Käse aus der Region, der mit Landwein hinuntergespült wird. In Spanien wird die *vendimia* von Flamencotänzen und -gesang begleitet, und es werden *tapas* zur Stärkung angeboten. Während der Weinlese in Deutschland gibt es öffentliche Verkostungen und Weinfeste, und in Ungarn blieben viele alte Traditionen bis zu Beginn dieses Jahrhunderts unverändert. Die Lese des Tokaier – des einzigartigen ungarischen Süßweins – wurde von Geigenklängen begleitet, und die Arbeiter wurden mit Gulasch, gefülltem Kohl und Pfirsichschnaps belohnt. Bei einem festlichen Umzug wurde ein Bouquet aus Reben auf einer Stange getragen. In Italien wurden die Arbeiter nach der Weinlese, der *vendemmia*, mit Nudelsuppe, gekochtem Rindfleisch oder Brathuhn, Tomaten- und Radicchiosalat belohnt.

„Freude ist unsere größte Gabe, wie Angst unser größter Fluch ist. Die Freude, die der Wein bringt, ist die Freude des Sonnenscheins. Sie hat nichts gemein mit den Drogen und Giften, nach denen einige Menschen verlangen und denen sie sich auf der Suche nach Seelenfrieden oder Entspannung zuwenden. Wein ist keine Droge, er ist nie ein Verlangen und wird nur selten zur Sucht. Wein ist das altehrwürdige Streben des Menschen nach Freude."

André Simon *Let Wine Be Mine* (1946)

TRINKRITUALE

Der eine oder andere Becher verlängert ein reiches Mahl.
Alexander Pope, *Der Lockenraub* (1714)

Danksagungstrunk

Der Danksagungstrunk wurde angeblich von Margaret Atheling, der Gemahlin von Malcolm III. (1031 – 1093), König von Schottland, eingeführt. Der Becher wurde mit den besten Weinen gefüllt, und jeder Gast durfte, nachdem er sich für die Gastfreundschaft bedankt hatte, soviel daraus trinken, wie er wollte.

Frühe Trinkkelche wurden von Handwerksmeistern aus Gold oder Silber hergestellt und reich mit Edelsteinen oder feinen Mustern verziert. Der Howard Grace Cup im Victoria and Albert Museum in London besteht aus Elfenbein, das in Gold gefasst ist und die Aufschrift trägt: „Drink thy wine with joy" („Trinke deinen Wein mit Freude"). Die traditionellen Londoner Firmen verwenden bei ihren Banketten schöne alte Trinkgefäße, von denen einige vier Henkel haben; meist werden diese Kelche mit einer Mischung aus Wein und Gewürzen oder Sherry gefüllt.

Liebestrank

Die Liebestränke gehen auf den heidnischen Brauch der Trinkgelage zurück (siehe S. 169). Als sich das Christentum verbreitete, nannten die Mönche den Becher *poculum caritatis* oder Liebesbecher. Der Brauch wird bei Staatsbanketten, Firmenessen oder einigen Festen der alten Universitäten noch gewahrt.

Ein Liebestrank wird noch immer im St. Catherine's College in Cambridge während der Gedenkfeier zur Gründung der Universität im Jahr 1474 gereicht. Die Zeremonie selbst geht auf das 17. Jahrhundert zurück. Der Trank wird aus je 1 ½ Litern Weiß- und Schaumwein und ¼ Flasche Cointreau gemischt. Der Liebestrank wird in vier sehr alten und wertvollen Silberkelchen mit zwei Henkeln serviert und im Uhrzeigersinn herumgereicht. Steht der Tischvorsitzende auf, um zu trinken, erheben sich seine Nachbarn zur Linken und Rechten. Der Trinker verneigt sich mit einem Toast erst nach rechts, dann nach links. Verneigt man sich zu den Nachbarn, benötigt man die rechte Hand oder Schwerthand und ist somit schutzlos. Daher erhielt die Bezeichnung „Liebestrank" eine zusätzliche Bedeutung, nämlich den Freund, der gerade trank, vor Unheil zu schützen.

Der Mann mit dem Liebeskelch (dies ist ein rein männliches Ritual) trinkt mit beiden Händen, während seine Nachbarn ihm den Rücken zuwenden, um ihn zu beschützen: Da er beide Hände benötigt, kann er sein Schwert nicht zu seiner Verteidigung ziehen. Mit einer weiteren Verbeugung reicht er den Becher seinem linken Nachbarn. So wird der Kelch, um dessen rechten Henkel eine Serviette geschlungen ist, um den ganzen Tisch gereicht.

Der Liebestrank

Ein schönes Glas sollte zart, makellos sauber und gut poliert sein.

Der Kelch konnte verschiedenen Inhalt haben: Manchmal handelte es sich um *sack*, manchmal um gewürzten Wein. *Sack* war Wein, der aus Spanien und von den Kanarischen Inseln importiert wurde, meist Sherry oder Malaga. Ein Bericht aus dem 18. Jahrhundert erzählt, wie in den Bars von Temple Bar, einem Kneipenviertel in Dublin, der Liebestrank streng geregelt war und jede Person nur einen Schluck nehmen durfte.

Wenn Wein und Zucker Sünde sind, dann helfe Gott dem Sünder.
William Shakespeare, *Henry IV.,* Erster Teil (1596–97)

Gläser

Die Größe, Form und Farbe der Weingläser ist wichtig für den Geschmack des Weines: Ein gutes Weinglas sollte dünn, glatt, makellos sauber und gut poliert sein. Waschen Sie es mit heißem Spülwasser und spülen Sie es erst unter heißem, dann unter kaltem Wasser ab, bevor sie es abtropfen lassen. Ist es trocken, polieren Sie es mit einem weichen Tuch. Idealerweise sollte ein Glas groß genug sein, um auch halb gefüllt eine gute Menge an Wein zu enthalten, und oben schmäler werden, damit das Bukett nicht entweicht.

Lamb's Wool ist ein traditionelles englisches Getränk aus Bier, Äpfeln und Gewürzen.

Festtrunk

Man lachte und schwatzte, „ließ den Becher in der Runde gehen", handelte, machte Toasts, zahlte Runden; so ging es bis in die Morgenstunden.
William Langland, *The Vision of Piers Plowman*, um 1367

Spezielle Getränke für bestimmte Festtage gibt es bereits seit Jahrhunderten, und in vielen ländlichen Gebieten Europas wird dieser Brauch beibehalten, der das Landleben lebendig und unverwechselbar macht. Festtränke aus Wein waren unerlässlicher Teil der Feste. Oft wurden sehr starke Getränke mit traditionellen Ritualen herumgereicht, um auf die Gesundheit zu trinken oder einen Toast auszusprechen. Der Begriff „Toast" stammt wahrscheinlich aus dem 17. Jahrhundert. Es war Brauch, ein Stück Toastbrot mit Muskat oder anderen Gewürzen bestreut in den Wein zu gegeben, um ihm Geschmack zu verleihen. Der Ursprung des skandinavischen *skål* ist ebenfalls interessant: Ein Becher oder Kelch mit einem Getränk hieß „skull" oder „skoll" von der barbarischen nordischen Tradition, den Totenkopf (englisch „skull") eines Feindes in ein Trinkgefäß zu verwandeln.

Lamb's Wool

Dieses Weihnachtsgetränk besteht aus Bratäpfeln, Bier, Muskat und Ingwer und wird mit braunem Zucker gesüßt. Es wurde ursprünglich in Tongefäßen zubereitet. Einige Freunde in Westengland machen es noch jeden Winter nach einem Originalrezept. Für sie wäre Weihnachten ohne dieses Getränk nicht dasselbe.

PRO PERSON
2 Äpfel, geviertelt
500 ml Bier
½ TL geriebene Muskatnuss
1 TL gemahlener Ingwer
100 g brauner Zucker

Den Backofen auf 180° (Gas Stufe 4) vorheizen.

Die Äpfel vierteln, in ein Metallgefäß legen und 30 Minuten im Ofen backen. Das Bier langsam in einem Topf erwärmen, Gewürze und Zucker hinzufügen. Etwa 3–4 Minuten umrühren, bis sich der Zucker aufgelöst hat. Die Äpfel hineinlegen und servieren.

Wassail Cup

In einer heidnischen Zeremonie spricht man einen Toast aus auf die Apfelbäume, um einem Haus gute Ernte und Glück zu wünschen. „Ves heill" ist altnordisch für Gesundheit. Die Zeremonie fand um Neujahr statt. Es wurden traditionelle Lieder gesungen, ein Trank aus gewürztem Bier gereicht und Toaststücke in das Getränk getunkt, die dann in die Baumgabelung gelegt wurden. Es war Brauch Lärm zu machen, um die bösen Geister zu vertreiben.

Laut Sir Watkin William Wynnes Rezept aus dem Jahr 1722 trank man folgendes Getränk bei diesem Fest:

In ein Quart warmes Bier 1 Pfund Zucker geben, darüber Muskatnuss und etwas Ingwer reiben; dann 4 Gläser Sherry und 2 weitere Quart Bier mit 3 Zitronenscheiben beimengen; wenn nötig mehr Zucker einrühren und 3 Scheiben Toastbrot hinzufügen.

In den traditionellen Wassail Cup werden noch gebackene Äpfel gegeben.

Glögg

Dieser Punsch aus Schweden wärmt und wird besonders in der Weihnachtszeit bei Partys und Festen serviert.

FÜR 6–10 PERSONEN
1 l Aquavit oder Wodka
1 Flasche Rotwein
6 Kardamomkapseln
6 Gewürznelken
1 Zimtstange (5 cm lang)
4 Streifen Orangenschale
225 g Zuckerhut

Aquavit, Wein, Gewürze und Orangenschalen bei mittlerer Hitze in einem Topf erwärmen. 1 Stunde zugedeckt köcheln lassen, damit die Flüssigkeit Geschmack annimmt. Den Zuckerhut auf eine Feuerzange geben und über den Topf legen. Einen Schöpfer mit Glögg füllen, mit einem Streichholz anzünden und über den Zuckerhut gießen. So lange wiederholen, bis sich der Zucker aufgelöst hat, dann ordentlich durchrühren. Heiß servieren.

Tipp: Ein kleiner Metalllöffel im Glas verhindert, dass es springt, wenn man die heiße Flüssigkeit einfüllt.

Eine Freundin schickte mir eine norwegische Version namens *Skrub*. Dieses Getränk ist einfacher. Zunächst wird Zimt in Zuckerwasser aufgelöst, dann etwas Weinbrand hinzugefügt und die Flüssigkeit erneut erhitzt. Anschließend wird mit Rotwein aufgegossen und der *Skrub* nochmals erhitzt.

Met

Met besteht aus Honig und Wasser und hilft,
wenn er rein und gut ist, die Gesundheit zu bewahren.
Unbekannter Verfasser

Met ist gegorener Honigsaft, ein Nebenprodukt der Bienenzucht. Es ging aus Metheglin hervor, das wiederum von Hydromel kam, einem Lieblingsgetränk der Griechen und Römer. Laut Lord Holles, einem elisabethanischen Gentleman, heilt ein Glas Honig mit Quellwasser und Ingwer vermischt alle Übel. Auch Metheglin hatte den Ruf Gesundheit zu fördern und zu erhalten. Bereits im 6. Jahrhundert war der Met in Russland bekannt. In Indien kennt man den Met als *madhu*, in Litauen als *medus* und in Englang als *mead*.

Während Metheglin aus starkem Honig bestand, wurde der beste Met aus mildem Honig erzeugt. Er wurde aus dem Saft hergestellt, der beim Auswaschen der Waben zurückblieb, nachdem der Honig entnommen wurde; das beste Ergebnis lieferte Regenwasser. Bienenbrot – eine von den Bienen vorverdaute Mischung aus Pollen und Nektar – wurde als Gärmittel verwendet. Die Mönche entwickelten eigene Hefekulturen für ihren Met, deren Rezepte sie geheim hielten und an jüngere Mönche weitergaben. Jeder Met schmeckte etwas anders und man war stolz auf sein Rezept.

Metrezept aus dem 18. Jahrhundert

Zu 4 ½ Litern Wasser ½ Liter Honig geben. Kochen und danach sofort eine Hand voll Rosmarin, schottische Zaunrose oder etwas Zitronenmelisse hineingeben. Sie können ein Lorbeerblatt oder einige Gewürznelken und zerstoßenen Ingwer hinzufügen, doch wollen wir keinen Met, dessen Honiggeschmack von Ingwer und Gewürzen übertönt wird.

Dorothy Hartley, *Food in England*

Das Gebräu musste gären, bis es nicht mehr „arbeitete", und wurde anschließend abgeschöpft. Danach wurde es mit Rosinen in Fässer gefüllt, verspundet und 3 Monate stehen gelassen. Der Met war bei kaltem Wetter angezapft besonders klar.

Eine finnische Freundin macht ihren Met unter Hinzufügen von Zitronenschalen, was köstlich klingt.

Ein Imker in traditioneller Schutzkleidung

Posset und Caudel

Englischer Posset wurde aus einer Posset-Schale getrunken, einem speziellen Porzellangefäß mit Deckel. Das Getränk besteht aus heißer Milch, die mit englischem Ale, Wein oder einer anderen Spirituose zum Gerinnen gebracht und mit Zucker und Gewürzen abgeschmeckt wird. Ein Posset hilft bei Erkältungen und anderen Leiden, wie der englische Dichter John Dryden erzählt:

Die Gesundheit sicherte sie durch karges Mahl sich,
doch war sie krank, so half ein Posset sicherlich.

Laut dem englischen Schriftsteller Dr. Samuel Johnson bestand Posset aus „Milch, mit Wein und anderen Säuren vergoren", und es gab viele Rezepte für Milch-, Pfeffer-, Most- oder Ei-Possets.

Ein einfacher, doch wunderbarer Posset

600 ml Milch
150 ml Weißwein
50 g Würfelzucker
1 Zitrone
1 TL gemahlener Ingwer
1 Prise geriebene Muskatnuss

Die Milch in einem Topf zum Kochen bringen, den Wein hinzufügen. 10 Minuten stehen lassen, bis die Milch gerinnt. Die geronnene Milch abseihen. Den Zucker über die Zitrone reiben und in die heiße Milch rühren. Mit Ingwer und Muskat abschmecken.

In einem anderen Rezept wird roher Rohrzucker mit Sherry, Muskat und Eiern gekocht. Nun Milch hinzufügen, erwärmen und heiß servieren.

Caudel

Caudel ist ebenfalls eine englische Spezialität, eine Art Haferschleim aus Eiern, Getreideflocken und Malz, die als Speise und Getränk zugleich diente und oft vor einer langen Reise serviert wurde. Manchmal wurde ein Caudel mit Bier oder Whisky bereitet. Die Speise wärmte und war nahrhaft. Folgendes Rezept basiert auf einer Beschreibung des Dichters Charles Dickens:

Viktorianisches Posset-Gefäß

Caudel nach Charles Dickens

2 EL Haferflocken
Dünn geschnittene Schale von ½ Zitrone
600 ml heißes Wasser
50 g Zucker
¼ TL geriebene Muskatnuss
½ TL gemahlener Ingwer
1 Ei, geschlagen
1–2 EL Weinbrand

Die Haferflocken mit der Zitronenschale und dem Wasser verrühren, dann aufkochen lassen, bis die Mischung dick wird. Durch ein Nylonsieb streichen, mit Zucker und Gewürzen abschmecken und das geschlagene Ei einrühren. Wieder in den Topf geben und 2 Minuten leicht erwärmen. Mit Weinbrand abschmecken.

Laut einem schottischen Rezept kann man statt Weinbrand auch Whisky verwenden. Das Wasser kann durch ein mildes Ale oder Malzbier ersetzt werden.

SYLLABUB

Als *bub* bezeichnete man in England im 16. Jahrhundert ein perlendes Getränk, das traditionell aus einer Mischung von Wein, Weinbrand und Sahne zubereitet wurde. Sille heißt eine Weinregion in der Champagne. Ein spezieller Syllabub wurde zubereitet, indem man die Kuhmilch direkt in den Wein molk. Eine Irin erzählte mir von einer Familientradition aus dem 17. Jahrhundert, bei der ihre Vorfahren sich im Mai zur Brunnenreinigung versammelten. Jedes Mitglied der Familie kam am frühen Morgen mit einer Flasche oder einem Gefäß voll Whisky, in das frische Kuhmilch gemolken wurde, zum Brunnen.

Im 17. und 18. Jahrhundert entwickelten sich verschiedene Formen des Syllabub: In ein Punschgefäß mit Most oder Bier, gewürzt mit Zimt und Muskat und mit Zucker gesüßt, wurde frische Kuhmilch gemolken; daraus entstand eine alkoholhaltige Molke, die manchmal mit Sahne serviert wurde. Ein Syllabub mit Wein oder einem anderen alkoholischen Getränk war reichhaltiger, er bestand fast nur aus Sahne und wurde aus dem Glas eher gelöffelt als getrunken. Dann bemerkte man, dass sich die Creme nicht trennte, wenn man den Anteil an Wein und Zucker zur Sahne verminderte. So entstand der „everlasting" („beständige") Syllabub.

Man kann Syllabub auch mit Sirup anstatt mit Alkohol herstellen (siehe S. 176). Im 19. Jahrhundert wurde er manchmal auch mit Orangensaft zubereitet.

Cremiger Syllabub

Die meisten Syllabubs sind ebenso köstlich zu trinken wie zu löffeln. Ich habe diesen mit Creme double eingedickt, was ihm eine wunderbar seidige Struktur verleiht.

Schale von 1 Zitrone
125 ml Sherry oder Weißwein
2 EL Weinbrand
50 g extrafeiner Zucker
300 ml Crème double
Muskatnuss, gerieben
2 Eiweiße
Kleine essbare Rosenblüten zur Dekoration
Eiweiß und Zucker zum Glasieren

Die Zitronenschale dünn schneiden und mit Wein und Weinbrand in eine Schüssel geben. Mehrere Stunden ziehen lassen.

In eine andere Schüssel abseihen. Den Zucker unterrühren, bis er sich auflöst. Unter ständigem Schlagen die Crème double langsam einrühren. Etwas Muskat und die steifgeschlagenen Eiweiße einrühren. In kleine Gläser füllen und an einem kühlen Platz (nicht im Kühlschrank) bis zum Servieren aufbewahren. Der Syllabub kann 2–3 Tage im voraus zubereitet werden. Vor dem Servieren mit Rosenblüten dekorieren, die mit Eiweiß und Kristallzucker glasiert wurden.

Syllabub Trifle

Das Dessert steckt voller Tabus: voll Sahne und Alkohol.

FÜR 6–8 PERSONEN
1 selbstgemachter Biskuitteig, zerteilt
3 EL Sherry und 2 EL Weinbrand, gemischt
300 ml Sahne
4 große Eier
4 EL extrafeiner Zucker
5 EL Mangopüree, nach Geschmack gesüßt
150 ml Sherry
3 EL extrafeiner Zucker
Muskatnuss, gerieben
4 EL Weinbrand
Saft von ½ Zitrone
300 ml Crème double
25 g Mandelsplitter

Eine große Glasschüssel mit Biskuit auslegen und mit Sherry und Weinbrand benetzen. Die Sahne erhitzen. Eier und Zucker schaumig schlagen und in die heiße Sahne geben. Bei niedriger Hitze erwärmen, bis die Creme dick wird, aber nicht kochen oder gerinnen lassen. Abkühlen lassen und über den Biskuitteig gießen. Ist die Creme kalt, das Mangopüree darauf verteilen.

Für die Weincreme Sherry, Zucker, etwas Muskat, Weinbrand und Zitronensaft mischen. Langsam die Crème double einrühren, bis die Mischung dick wird. Mehrere Stunden kühlen, dann über den Trifle gießen und mit Mandelsplittern garnieren.

Cremiger Syllabub

Punsch

Man nimmt an, dass das Wort Punsch vom persischen Wort *punji* oder dem Sanskrit *panca* kommt und 5 bedeutet, was der Anzahl der Zutaten entspricht – Alkohol, Zucker, Zitrone, Gewürze und Wasser oder Milch. Es gibt hübsche Punschschalen aus Silber und Porzellan mit einem passenden Schöpflöffel aus Silber, der einen Holzgriff hat, damit er die Hitze nicht leitet. Die Familien hatten ihre eigenen Punschrezepte, die zu speziellen Familienfeiern serviert wurden.

In einem alten englischen Kochbuch, dem *Household Management*, heißt es: „Der Punsch wird für sehr berauschend gehalten, doch schmeckt er nicht so alkoholhaltig, wie er wirklich ist. Punsch wurde vor etwa 50 bis 60 Jahren von der gesamten Mittelklasse getrunken, doch ist er von unseren Tischen verschwunden und durch Wein ersetzt worden."

Das ist ein englisches Rezept (mit Orangenscheiben garnieren):

120 g Zucker
1 große Zitrone
600 ml kochendes Wasser
300 ml Rum
300 ml Weinbrand
½ TL geriebene Muskatnuss

Den Zucker über die Zitrone reiben, bis er gelb ist, dann in eine Punschschüssel geben. Den Zitronensaft hinzufügen (ohne Kerne) und beide Zutaten gut verrühren. Darüber das kochende Wasser gießen und vermischen. Rum, Weinbrand und Muskat hinzufügen. Alles gut verrühren und servieren. Es ist sehr wichtig für einen guten Punsch, dass alle Zutaten gründlich vermischt werden.

Deutscher Punsch

Dieses Lieblingsrezept meiner deutschen Freundin Inge wird am Weihnachtsabend serviert, wenn sich die Familie zur Weihnachtsfeier versammelt hat.

FÜR 10 PERSONEN
180 g Zucker
300 ml Wasser
Fein geschnittene Schale von ½ Zitrone und ½ Orange
2 kleine Zimtstangen
6 Gewürznelken
1 Flasche Mosel- oder Rheinwein
1 Flasche Rotwein
3 Weingläser Weinbrand

Zucker, Wasser, Zitrusschalen und Gewürze in einem großen Topf erhitzen, dabei umrühren, bis sich der Zucker aufgelöst hat. Zugedeckt bei niedriger Hitze 30–40 Minuten ziehen lassen. Wein und Weinbrand hinzufügen, nochmals erhitzen und servieren.

Punsch kann eine sehr berauschende Wirkung haben.

Alkoholfreier Punsch nach norwegischem Rezept

Milchpunsch

Dieser Punsch wird beim jährlichen Prüfungsfest am Jesus College im englischen Cambrigde serviert. Der Verwalter meint, dass nicht zu viel davon getrunken wird. Allerdings ist er ein hervorragendes Getränk.

FÜR 10 PERSONEN

1 Zitrone
20 cl Weinbrand
100 ml Amaretto
Etwas geriebene Muskatnuss
3 Eigelbe
2 l Milch
250 g Zucker
35 cl Rum

Die Zitrone dünn schälen und die Schale in eine Schüssel geben. Etwas Weinbrand, Amaretto und Muskat hinzufügen, abdecken und etwa 8 Stunden stehen lassen. Die Eigelbe mit etwas kalter Milch schlagen. Die restliche Milch in einem Topf zum Kochen bringen. Eigelbe, Zucker, Rum, den restlichen Weinbrand und Amaretto und die Zitronenmischung einrühren. Weiter rühren, bis die Flüssigkeit dick wird. In eine Punschschale abseihen und noch etwas Muskatnuss darüber reiben.

Alkoholfreier Punsch

Wenn Sie einen Punsch ohne Alkohol vorziehen, hier ist ein köstliches Rezept von meinen norwegischen Freunden.

700 g Puderzucker
2 l Wasser
Saft von 8 Zitronen
Abgeriebene Schale von 4 Zitronen
1 TL geriebene Muskatnuss
1 l kochende Milch
Gefrorene Trauben zum Servieren

Zucker und Wasser in einem Topf aufkochen. 5 Minuten kochen lassen, den Topf nicht zudecken. Anschließend abkühlen lassen, dann den Zitronensaft, die Zitronenschale und Muskat hinzufügen. Über Nacht ziehen lassen.

Die kochende Milch in die Zitronenmischung einrühren, 24 Stunden stehen lassen. Den kalten Punsch durch feinen Stoff abseihen und in Flaschen füllen.

Vor dem Servieren Trauben einfrieren. Die gefrorenen Früchte auf dem kalten Punsch schwimmend servieren.

Whiskypunsch

Ein schottischer Freund steuerte ein sehr altes Rezept bei: „Das faszinierendste Getränk, das es gibt", meinte er. Mischen Sie einfach alle Zutaten:

600 ml Whisky
2 Gläser Weinbrand
Saft und Schale von 1 Zitrone
1 Weinglas kochendheißes Bier
250 g Zucker
1,5 l kochendes Wasser

Sirup und Saft

Man kann Saft und Sirup aus verschiedenen Früchten und Kräutern herstellen. Sirup schmeckt in Soda, Wein oder Dessertsaucen. Er ist einfach zu machen und hält sehr lange. Man sollte den Sirup noch heiß in warme Flaschen abfüllen und sofort verschließen; er ist bis zu 6 Monaten im Kühlschrank haltbar.

Mandelsirup

In Teilen von Kalifornien säumen Mandelbäume die Straßen. Eine Freundin mischt ihren selbstgemachten Mandelsirup mit Soda, das Getränk ist wunderbar.

250 g Mandeln, blanchiert und geschält
30 ml Mandelöl
600 ml kaltes Wasser
350 g Würfelzucker

Die geschälten Mandeln in einem Mixer grob hacken. Mit dem Mandelöl in einen Topf geben und das Wasser einrühren. Den Zucker hinzufügen, zum Kochen bringen und 3 Minuten köcheln lassen. Ein- bis zweimal durch ein Stück Leinen abseihen.

Kaffeesirup

Eine italienische Freundin schickte mir dieses Rezept. Versuchen Sie den Sirup mit Schokoladen-Nuss-Eis oder mischen Sie ihn mit Crème fraîche und servieren Sie ihn zu Schokoladenkuchen.

450 g frisch gemahlener Kaffee
600 ml Wasser
450 g Zucker

Kaffee und Wasser in einem Topf aufkochen und 20 Minuten kochen. Durch Musselin seihen, wieder in den Topf gießen. Köcheln lassen, abschöpfen und erneut köcheln, bis der Sirup dick wird.

Cassis

Johannisbeersirup ist in Frankreich weit verbreitet: ein Spritzer in Weißwein für einen Kir, oder einen Klacks über Eiscreme. Eine gute Freundin, die in Cucuron im Südosten Frankreichs lebt, schickte mir ihr Rezept, zu dem sie manchmal vor dem Abfüllen Weinbrand mischt. Im Herbst stellt sie Cassis aus Brombeeren oder Heidelbeeren her, vorausgesetzt, sie findet welche.

Kaffeesirup schmeckt köstlich zu Eiscreme.

2,5 kg Schwarze Johannisbeeren
1 kg Würfelzucker
300 ml kaltes Wasser

Beeren und Zucker in einen Steinguttopf geben, die Früchte zerstoßen und über Nacht mit einem Tuch abgedeckt stehen lassen.

Das Wasser zu den Früchten geben und den Steinguttopf in einen Topf kochendes Wasser stellen. 2½ Stunden bei niedriger Hitze im Wasserbad köcheln lassen. Durch ein Tuch seihen und nochmals 5–10 Minuten schwach kochen lassen.

Zitronen- oder Orangensirup

Dieser Sirup ist im Sommer sehr erfrischend. Mein Onkel, der eine Zeit lang in Südspanien lebte, schickte mir das Rezept.

1,8 kg Würfelzucker
2,5 l kochendes Wasser
Saft von 5 Zitronen oder Orangen
Fein geschnittene Schale von 3 Zitronen oder Orangen
100 g Zitrussäure

Zucker und Wasser in einen Kochtopf geben. Zitrussaft und -schalen hinzufügen. Die Zitrussäure in etwas heißem Wasser auflösen und über die Mischung leeren. 24 Stunden stehen lassen, abseihen und in Flaschen füllen.

Rosensirup

Eine köstliche und wunderbare Mischung aus Frankreich. Der Sirup ist tiefrot und duftet himmlisch.

450 g Rote Johannisbeeren
1,2 l kaltes Wasser
900 g Würfelzucker
450 g duftende rote Rosenblätter, den weißen Blattansatz entfernen

Die Johannisbeeren 20–25 Minuten im Wasser köcheln lassen, bis sie Saft ziehen, dann abseihen. Zucker und Rosenblätter hinzufügen. Bei niedriger Hitze 15 Minuten köcheln lassen, dann die Rosenblätter abseihen. Kochen, bis der Sirup dick wird.

Holunderblütensaft

Seit vielen Jahren stelle ich diesen herrlichen Saft aus Holunderblüten her. Jedes Jahr im Juni, wenn der Holunder voll in der Blüte steht, sammle ich die Blüten.

20 Holunderblüten
1,5 kg Zucker
1,8 Liter gekochtes Wasser, abgekühlt
50 g Weinsäure
1 Zitrone, in Scheiben geschnitten

Alle Zutaten in einen großen Einmachtopf geben und 24 Stunden ziehen lassen. Dabei gelegentlich umrühren. Den Saft abseihen und in Flaschen füllen. Holunderblütensaft ist sofort trinkfertig, hält aber auch mehrere Wochen. Sie können ihn mit Mineralwasser mischen.

Brombeersaft

Man kann den Brombeerstrauch und seine Früchte nicht nur für kulinarische Zwecke nutzen, die Wurzeln der Brombeere ergeben z.B. ein orangefarbenes Färbemittel.

Für 500 ml Brombeersaft benötigt man etwa:

2 kg Brombeeren
225 g Zucker
1 Zimtstange
3–4 Gewürznelken
Schale von ½ Zitrone

Für den Brombeersaft: Brombeeren waschen und ohne Wasser in einen Einmachtopf geben. Langsam erhitzen, bis sich Saft bildet, aber nicht kochen lassen. Durch ein Stück Stoff abseihen, den Saft auffangen und die Früchte abtropfen lassen.

Den Saft in einen Einmachtopf gießen. Zucker, Gewürze und Zitronenschale hinzufügen und 30 Minuten kochen lassen. Abseihen und in Flaschen füllen. Wollen Sie eine alkoholische Version, können Sie Whisky oder Wodka beimengen.

Sommersaft aus Beeren

Eine wunderbare Methode, um Sommerfrüchte zu verarbeiten. Möchten Sie ein alkoholisches Getränk herstellen, schmecken Sie den Saft mit etwas Weinbrand ab.

Schwarze oder Rote Johannisbeeren, Himbeeren, Erdbeeren etc.
Wasser
Weinbrand
Zucker

Das Obst in einen Steinguttopf geben. Im Wasserbad köcheln lassen, bis sich Saft bildet. Abseihen und den Saft abmessen. Für 600 ml Saft 450 g Zucker nehmen. Gut verrühren. Zugedeckt einige Tage stehen lassen, abseihen und in Flaschen füllen.

Rosensirup

Muntermacher für Kranke

Als ich ein Buch über das Dorfleben schrieb, traf ich eine Frau, die in den 20er und 30er Jahren als Hausmädchen auf einem Landgut gearbeitet hatte. Sie ist heute schwach und vergesslich, aber sie gab mir einige handgeschriebene Notizbücher mit allen Tipps und Rezepten, die sie aus jener Zeit besitzt. „Kranke brauchen Abwechslung", hatte man ihr oft gesagt. Offensichtlich war es in jenen Tagen üblich, Kranke mit heißen und kalten Getränken zu umsorgen. Ich versuchte diese schmackhaften Rezepte. Servieren Sie Ihrem Patienten diese Muntermacher, die für unsere Zeit leicht abgeändert wurden.

Drei angenehme Getränke

- In ein Glas kaltes Wasser 1 EL Zitronensaft rühren.
- Johannisbeeren oder Preiselbeeren überbrühen, abseihen und mit Zucker abschmecken.
- Buttermilch mit Keksen, Zwieback und reifen oder getrockneten Früchten, vor allem Rosinen, servieren.

Apfelwasser

2 große Äpfel in Scheiben schneiden, diese im Ofen backen und 1 Liter kochendes Wasser darüber gießen. 2–3 Stunden ziehen lassen, dann abseihen. Leicht mit Honig süßen.

Gerstenwasser

Nahrhaft, wunderbar wenn Sie zu krank sind, um viel zu essen.

1 Hand voll Gerste waschen, in 2 l Wasser mit etwas Zitronenschale köcheln lassen.

Oder 25 g Perlgraupen einige Minuten in etwas Wasser kochen, um sie zu säubern, dann abseihen. Die Gerste mit 2 l Wasser in einen Topf geben, 1 Stunde köcheln lassen. Nach einer ½ Stunde etwas frische Zitronenschale und 1 Stück Würfelzucker hinzufügen. Ist die Mischung zu dick, 150 ml Wasser zugeben. Auf Wunsch mit Zitronensaft abschmecken.

Heiße Schokolade

Die beste heiße Schokolade, die ich kenne. Sie muntert jeden Patienten auf und stärkt seinen schwachen Körper.

200 g Vollmilchschokolade in sehr kleine Stücke brechen. 300 ml Wasser in einem Topf erhitzen, die Schokolade in das kochende Wasser geben. Vom Herd nehmen und die Schokolade unter ständigem Rühren schmelzen lassen, dann bei schwacher Hitze zum Kochen bringen. Hält an einem kühlen Ort mindestens 8–10 Tage. Jeweils 1–2 Löffel in ein Glas mit Milch geben, die Milch mit Zucker aufkochen und gut verrühren.

Eselsmilch-Ersatz

Wunderbar beruhigend und entspannend.

2 EL kochendes Wasser, 2 EL Milch und 1 gut geschlagenes Ei vermischen. Mit 2 EL Zucker süßen. Zwei- bis dreimal am Tag trinken.

Milchkaffee

Eine wunderbare Medizin für Kranke – ein süßer „Caffè latte".

1 Kaffeelöffel gemahlenen Kaffee in 30 ml Milch 15 Minuten lang kochen. Vom Herd nehmen und setzen lassen. Abseihen und nach Geschmack süßen.

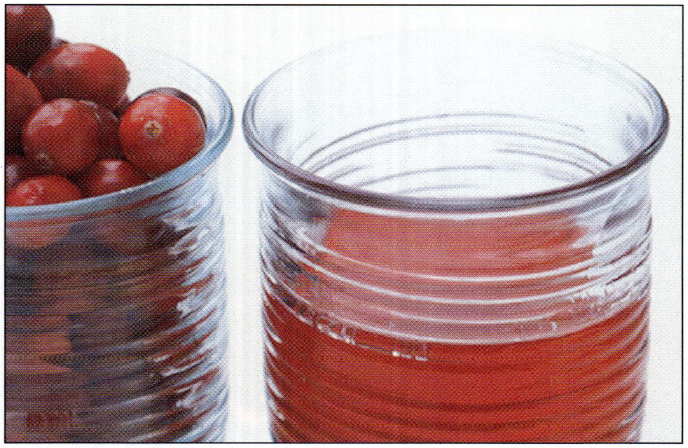

Weincreme

Eine beruhigende, wohlschmeckende Speise, die Zabaglione sehr ähnlich ist.

1 Ei schlagen und mit 1 TL kaltem Wasser mischen. 1 Glas Weißwein, ½ Glas Wasser, 1 EL Zucker und ½ TL geriebene Muskatnuss in einem Topf erhitzen. Die kochende Mischung langsam in das Ei einrühren und dabei gut durchrühren. Dann in den Topf zurückgießen und bei schwacher Hitze unter ständigem Rühren 1 Minute erhitzen, aber nicht kochen, da die Mischung sonst gerinnt. Mit Toast servieren.

Reismilch

Beruhigt den Magen, schmeckt gut und ist leicht zu trinken.

1 gehäuften EL gemahlenen Reis mit 300 ml Milch, je ¼ TL Zimt, abgeriebene Zitronenschale und Muskat kochen. Nach Geschmack süßen.

Zitronenwasser

Ein wunderbarer Muntermacher. Schmeckt wie Zitronentee und ist eine nette Abwechslung zu Kräutertee.

2 Scheiben Zitrone mit etwas Zitronenschale und 1 Stück Würfelzucker in eine Teekanne geben. Mit 500 ml kochendem Wasser aufgießen, zugedeckt vor dem Trinken etwa 2 Stunden ziehen lassen.

Zitronenmolke

Dieses reinigende Getränk ist eine gute Medizin bei Magenproblemen.

Den Saft von ½ Zitrone in 300 ml kochende Milch gießen. Vom Herd nehmen und 15 Minuten ziehen lassen. Durch Stoff abseihen und mit 1 Stück Würfelzucker süßen.

Alkoholfreier Trank gegen Schwäche und Husten

Ein leckeres Getränk, leicht und blumig, doch nahrhaft und beruhigend. Weit besser als die meisten Hustensäfte.

1 Ei schlagen und mit 150 ml warmer Milch, je 1 EL Rosenwasser und Orangenwasser und etwas geriebener Muskatnuss gut vermischen und nicht mehr erwärmen. Gleich nach dem Aufstehen und vor dem Schlafengehen trinken.

Vitamin-C-Drink

Scharf und aufmunternd, reich an Vitamin C.

1 Tasse Preiselbeeren in 1 Tasse Wasser geben und die Beeren zerdrücken. Inzwischen 1 l Wasser mit 1 EL Haferflocken und etwas Zitronenschale kochen, dann die Preiselbeeren und etwas Zucker hinzufügen. Bis zu 150 ml Sherry beimischen. Die Mischung 30 Minuten kochen lassen und abseihen.

Schlummertrunk

Orangen, gut geröstet, in einem Glas Wein,
ergeben süßen Bischof zu einem edlen Mahl.
Jonathan Swift

Eines der ältesten Rezepte für einen Schlummertrunk ist Bischof, das unter anderem an der Universität von Oxford berühmt ist. Es ist ein Getränk aus Süßwein oder Port, gemischt mit Orangen, Zitronen und Zucker. Das folgende Rezept stammt aus einer Rezeptsammlung von 1827. Mein Vater, der in den 30er-Jahren kurze Zeit Proktor an der Universität war, erinnerte sich, dass nach einem Fest an der Tafel ein ähnliches Getränk serviert wurde.

Mit Sherry anstatt Portwein trug dieses Getränk den Namen „lawn sleeves", „Batistärmel". Wollen Sie einen Kardinal, verwenden Sie roten Bordeaux, für einen Papst Champagner. Norwegische Freunde machen einen *gammeldags bisp*, einen „altmodischen Bischof", aus süßem Rotwein und Orangen.

Bischof

1 Orange
15 Gewürznelken
1 Zimtstange
12 Gewürznelken
1 Streifen Muskatblüte
6 Pimentkörner
1 Stück Ingwer, zerstoßen
300 ml Wasser
400 ml Portwein
6–10 Stück Würfelzucker
1 Zitrone
Muskatnuss

Gewürznelken auf die Orange stecken und 30 Minuten bei 200 °C (Gas Stufe 6) im Ofen backen. Die Gewürze mit Wasser in einen Topf geben und auf die Hälfte einkochen lassen.

Den Portwein erhitzen, um ihm Alkohol zu entziehen, dann die gebackene Orange und die heiße Gewürzmischung hinzufügen. Bei schwacher Hitze 10 Minuten ziehen lassen.

Den Würfelzucker über der Zitrone reiben und dann zur Weinmischung geben. Umrühren, etwas frische Muskatnuss darüber reiben und servieren.

Rumfustian

Ein sehr starkes, alkoholhaltiges Getränk, das mit Eigelben angereichert wird.

12 Eigelbe, 1 l starkes Bier, 1 Flasche Wein, 500 ml Gin, Zimt, Muskat, Zucker und Ingwer nach Geschmack. Schlagen und erwärmen (aber nicht kochen, damit die Eigelbe nicht gerinnen), bis die Mischung dick wird.

Ein etwas weniger alkoholhaltiges Getränk:

Brown Betty

Brauner Zucker, in 500 ml heißem Wasser aufgelöst, 1 Zitronenscheibe. Gewürznelken, Zimt, Weinbrand und 1 l starkes Bier hinzufügen. Erhitzen und 1 Stück Vollkorntoast hineingeben – Muskatnuss und Ingwer über den Toast reiben. Heiß servieren.

Bischof

BIER

Um die Jahrtausendwende riet der Römer Plinius, vor dem Konsum von Bier 5 Mandeln zu essen, um nüchtern zu bleiben. Allerdings wird Bier erst seit dem 16. Jahrhundert mit Hopfen gewürzt. Davor wurde das Getränk in vielen Teilen der Welt zwar auch aus Malz und Hefe gebraut, aber mit Kräutern statt Hopfen aromatisiert. Bier war so populär, dass 40 % der sumerischen Kornernte zum Brauen verwendet wurde, wobei die Brauer Frauen waren. In Russland ist *kvas* seit dem 6. Jahrhundert n. Chr. ein wichtiges Nationalgetränk, das aus Gerste oder Roggen erzeugt wird.

Zur Malzbereitung werden Roggenkörner in Wasser gelegt, bis sie zu keimen beginnen; danach werden sie erhitzt, um den Keimprozess zu stoppen: Je länger man sie erhitzt, desto dunkler wird das Malz. Man dachte allgemein, dass weiches Wasser das beste Bier lieferte, und vor der Verwendung von Hopfen wurde mit Heu, Heidemyrte, Fliegenkraut, Wermut, Rosmarin oder gemahlenem Efeu gewürzt.

Starkbier wurde für spezielle Feste gebraut, während das leichtere Bier für die Erntearbeiter so harmlos war wie Roggenwasser. In jedem Haus wurde für den Eigengebrauch Bier gebraut, und die Braugefäße wurden fast häufiger zum Brauen verwendet als der Backofen zum Brot backen.

Brennnesselbier

Ein sehr altes Rezept für ein leichtes, schmackhaftes Bier.

Ein großer Korb mit frischen Brennnesseln
1 Zitrone, aufgeschnitten
4,5 l Wasser
450 g Zucker
25 g Ingwer, gerieben
25 g Weinstein
25 g Bierhefe

Brennnesseln und Zitrone in einen großen Topf geben und mit dem Wasser 25 Minuten kochen. In ein Holzgefäß abseihen, Zucker, Ingwer und Weinstein beimischen und verrühren, bis sich der Zucker aufgelöst hat. Die Hefe hinzufügen und 3 Tage an einem warmen Ort gären lassen – bei kaltem Wetter auch länger. In einem kleinen Fass lagern oder für den sofortigen Gebrauch in Flaschen füllen.

Glöcknerbier

Zum Genuss vor einem langen Glockenläuten geeignet. Nach Dorothy Hartley, *Food in England*.

8 Eier, getrennt
Zucker, Orangensaft und Gewürze
1 l starkes Bier, erhitzt

Die Eigelbe mit Zucker, Orangensaft und Gewürzen schlagen und über das heiße Bier gießen. Aus großer Höhe in den Topf zurückgießen, damit es schäumt. Die Eiweiße schlagen, den steifen Eischnee unterheben und das Bier sofort servieren.

Bierkrug

Der wirkliche Bierfan lagert seinen Krug – einen Zinnkrug natürlich – am selben kühlen Ort wie sein Bier, denn Zinn macht das Bier bei Raumtemperatur unangenehm warm. Traditionell wurden Zinnkrüge auf einem Holztablett serviert, da Zinn auf Holz einen hübschen Klang hat. Die Krüge waren immer schön poliert, die Tabletts sauber geschrubbt.

Zinnkrüge sollten mit warmem Spülwasser gewaschen, abgetrocknet und mit einem weichen Tuch poliert werden. Früher wurden sie mit feinem Sand abgerieben. Heute genügt auch ein Topfkratzer, doch sollten Sie keine Metallputzmittel oder Chemikalien verwenden, da Zinn Gerüche annimmt.

Glöcknerbier

Most

In Gebieten, in denen viele Äpfel angebaut werden, ersetzt Most häufig das Bier. Laut einer englischen Legende tritt der späte Frost, der oft die Apfelernte zerstört, vom 19. bis zum 21. Mai auf, weil ein Brauer namens Franklin aus der Grafschaft Devon an diesen drei Tagen seine Seele an den Teufel verkaufte. Er bat den Teufel um Frost, der die Apfelblüte zerstören sollte, damit die Menschen sein Bier kauften, anstatt Most zu trinken.

Die Mostherstellung war der Bauersfrau überlassen, und man teilte sich eine Mostpresse, die im Herbst von Hof zu Hof gebracht wurde. Die Mostherstellung ist weit einfacher als das Bierbrauen: Man benötigt nur Äpfel, eine Presse, um die Früchte zu zerstampfen, und ein Holzfass. Früher begann man am 1. November mit der Mostproduktion, doch heute liegt der Anfang früher, meist schon im September. Meist endet das Mosten noch vor Weihnachten, doch kann auch bis März gemostet werden, wenn die Apfelernte reich ausfällt.

Es gibt zahlreiche Apfelsorten, die für Most geeignet sind. Hier richte man sich nach den lokalen Gelegenheiten. Normalerweise werden dem Most kein Zucker oder weitere Zutaten zugesetzt, obwohl in der Vergangenheit viel gepanscht wurde. Rohem Most wird kein Zucker zugesetzt, doch wird Jahrgangsmost mit Zucker erzeugt und länger ausgebaut.

Naturmost

Die Äpfel maischen, den Saft herauspressen und in Holzfässer füllen. Das Fass 6 Monate im Obstgarten lagern.

Mosttrunk

600 ml trockenen Most, 2 Weingläser Weinbrand, 3 EL Zucker und den Saft von ½ Zitrone im Topf erhitzen und 5 Minuten unter ständigem Rühren köcheln lassen. Etwas Muskatnuss auf 2 Zitronenscheiben reiben und in das Getränk geben. Kühl servieren.

LANDWEIN

Seit man im Altertum das Prinzip der Gärung entdeckte, wurde in fast allen Kulturen Wein gekeltert. Hausgemachter Wein kann aus beinahe allem erzeugt werden, das reichlich im Garten wächst: Beeren, Rhabarber, Pflaumen, Äpfel, Birnen und Quitten. Dazu kommen aus dem Gemüsebeet Rüben, Möhren, Kürbisse, Sellerie und Erbsenschoten.

Früher wurde auf dem Land mit einfachen Mitteln Wein erzeugt: Man benötigte nur ein Steingutgefäß zum Einmaischen, Stößel und Mörser, um die Gewürze aufzubrechen und zu zerstampfen, alte Schnapsfässer für die Gärung und Flaschen – immer sterilisiert. Heute ziehen die Weinerzeuger große Glas- oder Plastikbehälter vor, die mit einem Gärverschluss ausgestattet sind. Alle Utensilien müssen sterilisiert und beim ersten Gärdurchgang gut verschlossen werden, damit die Fruchtfliegen, die den Wein zu Essig machen, nicht an den Wein gelangen. Verwenden Sie eine Hefelösung, damit die Maische richtig gärt. Bei Landweinen wird die natürliche Hefe voll ausgenützt, die man auf den Pflanzen und Früchten findet, so dass in vielen Rezepten keine zusätzliche Hefe nötig ist. Wird Hefe verwendet, streicht man sie meist auf einen Toast, der dann im gärenden Wein schwimmt.

Pastinakenwein *(siehe S. 186)*

Brotwein

Aufzeichnungen zeigen, dass die alten Ägypter Wein aus Brot herstellten. Hier ist ein sehr altes Rezept für Süßwein aus Roggenbrot und Honig, das an Met erinnert. Dieses Rezept wurde in einer Familie, die bei Tours in Frankreich lebt, von Generation zu Generation weitergegeben.

1 kg selbstgebackenes Brot, zerteilt	*450 g Zucker*
	3,5 l Wasser

Das Brot 30–40 Minuten im Ofen bei 150 °C (Gas Stufe 2) leicht anbräunen. Abkühlen lassen und in einen Weinkrug geben. Den Zucker im Wasser auflösen und über das Brot gießen. Den Krug an einen warmen Platz stellen, bis der Inhalt gärt. In ein Fass abseihen. Das Fass leicht verspunden, bis die Gärung abgeschlossen ist, dann in Flaschen füllen.

3–4 Monate lagern. Ein prickelnder, berauschender Wein.

Löwenzahnwein

Dieses Rezept stammt von dem Mann, dem ich die Idee zu diesem Buch verdanke. Harry ist heute über 90 Jahre alt, und er stellt diesen Löwenzahnwein schon lange her.

1 Orange	*5 l Wasser*
1 Zitrone	*1,5 kg Zucker*
4 l Löwenzahnblüten	*25 g Bierhefe*

Die Orange und die Zitrone sparsam schälen. Die Schalen und die Löwenzahnblüten in einen Musselinbeutel geben und 20 Minuten im Wasser kochen. Den Beutel entfernen, leicht ausdrücken und den Zucker in der Flüssigkeit auflösen. In einen Plastikeimer (nicht Metall) leeren; ist die Flüssigkeit lauwarm, den Saft der Orange und Zitrone beifügen. Ein wenig von der Flüssigkeit abnehmen und die Hefe damit mischen, in den Behälter zurückgeben und abdecken.

In Irland wird „poteen", ein Kartoffelschnaps, gebrannt.

3 Tage arbeiten lassen, dann in einen Gärbehälter füllen und fertig gären lassen. Ist die Gärung abgeschlossen, in Flaschen füllen. Je länger der Wein gelagert wird, desto besser schmeckt er.

Pastinakenwein

Einer der ältesten und traditionellsten Landweine. Dieses Rezept stammt von einer holländischen Freundin.

2 kg Pastinaken, zerkleinert
5 l kochendes Wasser
25 g frischer Ingwer, Zimtstangen, Piment und Muskatblüte
1,5 kg Damerara-Zucker
1 EL frische Hefe
1 Scheibe getoastetes Brot

Die Pastinaken 15 Minuten lang in Wasser kochen. Die zerstoßenen Gewürze hinzufügen und unter Rühren 10 Minuten weiterkochen. Abseihen, den Zucker hinzufügen und weiterrühren. Abkühlen lassen, bis die Flüssigkeit lauwarm ist. Die Hefe auf den Toast streichen und in die Flüssigkeit geben. Die Hefe 36 Stunden arbeiten lassen (bei kaltem Wetter länger), dann in ein Fass füllen und gären lassen. Ist die Gärung abgeschlossen, fest verspunden und 6 Monate lagern. In Flaschen füllen und vor dem Trinken 1 Jahr lagern. Der Wein wird mit der Zeit besser – ein 10-jähriger Pastinakenwein ist hervorragend.

Kartoffelwein

Dieses Rezept sandte mir ein Ire, der mir den *poteen* (Kartoffelschnaps) beschrieb, den sein Großvater (illegal) brannte. Dieser Kartoffelwein ist jedoch legal.

1 kg Kartoffeln, gereinigt
1 kg Rosinen
2 kg Demerara-Zucker
600 ml frischer Weizen, geschrotet
20 l kochendes Wasser
30 g Hefe

Die Kartoffeln in einen großen Topf reiben, die anderen Zutaten hinzufügen und 3 Wochen regelmäßig umrühren. In ein kleines Fass abseihen, gären lassen und in Flaschen füllen.

FRUCHTWEIN

Unsere Vorfahren machten aus allem Wein, das wild wuchs: Aus Brennnesseln, Stechginster, Huflattich und Klee entstand duftender Blumenwein. Am berühmtesten war Wein aus Schlüsselblumen, doch die Pflanze ist so selten geworden, dass sie heute mehr verwenden sollte. Aus Weißdorn, Ebereschen, Blaubeeren, Damaszenerpflaumen, Schlehen und Holzäpfeln entstand berauschender Fruchtwein. Man pflückte die reifen Früchte und verarbeitete sie so schnell wie möglich. Herbstbeeren gelten nach dem zweiten strengen Frost als besonders gut. Wo vorhanden, sollte man Quellwasser nehmen. Es ist wichtig, niemals Aluminiumtöpfe zu verwenden, da diese die Farbe des Weins verändern. Ein Holz- oder Tonfass galt früher als besonders geeignet, doch heute wird meist ein Glasbehälter verwendet. Abgefüllt wurde der Wein im Winter. Besonders klar wird der Fruchtwein, wenn man ihn vor dem Trinken dekantiert.

Holunderwein

Jeder Weinerzeuger scheint seine eigene Methode zu haben, um hervorragenden Fruchtwein herzustellen. Dieses Rezept stammt von einem deutschen Arzt, der es von seinem Großvater geerbt hatte. Um den Holunderstrauch ranken sich viele Legenden, darunter die, dass eine mächtige Dryade, die Holundermutter, darin lebt, die man vor der Beeren- und Blütenernte um Erlaubnis fragen sollte.

2 kg Holunderbeeren
4,5 l kochendes Wasser
250 g Rosinen
3 TL Zitronensäure
1 Päckchen Weinhefe (Portwein)
1,5 kg Zucker

Die Beeren von den Stielen lösen, in kaltem Wasser waschen und unreife Früchte entfernen. In ein geeignetes steriles Gefäß geben, zerdrücken und kochendes Wasser darüber gießen. Die Rosinen

Holunderbeeren

waschen und hacken und mit der Zitronensäure zu den Beeren geben. Zudecken und abkühlen lassen.

Die Weinhefe hinzufügen und die Maische 3 Tage gären lassen, dann abseihen. Die Früchte auspressen und wegwerfen. Zucker in den Most einrühren und diesen in ein steriles Gärgefäß geben, den Rest in eine große sterile Flasche füllen. Das Gefäß mit einem Gärspund (Ventil) verschließen und die Flasche mit einem Pfropfen aus Watte zustöpseln. Etwa 3 Wochen lang in einen warmen Raum stellen, bis der Wein still ist. Nun einige Tage in einem kalten Raum aufbewahren, bis er klar ist, dann in ein steriles Lagergefäß oder eine andere Flasche füllen. Fest verschließen und lagern. Nach etwa 1 Jahr abfüllen und weitere 6 Monate aufbewahren. Ein starker, leicht süßlicher Dessertwein.

Brombeerwein

Einer der verbreitetsten Fruchtweine. Dieses Rezept erhielt ich von einer Bauersfrau, die es von ihrer Großmutter kannte. Sie schwört, dass der Brombeerwein als Tonikum und Medizin für Winterleiden unerlässlich ist.

Die Beeren zerdrücken und je 5 l Früchte mit 1,5 l kochendem Wasser auffüllen. Die Mischung 24 Stunden stehen lassen, dabei gelegentlich umrühren. Abseihen und in ein kleines Fass füllen, 1 kg Zucker und 600 ml Roggenwhisky auf 4 l Saft geben. Fest verkorken; nach 2 Monaten trinkbar.

Brombeeren

Wilde Hagebutten

Wilder Hagebuttenwein

Es gibt eine Antwort auf die großen Mengen an Hagebutten, die jährlich geerntet werden. Ein guter Fruchtwein, trocken und unverwechselbar. Von einem Dorfbewohner aus East Anglia, England:

Hagebutten *Wasser* *Zucker*

Reife Hagebutten pflücken, putzen, maischen, zudecken und 1 Tag stehen lassen. Durch ein feines Sieb abseihen, dabei den gesamten Saft herauspressen. Für 1 l Saft 200 g Zucker einrühren. Zudecken und 1 Tag stehen lassen, gelegentlich umrühren, damit sich der Zucker auflöst. Ein Fass bis oben hin mit dem Saft anfüllen. Das Loch leicht verschließen. Zischt es nicht mehr, das Spundloch fest verschließen und 3 Monate stehen lassen. Dann in Flaschen füllen und mindestens 6–9 Monate reifen lassen. Der Wein wird mit zunehmendem Alter besser.

LISTE DER REZEPTE

REGISTER

Bildnachweis

Alle Fotos von Michelle Garrett außer:
A–Z Botanical Collection Limited: S. 8–9, Björn Svensson; S. 10, Mark Bolton; S. 14, Houses and Interiors; S. 110–111 (Bienenkorb) Kellie Castle.
Christie's Images: S. 166 *Der Liebestrank* von Daniel Maclise R. A.
The Garden Picture Library: S. 40, Juliette Wade; S. 50–51 John Miller; S. 54, JS Sira; S. 55, John Glover; S. 98, Clive Boursnell; S. 114 und 116, John Glover; S. 118 (oben), Jerry Pavia; S. 119 und S. 148 (rechts), Ron Sutherland; S. 149 (links), Tim Spence, (rechts), Nigel Francis; S. 156 (oben), Vaughan Fleming; S. 184, Tim Macmillan; S. 187, Sunniva Harte; S. 188 (oben) Linda Burgess, (unten), Howard Rice.
Melanie Eclare: S. 57, 78–79 (Hintergrund).
Ecoscene: S. 25 oben, Ian Beames; S. 46 oben, David Wootton.
FLPA: S. 88, Cath Mullen.
Michelle Garrett Archive: S. 6 (oben), S. 7 (unten), S. 13, 26, 30, 37, 41 (oben), S. 42–43 (oben und unten), S. 45, 56 (unten rechts), S. 58–59 (alle drei Bilder), S. 61, 128, 148 (links) und S. 157.
Holt Studio International: S. 44, Willem Harinck; S. 115 (unten links und rechts), S. 56 und 146 (Biene), S. 164 und 170 (Bienenzüchter), Nigel Cattlin; S. 117, Primrose Peacock; S. 118 (unten) Bob Gibbons; 154, Phil McLean.
Jacqui Hurst: S. 28.
Österreichische Nationalbibliothek: Faksimile aus *Kräuterbuch von allem Erdgewächs*, S. 47.